Las Señales Numéricas

La Guía del Cielo

Las Señales Numéricas

La Guía del Cielo

Yasmina López Labrador

Título: *Las señales numéricas. La Guía del Cielo*
© 2020, Yasmina López Labrador

www.yasminalopezlabrador.com
yasminalopezlabrador@gmail.com

De la maquetación: 2020, Romeo Ediciones
Del diseño de la cubierta: 2020, Romeo Ediciones

Primera edición: 21 de junio de 2020

Impreso en España

ISBN-13: 978-84-18213-65-6

Todos los derechos reservados. No se permite la reproducción total o parcial de esta obra, ni su incorporación a un sistema informático ni su transmisión en cualquier forma o por cualquier medio, sea éste electrónico, mecánico, por fotocopia, por grabación u otros métodos, sin el permiso previo y por escrito del autor. La infracción de los derechos mencionados puede ser constitutiva de delito contra la propiedad intelectual (Art. 270 y siguientes del Código Penal).
El copyright estimula la creatividad, defiende la diversidad en el ámbito de las ideas y el conocimiento, promueve la libre expresión y favorece una cultura viva. Gracias por comprar una edición autorizada de este libro y por respetar las leyes del copyright al no reproducir, escanear ni distribuir ninguna parte de esta obra por ningún medio sin permiso..

ÍNDICE

Algunos de los más de 10.000 Comentarios de
Lxs Suscrptorxs del Canal de Youtube Yas Athenea 22 9
Las Señales Numéricas 17
Biografía. 19
Significado de las Señales Numéricas del 0 AL 999. 21
111: 48
222: 74
333: 100
444: 129
555: 160
666: 194
777: 234
888: 271
999: . . . . , , ...313
Nota importante . . . . , , .315
Agradecimientos. 319

Algunos de los más de 10.000 Comentarios de Lxs Suscrptorxs del Canal de Youtube Yas Athenea 22, sobre los Vídeos de las Señales Numéricas:

- Aida Madrid: Maravilloso, gracias, gracias, gracias Yas Athenea, todo lo que amablemente nos compartes es de gran ayuda. Saludos, bendiciones infinitas.
- Natalia Castanon: Infinitas gracias! Por toda la información que nos brindas. Eres una persona con mucha Luz!!
- lucky 6806: Siempre pones luz Athenea
- Luciana Carneiro: Me ayudó muchísimo. Muchísimas gracias
- Magda Violeta: Gracias, gracias, gracias. Eres la mejor.
- Michoacan Hermoso: De verdad eres la MEJOR. Gracias Gracias Gracias
- AsherSteve: Gracias universo por haberme permitido llegar hasta este canal :<3. Te agradezco mucho has elevado mi autoestima

- Viridiana Duarte Zendejas: Hola q hermosas palabras llenas de sabiduría me encantó todo lo dicho y mencionado tienes una voz tan agradable q me centre mucho en todo la magia q derrochas y aportaste en mi q sentí toda la energía q emanas y me llenaste de ella* gracias y si se me manifiesta mucho estos números 11:11. Dios te bendice besos y abrazos x siempre

- YeiraMakeupDance channel: Gracias gracias gracias por compartir esta maravillosa información, no tenía mucha información sobre este mágico número y últimamente lo he estado viendo muy seguido.

- Susana: Muchísimas gracias!llevo unos meses sin entender el porqué de encontrarme el 11...y despertándome siempre sobre las 3 de la mañana...ahora comprendo muchas cosas. Gracias trabajaré en mi

- Jesús Hernández: Excelente. Magnífico. Información espiritual que conmueve, fortalece e invita a vivir en el aquí y ahora.

- clarisvirgo: Soy la única que cierra los ojos para escuchar los videos de Yas Athenea? Me parece tan agradable su voz, que me transmite paz solo de escucharla. Gracias por los videos ♥

- Tatu Oniel: Hola, q interesante la descripción de este tema, hasta el día hoy, vi en el reloj 11:11 dos veces, y me quedé observándolo como si esperara una respuesta, y no pensé q significará tanto, te agradezco q lo hayas explicado, ahora voy a poner más atención y ser más positiva, gracias.

- Matías Díaz: Hermoso vídeo, genia!!
- Goyagom: Muchas gracias, espectacular forma de transmitir. Bendita eres.
- Elizabeth Castro: Qué bonito saber que estás conectada con tu divinidad. Gracias, gracias, gracias
- Guadalupe Knapp Uranga: Wuau Yas eres extraordinaria, tienes muchísima capacidad felicidades!!!!!!!
- Marta López: Gracias es mágico fue la respuesta perfecta de lo que me está sucediendo en vida
- Gorka Castillas: Me lo he puesto 2 veces del tirón. Muy tranquilizador el vídeo, muy bien explicado
- Hadanna Rodriguez: Que maravilla de vídeos y me encanta tu voz!!!! Gracias por compartir siempre con tanto amor!!!
- Abelh Martinez: Hermoso tu video, cuánta verdad, solo me quedo viendo, admirando cada una de tus palabras y tú voz como el sonido del aguas tan puro y cristalino que te escucharía todo el tiempo ... Gracias gracias gracias
- Cosme Hernandez: Tocaste mi corazón. Wow entiendo mejor ahora! Gracias y confío en mi
- Daveyri Beauty: Eso me ha pasado hoy .. primero vi concidencialmente 11:11 luego 1:11.. y debo decirte que sentí una emoción en mi corazón inexplicable 🖤

- Natalia Di Pasquantonio: Muchiiisiiimaass Graciassss por tan hermoso video!!!!! Me llega justo en estos momentos de mi vida. Me está sucediendo y quiero seguir descubriendo los mensajes! Para que dios y Los Ángeles me guíen. Excelente video!!!!!!! Lo escucho y lo vuelvo a escuchar muchísimas veces.. gracias graciasssss

- Anabela Rubiño: La mejor explicación que he escuchado .. todo el tiempo aparece el 11 Y cuando era más joven el 22 o 02 . Un saludo grande desde Buenos Aires

- Erick Rodríguez Alvarado: ¡Muchas gracias! Nadie lo había explicado de esta manera. Tengo años viendo esta serie de números. Saludos desde México.

- Yo: Este vídeo es lo más acertado que vi ...llevo viendo este número a diario ,,desde hace más de un año

- Raquel Aguilar: Me encantó tu vídeo GRACIAS!!! LLENO TU VIDA DE BENDICIONES

- Ivonne: Este video es el reflejo de mi vida. Es mi aquí y ahora. Gracias.

- Paula Domingues: Es impresionante su bella creatividad y dulzura..... Lindo... todo... muchas gracias por el regalo. Eres una verdadeira bruja!! Bruja del conocimiento divino; de lo más puro .... namaste hermana

- Aura García: Excelente información...mil GRACIAS. Sigue instruyendo.....

- Esperanza Bedoya Tascon: Oh en una palabra..Privilegiada!!!.

- Mané Incondicional: Siento Alas y vuelo a la felicidad total. Eres maravillosa

- Carolina Paz: Sigo maravillada con tus vídeos. Es tan simple entender todo cuando te escucho. GRACIAS GRACIAS GRACIAS!! Desde ayer, una más de tus suscriptoras.

- Nicolás Pérez Marín: Increíble, eres grande. Llevó casi dos años viendo el 11 y a veces me ha costado entender tantas cosas, pero ahora me siento más tranquilo, logré entender algunas cosas que quizás debo cambiar en mi vida. Me alegro por la gente como tú que está en esta vida para poder despertar la conciencia de las personas, saludos

- Ángeles Alcalá Poyatos: Gracias Yass...Me estás ayudando mucho. :))

- Nibetagu: Gracias Ser de Luz por guiar mi camino!!!

- Gloria Valencia: Gracias por explicar tan claramente el significado de estos números maestros.

- Sandy Ayaquica: Aparte de la buena información, tienes una voz muy dulce y relajante, llega muy claro tu mensaje y me doy cuenta que das tiempo para responder todos los comentarios, gracias por la información, me resuena mucho lo que dices y afiance lo que pienso y siento. Gracias.

- Montse Serrano: Eres mi Ángel!! Gracias

- Eva María Romero Rey: Gracias, gracias, gracias pq amanecí muy flojita hoy a causa de mis pensamientos y dudas.... oírte me ha ayudado a subir la vibración, hacerla buena vibración. Ahora no paro de ver números dobles, triples y cuádruples... todo esto me tiene desconcertada.... voy a escribir pensamientos positivos, seguro me ayuda a cocrear mejor. Un saludo

- Vicky Gallegos: Wooooo x todos lados Lo veo..Dios mío que hermoso..gracias

- Maribel Rodríguez: Gracias mi universo por este canal y por esta linda información en este justo momento 🖤

- Alma Homewood; Gracias Yas Athenea por este precioso regalo, Definitivamente en este mundo hay seres que nos ayudan a crecer espiritualmente y tu eres uno de ellos.

- Alejandro Gómez: Todos los likes de la vida para ti, saludos desde Colombia.

- Sandra Hernández: Si ahora entiendo porque disfruto de los pajaritos, la naturaleza, ayudar a los demás, y muchas otras cosas, siento mucha paz en mi ser, gracias, por hacerme entender lo que me pasa viendo el 1111casi todos los días

- Mónica Calvo: Gracias!! A veces pierdo la fe en todo, ayer la tenía toda pérdida, pero hoy escuchar esta buena explicación a algo que me encuentro mucho me aparece la fe aunque no quiera, gracias

- Solange Cossio: Maravilloso 💜 💜 💜 feliz navidad.. me voy a comer el mundo.

- Zecy con z: Gracias por tu ayuda hace mucho buscaba una explicación y hoy contigo lo entendí: "Seamos Ángeles viviendo una experiencia humana". Esto llegó a lo más profundo de mi conciencia. Yo nací un 22 del mes 11, a las 11 de la noche y sumada mi fecha de nacimiento mi número de vida es 11, y en la numerología de mi nombre el resultado es 33, aún no se cual es mi misión en esta vida pero desde muy pequeña he mirado la vida, las cosas diferentes a como la mayoría de las personas las ven, desde pequeña he sentido que yo estoy aquí por una razón, objetivo o quizás responsabilidad con este universo, sólo le pido a el que me ayude a cumplir con esa misión de la mejor manera, gracias por leerme y gracias por compartir esto con nosotros.

- Miriam Belen Ugarte-Barrientos Portilla: Me encanta como explicas todo. No dejas ni una duda. Mil gracias. Besazos

- Laura Franzutti: Desde un tiempo lo veo todos los días gracias por tanta información gracias gracias gracias

- Miriam Belen Ugarte-Barrientos Portilla: Me encanta como explicas todo. No dejas ni una duda. Mil gracias. Besazos

- Karoll Ruiz Es increíble acabo de devolver el video para volverlo a ver y justo quedo en el minuto 1:11

- Estrella Vilcherres: Buenísimo, he buscado tanto saber porque veo esos números y no entendía su significado. hoy Gracias a ti pude entenderlo todo. Gracias

- Wilsson Sanchez: Gracias gracias gracias Athenea me llenaste mi espíritu GRACIAAASS

- Karoll Ruiz: Wowoowowowow que vos y qué manera de hablar que lindo mensaje gracias por tan valiosa información

- Nelly Rodriguez: Gracias gracias gracias!!!... mi ser vibra de felicidad... gracias gracias gracias

- Soraya: Que gran vídeo, gracias

- Avisdecan campolo: Que tú misma y todos los Dioses te bendiga

- Trdd Gf: Preciosa. Espectacular lo que comunicas!!! Eres un gran ser de luz!!! Infinitas gracias por tus enseñanzas!!! Que Dios y el Universo te protejan e iluminen siempre!!! Te quiero.

- Jimena soledad tinnelli: Fuaaa me vibró la piel gracias gracias gracias llevo viendo el 1111

- Luna Castro: Tienes una voz tan bonita, produces mucha tranquilidad y armonía, dichosos los tuyos....

- Ok ok: De todos los canales de Youtube y sobre información respecto a los significados de los números...me quedo con tu información ya he visto todos tus videos sobre el significado de los números uno por uno más de una ves.

LAS SEÑALES NÚMERICAS
(Ver Números Repetidos)

" EL NÚMERO TE BUSCA A TI, NO TÚ AL NÚMERO" Yasmina López Labrador (Yas Athenea 22)

Si te ha sucedido o sucede…que sin quererlo **hay un número o varios que te siguen**, o de alguna forma lo ves sucesivamente, día sí y día también…

Si eres **TÚ** la persona que **hace días, semanas, meses o incluso años, hay un número que se te está repitiendo o varios**, y todavía no sabes su significado…

AHORA es el momento de poder conocer con: "La Guía del Cielo" Ese mensaje necesario para **Tu Evolución Personal**, pues solo hasta que el mensaje ha sido entendido es que cesa la secuencia numérica. Precisamente, porque **la Casualidad No Existe** de igual forma, **ese número ni el Universo ni la Vida van a perder energía en hacerte llegar un número de forma continuada, porque sí.**

El Lenguaje del Universo son los Números y todo lo que forma el Macrocosmos y el Microcosmos está formado por números: su **Base es Matemática**. De la misma forma que nada se da por una casualidad o por una suerte, eso no existe, más todo lo contrario por una: **CAUSA-LIDAD siempre,** aunque el ser humano muchas veces desconozca por qué.

La "**Guía del Cielo**" no debe faltar **NUNCA**, pues a cada instante de tiempo e incluso en el **mismo día se dan el/los Mensaje/s y Repeticiones Numéricas,** de forma constante, pues el Universo desea darte respuestas, y aquí las tienes. **Ahora tienes en tus manos la conexión con LOS MENSAJES CODIFICADOS DEL UNIVERSO para ti.** Pero recuerda: "**El Número te Busca a Ti, NO TÚ al Número**" ahí está el MOTIVO FUNDAMENTAL del MENSAJE.

BENDICIONES INFINITAS. *Ahora vas a poder Vivir desde una Perspectiva Más Profunda la vida, desde una Conexión con:* **LA FUENTE DE LA EXISTENCIA.**

Biografía

Con apenas 9 años de edad pude comprobar la veracidad desde el día a día con las energías de los signos, me permitía conocerme y conocer profundamente y de verdad a mi entorno, más tarde, me di cuenta que su base eran números es decir MATEMÁTICA y así es, pues nunca fallaba y me servía para poder conectar mejor con mi entorno.

A los 13 años mi padre falleció de un ataque al corazón mientras iba en moto a trabajar, un suceso que marcó mi vida en un antes y después. De esta forma me fui abriendo cada vez más de forma natural y profunda a las energías, que forman el todo (lo que vemos y no).

Siempre he sido una persona muy intuitiva y sensitiva, algo que me ha permitido conectar con las energías sobre todo, la de los números.

Gracias a conocer que mi misión que era Maestra en esta existencia me fui abriendo al diálogo de los números, y fueron éstos los que me guiaron hasta la realización de mi canal vigente en Youtube: Yas Athenea 22

SIGNIFICADO DE LAS SEÑALES NUMÉRICAS DEL 0 AL 999:

0/000: El Universo va a cada paso que das contigo, en el AMOR NO HAY DUDA, nunca dudes de tu conexión con LA FUENTE, PUES TE ESTÁ ACOMPAÑANDO Y BENDICIENDO A CADA PASO.

1: Ahora, SOLO ES MOMENTO DE PENSAR EN POSITIVO pues tus pensamientos están cobrando vida en la realidad, se están materializando con GRAN FACILIDAD. Céntrate en qué desea tu alma, tu voluntad interior y REALIZA TU LUZ EN LA TIERRA.

2: Vas avanzando y materializando acorde a la misión de tu alma. Hay ayudas externas a modo de personas físicas que te van a ir guiando y nutriendo en tu proyecto personal de vida.

3: Estás muy bien acompañadx, sobre todo, por tus guías espirituales de luz más elevada. Puedes comunicarte con ellxs y pedirles desde el respeto y alta vibración de amor para que te ayuden y guíen, están esperando que te comuniques con ellxs para poder hacerlo, ¡¡¡Adelante, te están acompañando!!!

4: El proyecto está tomando forma. Se están formando las bases necesarias para ello. Confía en que se va a dar en el momento preciso, suelta y confía ¡¡¡PUES TODO ESTÁ BIEN!!! Es momento de poner orden en tu vida interna y externa.

5: Se están dando cambios para poderte elevar a un nivel superior de existencia y vida. No temas TODO ESTÁ BIEN, es algo momentáneo pero necesario para tu alma, que viva estas experiencias ¡¡¡ pues son las alas NUEVAS necesarias para que vueles COMO NUNCA!!!

6: Si hay carencia PON MÁS AMOR. Ahora es momento de elevar la vibración pues la abundancia fuera yace dentro y siempre es así, de dentro hacia fuera. SÉ AMOR, LA ENERGÍA MAYOR y no habrán obstáculos con los que lidiar.

7: Te estás conectando con tu misión de alma, estás avanzando por tu verdadero camino. SIGUE ASÍ. Es momento de la conexión profunda con tu esencia, del silencio y de la verdad. LA SABIDURÍA INTERIOR TE SANARÁ.

8: POSIBILIDADES INFINITAS de creación están en tus manos, mejor dicho, EN TU ALMA. DE TI DEPENDE LO QUE DESEES. ¡¡¡ PIDE Y SE TE DARÁ!!! - ¡¡¡ CREE Y CREARÁS!!!

9: Se cumple un ciclo en tu vida y es hora del nuevo ciclo. Prepara ese nuevo inicio que está ya al nacer, lo sientes y lo sabes. ¡¡¡ESTÁS BIEN GUIADX Y RESPALDADX SIGUE A TU ALMA Y GESTA LO NUEVO!!!

10: Tus pensamientos son llevados al Universo y Gestados a lo Grande. Es necesario que reflexiones y crees nuevos pensamientos que incorpores con pequeñas rutinas de nuevos pensamientos saludables y positivos, porque estas multiplicándolos en tu vida y a gran escala. Es necesario que te conectes con tu propósito de alma, con tu yo soy espiritual y acciones el camino que va a ayudar no solo a ti sino a la humanidad. Estas creando a escalas mayores y multiplicándolas con tu pensamiento. Hazte responsable de ellos redirigiéndolos hacia la luz en tu día a día. Se te da el poder de cambiarlo todo a cada instante de tiempo. La potencia y poder de tus pensamientos están ampliados a escala superior, por lo tanto, tu poder mental en estos momentos es muy importante, gestiónalo desde la responsabilidad y sobre todo desde la luz y el amor hacia ti y hacia la humanidad. GRACIAS, GRACIAS, GRACIAS.

11: Se han abierto las puertas hacia EL DESPERTAR, hacia la realidad completa. Ahora sabes que eres creador/a de tu vida, pues tus pensamientos se potencian y crean con suma facilidad. Acciona tu voluntad desde tu alma, pues tan solo has venido en misión de ella. Conéctate cerrando los ojos y con las manos en tu corazón y respira profundamente a cada instante, para no perder la claridad en tu camino.

12: Es necesario que conectes tus dos polos de ti abraces tu luz y a tu sombra pues ambas forman tu esencia terrenal y ésta es PERFECTA ABSOLUTAMENTE. Tu energía masculina y femenina se han de equilibrar y se restablecerán y equilibraran conforme tomes conciencia de unir tus dos partes internas y externas. ¡¡¡Eres unx con el todo!!!. Si te cuesta materializar es por una cuestión de coherencia (mantén unido tu pensamiento, palabra y acción y verás milagros crear). Piensa con el corazón, conecta tus pensamientos a tu corazón.

13: Si vas a realizar un examen o cualquier actividad en la cual necesites ayuda espiritual te dicen que están contigo y te están acompañando durante ese periodo en el cual has necesitado o vas a necesitar su ayuda. Están presentes y no te van a dejar, no te preocupes. Se te dice que estás bien acompañadx, en el momento que veas el número, que estas realizando la voluntad y misión de tu alma los guías de luz espirituales más ascendidos te acompañan y bendicen en tu camino.

14: Pon orden y estructura en tu rutina o cotidianidad. Puede que el camino no sea fácil pero valdrá no la pena sino LA ALEGRÍA. Quien la sigue la consigue, y todo es cuestión de tiempo, tan solo eso. Sigue trabajando/focalizándote en ello y veras materializado aquello que deseas.

15: Esos cambios son primordialmente para potenciar tu alma y espíritu, hacia un nivel vibracional superior en el cual seas un alma imparable. Ahora es momento para centrarte en ti de forma interna y en accionar tu brújula álmica en voluntad de un rumbo o sentido mejor de vida para ti. Aunque todavía y quizás, no lo sepas.

16: Es momento para la re-conexión de tu ser con tu corazón. Para dedicar más tiempo a la familia, hogar e hijxs. Pero sobre todo a darte no mas amor sino mejor. Pues sin ti el mundo no existiría. Ámate desde los hechos y en pensamiento, palabra y acción. Retoma esas pinturas y colores que tienes guardadas, ¡¡¡ es la hora de vibrar alto!!!.

17: Tu alma y voluntad están alineadas, TE ENCUENTRAS EN TU CAMINO ESPIRITUAL. Vas avanzando en tu misión de alma, no dudes, el Universo te apoya y acompaña, es momento para más profundizar en ti con libros que llegarán y Sabixs Maestrxs que conocerás. CAMINA CON TU PAZ.

18: Acciona tu voluntad. Enfócate en sanar pensamientos que no sean de calidad elevada de vibración, es decir, positivos y que te hagan mantener la felicidad en tu vida. Es momento de encauzar por un camino deseado nuestros pensamientos y voluntad pues se nos ayuda y potencia en generosidad y facilidad de recursos y consecuciones de metas.

19: Este es el momento de pasar a un nuevo nivel. Se concluye un estadio de vida para avanzar a otro nuevo y mejor. Es necesario que no te demores y acciones hacia lo que tu alma verdaderamente desea desde muy dentro de ti. ¡¡¡AHORA ES EL MOMENTO!!! Puede que veas realizado tu proyecto o concluido algo, ahora toca hacer nacer lo nuevo.

20: El Universo te acompaña en la materialización o proyecto, asociación compartida. Se te acompaña en su creación, bendiciendo su nacimiento. Es el momento de conectar con tu interior y de saber escuchar y recibir la energía y aprendizaje de tu entorno. Quizás estés esperando algo materializarse, pues se te indica que así será, es el momento de tomar decisiones en tu vida para que puedas ver tus deseos y metas materializarse.

21: Para ver materializar es necesario cultivar y potenciar el pensamiento. Centrar el pensamiento en una sola cosa para poderla materializar y no en tantas a la vez. Cuando sientas el orden de preferencias comienza a enfocarte una por una para verlas materializar y no todas a la vez en tu cabeza. Es necesario darle el poder a cada una por separado hasta su materialización. Pon amor en tus pensamientos y verás como todo avanza en tu vida.

22: Queda poco para ver materializarse una gran creación. Solo es cuestión de tiempo, no pierdas la paciencia, si sigues por tu camino conseguirás lo que te propones. De hecho, es importante para tu misión de alma que la realices y materialices así que… ¡¡¡ SIGUE ASÍ!!!

23: La materialización de ese proyecto que está cerrándose o se ha creado está respaldada por los Guías de Luz más elevada, es por ello un espacio u obra bendecida, se augura prosperidad y dicha. Escúchate y date tu tiempo para conectarte con tu alma, es momento para estar receptivx a las señales que te envían en modo de ayuda las energías Guía de Luz más elevada. No te limites y fluye es momento de expansión.

24: Has de sanear ese espacio o lugar para poder crear en él. Pon orden y limpieza física y energética, es necesario para materializar o concretar ese proyecto. La energía femenina ha de materializarse o concretarse en un proyecto. Es momento para no dudar gracias a escucharse y a darse el tiempo necesario para trabajar de forma determinada y enfocada en algo para poderse ver materializado, y así será, no lo dudes. Desde el amor, así será, pues el amor es la fuerza mayor que sí, lo puede todo.

25: Tu creación/proyecto organización, asociación, alianza, unión está pasando por diversos cambios. Es una situación transitoria, es un aprendizaje para tu alma. Te encuentras en un momento de reequilibrio de tu interior gracias a los cambios. Es momento para abrazar lo nuevo y cambiar de aires, que te permitan sentir la libertad que eres. Tu alma necesita espacios de silencio para que escuches su llamado, es momento para la espiritualidad en tu vida para conectar con la verdad que eres y de abrir tus alas.

26: Equilibra tu interior gracias al encuentro de tu autoestima. Amate no mas sino mejor, siéntete y conecta con el gran amor que llevas por dentro, dentro de ti esta toda la abundancia. La unión en la que te comprometiste necesita de más amor, para poder avanzar y elevarse. Trata con cariño y amor esa unión si recibes esta señal, simplemente haz tu parte y comparte para que sea algo mutuo en pareja o en equipo. Pues todxs sus miembrxs saldrán fortalecidxs.

27: Ese proyecto o unión es de base espiritual, intenta que no se base en el pensamiento sino trascenderla hacia el espíritu para hacerla perdurable en el tiempo. Y así será. Ahora materializas en voluntad de tu alma, conéctate con ella y no hagas caso a la mente, pues es la eterna duda. Conecta con tu interior gracias a realizar un camino espiritual.

28: Hay abundancia en ti y en tu vida. Esa materialización es a escala infinita de posibilidades, cualidades y potencialidades, dirige tu barco hacia buen rumbo en son del camino espiritual, pues la potencia ahora, es superior.

29: Estas cosechando el resultado de un largo camino y esfuerzo. Es momento de recoger y preparar ese proyecto, para algo superior. No pongas límites pues se abren bendiciones. Mantén elevado y en positivo tu pensamiento pues se está materializando, realiza afirmaciones diarias. Gran evolución de tu alma.

30: El Universo y tus Guías de Luz más elevada están contigo y te acompañan. Te ayudan a subir la energía en todo tú ser: Pensamiento, Palabra y Acción pues SON CREACIÓN. Sé coherente con tu tres, tan importante, para seguir evolucionando en la tierra y vivir como en el cielo. Es momento de recibir las señales del cielo en tu camino.

31: Tus Ángeles o Guías se conectan contigo mediante tus intuiciones. Pon al servicio tu gran don mental a la voluntad del espíritu, pues te están sanando, ayudando y elevando tus pensamientos en este momento de tu vida, para poder elevar tu vibración en: mente, cuerpo y alma.

32: "Según tu fe te es dado" ahora es momento de poner en práctica esta frase. Pues así es así será SI CREES CREARÁS. Se te invita a tener fe DE VERDAD, para así ¡¡¡ PODER VER EL MILAGRO!!!. Conecta con tu mundo interior y con tu espíritu, ese es el veradero cambio que necesitas ahora, esta dentro de ti.

33: Es el momento de la comunicación con tus guías si así lo sientes, pues estás acompañada por las más altas Energías de Luz en tu vida. Se te da la oportunidad pues de crear espacio de encuentro con ellxs para poner luz en tu vida, día a día y obtener respuestas cada vez que lo sientas conecta con ellxs en silencio y respeto y te responderán. ¡¡¡SIMPLEMENTE, ÁBRETE A RECIBIR!!!

34: Los Guías y Energías de Luz más elevada te están ayudando a crear el orden necesario en tu vida, aquí y ahora. No fuerces nada, ni personas, ni situaciones...nada. Es momento de despedir todo aquello que te quite tu paz para poder recibir todo aquello que sume en tu vida. Avance Espiritual.

35: Tus Guías o Seres de Luz mas ascendidos están produciendo cambios propicios para ti y para tu proyecto de vida. Hay mucho movimiento en tu vida, renovando la energía necesaria para las mejoras para el cambio que necesitas para el triunfo.

36: Se te dice que te enfoques en tu corazón. Que tu único motor sea la conexión desde el amor con todo lo que te rodea. Te acompañan Guías de la Luz más elevada para este proceso de confianza y fe desde el amor. Tu vida asciende de nivel gracias a poner amor en todas las áreas de tu persona y en tu vida.

37: Los Guías de Luz más elevada te están reforzando y guiando en tus canalizaciones. Enfócate en tu espíritu no en tu mente. Pues hay un gran potencial mental que debe de reconducirse hacia tu alma y canal de luz que eres. Recibe las señales que te conectaran con tu esencia, desde el silencio y la luz.

38: Los Guías de Luz más elevada te bendicen en abundancia de recursos y te están acompañando y ayudando en la obtención de abundancia y poder infinitos, pudiendo avanzar a grandes pasos. La bendición económica sino está ya, está en camino, pide y se te dará, creer es crear, según tu fe te es dado.

39: Los Guías de Luz más elevada te están acompañando para concluir un ciclo, que quizás te esté costando cerrar pero es necesario hacerlo. Te están ayudando a canalizar y a conectarte contigo para ver la claridad de tus decisiones y de tu camino. Para seguir avanzando en este nuevo ciclo de vida que va a comenzar.

40: El Universo te está ayudando a ordenar tu vida interior y exterior. Hay cambios de casa o dentro de la misma casa hay cambios en el orden de las cosas y personas que normalmente hay. Una independencia y una consolidación de una estabilidad está cerca o se está dando. Ten paciencia el universo está ayudando a estabilizar tu vida, sigue estableciendo un orden de prioridades.

41: Se te pide ordenar tus pensamientos de forma clara y sobre todo sincera con tu interior y tu alma. Es necesario mantener tu coherencia por dentro y por fuera de: pensamiento, palabra y acción. Sanea y limpia tus espacios donde sueles estar para poder así ayudar a aclarar tu mente. Eleva tus pensamientos en positivo para avanzar de forma más expansiva en tu vida y feliz.

42: Ese proyecto. Asociación, unión…se ha de establecer un orden y reequilibrar energías. Hay veces que personas o cosas se han de despedir para poder recibir de nuevas. Pon orden a tus sentimientos, limpia tu interior dándote el tiempo necesario para esa sanación y desde la ternura y amor todo sanará y se reequilibrará.

43: Los ángeles y guías de la más elevada luz y vibración, te están ayudando a equilibrar los espacios y personas que hay en tu vida y/o hogar. Quizás sea el momento de adquirir nuevas responsabilidades o de poner orden, están mano a mano contigo. Encuentra cada día tus momentos de silencio y paz y si es necesario de retiro para que puedas recibir mejor los consejos y señales de tus guías.

44: Gran materialización en abundancia. El orden y las bases son necesarias, para aquello que deseas en este preciso momento actual. Sanea, ordena y limpia tu cuerpo y alma, así como tu propio hogar. De esta forma podrá entrar todo lo nuevo que está deseando llegar y no puede. Si lo haces, nueva energía podrá por fin llegar a tu vida y de forma infinita.

45: Debido a un orden creado o que se esté comenzando a orquestar se podrán dar los cambios esperados y/o necesarios para el avance, ya que la energía yacía estancada. Es momento de fluir hacia el cambio del nuevo orden.

46: Establece las prioridades en tu vida y el amor picará a tu puerta. La estabilidad en la pareja o en el amor vendrá siempre y cuando la persona establezca su orden y prioridades en su propia vida. Ordenando y equilibrando su interior: cuerpo, mente y alma le será más fácil la pareja y aquellos asuntos difíciles que estén entre manos. Sana tu cuerpo con amor desde tu alma.

47: El orden y equilibrio de fuera es necesario para poderte notar mas calmadx y equilibradx. Pues si hay desequilibrio y desorden fuera, tu alma no estará tan fácilmente en calma. No cuesta nada hacerlo para poder hacerse la vida mejor y de esta forma encontrar la paz que tanto se está buscando. Y simplemente es por esta cuestión de orden y limpieza, desde dentro hacia fuera y desde fuera hacia dentro. Mantén tus pensamientos elevados ahora es muy importante.

48: Cuando ordenas la billetera notas como van en aumento tus ingresos, y esto es simplemente porque la energía fluye mejor, y es que nada es casual. El orden en tu vida significa aumento de ingresos, simplemente eso. Dentro de un orden tus guías podrán ayudarte mejor.

49: Llega el momento de recoger para algo nuevo que llega. Se concluye un ciclo en el cual ha sido necesario un orden. Ahora ese aprendizaje se ha finalizado con éxito para tu alma.

50: El Universo y los Guías de Luz más elevada y de alta vibración vienen a ayudarte y a guiarte en los cambios. Ya que son necesarios en este momento de tu vida. Tu alma está lista para un nivel superior al concluir este ciclo. Pues la vida no es la meta sino el camino. ¡¡¡APRENDE Y DISFRUTA CON FE!!!

51: Estos cambios forman parte de tu proceso evolutivo para vibrar en YO SOY (tu ego espiritual). Ahora es momento para definir tu rumbo y centrarte en tu esencia para poder avanzar mejor. No pierdas la fe y vibra en positivo, comienza con tus pensamientos.

52: Hay cambios en la pareja, asociación o proyecto conjunto. Esos cambios no son casuales, son precisamente necesarios para la solidez de ese proyecto en común. Cuando la base es firme ningún viento lo podrá tumbar. Sal y llena tus pulmones de aire en la naturaleza y en lugares limpios, energéticamente notarás como conectas mejor con tu yo soy, con tu alma. Fluye en movimiento según sientas, expande tus alas.

53: Hay cambios en los estudios, o te han surgido una fuerte necesidad de escribir y de expresarte, pues estos cambios son guiados por los Guías de Luz más elevada, te están ayudando en tu proceso creativo. Hay una gran fuente de abundancia interna la cual se está pronunciando.

54: Estos cambios son necesarios para encontrar las bases en ti y en tu vida. No los ignores y abre los ojos para ordenar y limpiarte por dentro y por fuera. Es momento para re-estructurar tu vida, hacia tu verdadero propósito.

55: Los cambios vienen todos juntos y seguidos, agradécelos en tu vida pues estos no son por casualidad sino por causalidad, vienen a enriquecerte por dentro. Ahora te estás en un momento en que te encuentras en un barco en el cual tú llevas tu timón y has de navegar entre las olas de la vibración del 5. La vida es cambio, es 5. Ahora simplemente ¡¡¡ Disfruta del viaje, fluye!!!

56: Que nada te haga salirte de tu corazón y del amor. En tu vida estas o has pasado por momentos que no son fáciles e inesperados, pero se te dice que tu eje esta dentro de ti, no lo olvides nunca, mantén tus pensamientos en positivo. Renaz siempre y gracias al amor que hay dentro de ti. Ese es tu tesoro y regalo a compartir.

57: Puede que te sientas solx en todos estos cambios que están aconteciendo en tu vida, pero no es así estas muy bien acompañado por tus Guías de Luz más elevada. Ahora es momento para conectar con y desde tu interior. La vida te está llevando a espacios de reencuentro con tu ser y esencia, ¡¡¡ aprovéchalos para coger ese libro que desde dentro te llama!!! Es momento para estar contigo y conocerte mejor desde el alma. La llamada es interior.

58: Te encuentras fuera de la zona de confort, pues han habido o hay cambios en tu economía, es necesario que fluyas con ellos pues son para incrementarla en tu vida. Confía y ten fe de que es así, pues la abundancia económica tan solo es el efecto que se genera desde la causa de ser abundante desde dentro de ti.

59: Estos cambios en realidad son retos para la misión de tu alma. Gracias a estos estas adquiriendo un poder y claridad en ti como nunca antes. Sigue al latido de tu alma y ésta te guiará hacia el siguiente paso o camino. Si notas que necesitas restablecer tu energía conecta con las baterías naturales (la naturaleza): mar, montaña...descálzate y llénate de conexión con la vida.

60: El Universo y tus guías de la más elevada luz y vibración acompañan a la voluntad de amor tuya en estos momentos. Si vas a realizar un evento, proyecto o cualquier tipo de acción, está respaldada por el Universo completamente pues hay luz, buena y amorosa voluntad de base y el Universo desea ayudar expandiéndola con la suya.

61: Pon amor a tus pensamientos. Es más, pon tus pensamientos al servicio de tu corazón, para encontrar la luz y la paz en tu persona. Es necesario subir la vibración de tus pensamientos, dales amor y cariño.

62: Comparte amor, o más amor, con esa mujer cercana a ti, quizás tu madre. Quizás tengas una unión, asociación la cual es necesario trabajar y aplicar el amor, creando una energía más armoniosa, relajada y simplemente conectarse a sus miembrxs desde el corazón, para elevar la energía del conjunto, pues solo de esta forma se va a llegar a la abundancia y éxito deseado.

63: El amor que estas sintiendo, está naciendo en ti, es de una muy alta vibración y es por ello que tus Guías de Luz más elevada están contigo en estos momentos. Es momento para escribirles o comunicarte con ellos. De cualquier forma tu creatividad en estos momentos es arrolladora pinta, escribe y crea ¡¡¡ NO DEJES DE CREAR!!!

64: Cualquier relación de tu alrededor va a adquirir unas nuevas bases, es momento para despedir y dar la bienvenida a lo nuevo. Vibra alto y conéctate a tus valores internos en coherencia para que la alta energía llegue también en forma de personas a tu vida. Puede también que hayas consolidado una relación de pareja.

65: Tu amor está en periodo de cambios. Cambios por dentro y por fuera que te van a elevar y permitirte elevar tu frecuencia de amor actual. Estás en un momento en el cual se está expandiendo tu amor hasta llegar a amar la hoja que cae del árbol o la nueva flor que nace hoy. Tu ser se abre desde dentro como una flor. Te estás conectando con el verdadero amor que da sin esperar nada a cambio, sigue así.

66: Tu yo físico está conectado con tu yo espiritual. Es un momento de compartir tu amor con tu entorno, pues estas vibrando constantemente ahí. La frecuencia del amor y de la energía femenina. Siente el amor que hay en toda la vida que te rodea desde la piedra hasta las hojas de un árbol. Vive desde el amor y estarás en lo correcto, Vive desde el amor en lo Verdadero.

67: Estas adquiriendo consciencia y sabiduría obteniendo armonía y plenitud en tu vida. Es el momento de equilibrar tu cuerpo con tu alma. Estabilidad y orden. Conecta con el amor y sanación desde la espiritualidad y espacios de silencios contigo mismx.

68: Si deseas abundancia de cualquier tipo incluso económica, tan solo has de ser más amor. Siembra semillas de amor en tu pensamiento palabra y acción y cosecharas éxito por doquier. No bajes la vibración sigue vibrando en amor, en la vibración más elevada y veras como cuando fluyes todo fluye en tu vida en igual resonancia.

69: Has de equilibrar tu energía Femenina y Masculina, unir tus acciones con tus pensamientos. Estas en el momento de querer materializar tus ideas y esto será posible equilibrando tus dos polos: positivo y negativo, ying yang, cuerpo y espíritu, corazón y mente.

70: El Universo y los Guías de Luz más elevada te acompañan hacia las más profundas aguas de ti mismx. Es el momento de cultivar y enriquecer tu alma. Recibirás libros y maestrxs que te ayuden en dicho proceso.

71: Es momento de poner toda tu sabiduría interior al servicio y a la voluntad de acción de tu alma. Se ha de ejecutar todo tu potencial y ahora es el momento. Para otras personas puede ser un momento para la quietud y soledad en la búsqueda la verdad que hay en ti así como de profundizar más en tu alma y esencia.

72: Tu alma necesita equilibrar tu energía femenina, es momento para dejarte llenar por la vida. Recibe y llénate de vida, te pueden llegar mensajes muy certeros de tu entorno. Hay cambio de ciclo a uno nuevo y/o superior de existencia.

73: Tu alma necesita del silencio para sacar todo lo que yace muy dentro de ti mismx, es tiempo ahora de reconectar con tu niñx interior, así como de sentirte bendecidx por tus Guías de Luz más elevada.

74: Pon y asienta bases en tu vida y así para tu alma. No aceptes nada que te quite la paz desde fuera. Para conservar tu orden y para crearlo has de tener cierta disciplina interna: valores, respeto, bases. Establécelas primero contigo y así luego con tu entrono. Te espera una nueva vida.

75: Tu alma está evolucionando y hay cambios evolutivos desde dentro de ti. Fluye libre con y en ellos, pues son fuente necesaria para todo lo nuevo que te va a llegar. Respira el nuevo aire y energía que llega a tu vida, tus Guías de Luz más elevada están acompañándote en este proceso actual. Fluye conectándote a la vida desde dentro de tu ser. Comienza a vivir de verdad y desde la esencia, desde ti, desde tu alma. Sería propicio para ti el crear espacios de silencio y de meditación.

76: Preservando y respetando tus espacios de silencio y encuentro con la única compañía de tu alma. Encontrarás el amor que tanto anhelas, la paz y la plenitud. Medita cada día por poco que sea para reconectarte con la estabilidad que te va a dar la fuente mayor, que es el amor desde tu alma. Vas a ir conectando cada vez más en tus encuentros contigo mismx y el silencio con la verdad que eres y con la paz de tu alma.

77: Estas en el camino correcto, sigue así. Caminas de la mano con tu alma, sigue por tu camino, pues existe una conexión muy grande dentro de ti con el Universo. Fluye y siéntete libre abriendo tus alas, pues están listas para volar. Conecta con el silencio para escuchar la voz de tu alma y así con la paz. Es momento de conectar con las profundidades de tu alma, puede que llegue algún libro revelador a tu vida...Sintoniza con la frecuencia del silencio para hallar las revelaciones necesarias para tu vida; Hoy, Aquí y Ahora.

78: Cuando ofreces y ayudas con tus dones espirituales también se ha de poder ganar dinero con ello. Es muy importante que compartas tu abundancia interna, y desde luego, que serás remuneradx y debes de ser remuneradx por ello. SOLO ASÍ HAY EQUILIBRIO DE ENERGÍAS. Ábrete tanto a dar como a recibir, pues ese es el ciclo infinitito de la abundancia. Sigue el camino de tu alma y obtén esa abundancia.

79: Intuitivamente te guías y llegas a personas y lugares donde se requiere tu ayuda. Nada es por casualidad y si por CAUSA-lidad sigue conectándote desde dentro a la fuente y verás MILAGROS AL CAMINAR. Estas avanzando a otro nivel existencial, sigue mostrando tu luz y la verdad que eres al mundo veras como te llegan las respuestas que te van a permitir el verdadero avance hacia el propósito de tu alma.

80: Ese ascenso, esa posición que ocupas es bien merecida. Ahora estas cosechando tus triunfos y por todo lo que siempre has deseado y luchado. Son tiempos de dicha. Disfruta de tus logros, son bien merecidos. No te olvides que el Universo NUNCA SE OLVIDA DE PREMIAR EL BUEN TRABAJO MERECIDO. Y YA TE ESTÁ LLEGANDO, ¡¡¡TODO LLEGA A SU DEBIDO TIEMPO, Y ASÍ ES!!!

81: Mantén tu pensamiento en alta vibración es decir, con pensamientos positivos. Si es necesario ponte audios donde solo te hablen de cosas positivas. No decaigas pues tus pensamientos se elevan a infinito, y AHORA es muy fácil tanto subir… como bajar. ¡¡¡ Alta Vibra !!!

82: La abundancia está llegando a ti, no dudes, no te pongas dificultades en tu camino sino facilidades, conectando con tu corazón y con el amor empezando por ti mimx. Ámate no más sino mejor, para sentirte merecedorx de la felicidad y facilidad en tu camino que es ahora, la abundancia en infinitas posibilidades. Tu poder ahora es ilimitado para generar una abundancia sin límites en tu vida. En la abundancia hay amor y en el amor no hay duda, cuando te sientes abundante y merecedor/a no hay límites ni barreras. Te mereces siempre lo mejor y eso comienza desde ti. Date tiempo para escucharte y para amarte de verdad, sin límites y de forma completa.

83: La abundancia y el progreso son hechos gracias a las ayudas de tus Guías de Luz más elevada. Te vendrá cada vez más abundancia económica cuanto mayor sea que ejerzas la voluntad de tu alma siendo tan solo 1. Tu Pensamiento, tu Palabra y tu Acción en Unión con la Voluntad de tu Alma…Y VERÁS UN NUEVO AMANECER en Toda TU VIDA.

84: Se te está dando la estabilidad que deseabas. Sigue así, mantén el orden y la abundancia irá incrementándose. Es necesario el establecimiento de buenas bases tanto en ti como en tu entorno o proyecto. Tus Guías de Luz más elevada están a tu lado y ayudan en este proceso. Puedes pedir señales orientativas y las recibirás en seguida.

85: Se están gestando cambios en tus potenciales. De la misma forma en tu economía. Si sigues elevando tu energía veras como haces un gran salto de NIVEL DE VIDA, LO QUE ES DENTRO LUEGO ES FUERA.

86: El dinero que ahora te está llegando es debido a vibrar en el Amor. Si sigues en la vibración mayor que es la del AMOR, podrás vivir como un verdadero ángel en la tierra que eres y siempre fuiste. ¡¡¡ No pierdas tu poder y sé cada día más amor!!!!

87: Invierte ese dinero en tu alma, ya sea en libros que hace tiempo tienes en mente leer sin saber por qué o ya sea escuchar o comprarte esa música que tanto deseas. Conéctate con tu alma pues esa abundancia y dicha que se te está dando un enriquecimiento para tu alma. Incluso podrías invertir en un/a buen/a maestro/a que te pueda llegar o con esa persona que tenías ya hace tiempo en mente para recibir su Mentoría ¡¡¡Hazlo, invierte en ti y en todo lo que te conecte con el Amor que eres!!!

88: Respiras abundancia por cada poro de tu piel, no cabes en ti de la dicha. ¡¡¡ Sigue vibrando alto porque eres IMPARABLE !!!. La fortuna está contigo, porque tú eres la fortuna.

89: Esa economía utilízala para un bien mayor, como poder ayudar o hacer algún acto de caridad. Ya sea en economía o ya sea ofreciendo un alimento a la persona que te cruzas por la calle que está necesitada.

Cuando se comparte se vive mejor, pues se siente una dicha y alegría que es más grande que cualquier palabra o cosa material. Tu misión ahora es compartir y ayudar a que otras personas puedan sentirse bien. Lo que se da se recibe.

90: El Universo y los Guías de Luz más elevada te acompañan para cerrar ciclos. Para poder llenar el vaso primero se ha de vaciar. Es momento para pasar a un nuevo nivel de vida interior y exterior.

91: Hay un propósito mayor por el cual es necesaria tu valentía y acción. Por ello es que estas en misión de una causa mayor que la tercera dimensión. Conéctate con la fuente, estas recibiendo una gran energía, ¡¡¡Ábrete a ella!!!. Pon tu pensamiento al servicio de tu alma.

92: Estás desarrollando una Gran Sensibilidad, eres muy receptivx a las energías, puedes notarlas e incluso sentirlas. Es momento ahora para equilibrarte desde dentro para afinar así tu canalización. Son momentos de activar un propósito de unión con mujeres en ayuda o hacer algún tipo de obra de caridad. Se cierra un ciclo en tu corazón y sentimientos. Es momento de elevar tus pensamientos pues hay gran poder de materialización. Realiza afirmaciones diarias.

93: Es sin duda el mejor momento para conectarte con tus Guías de Luz más elevada, pues están a tu lado para protegerte, si deseas su ayuda, o contactar con ellos hazlo puedes coger hoja y lápiz y comenzar a escribir las preguntas y déjate sentir sus respuestas… verás la magia manifestarse en ti. No dudes, pues en el amor no existe la duda.

94: Se concluyen relaciones y se activan otras nuevas. Son cierres de ciclos para establecer unas nuevas bases. Estás evolucionando por dentro, simplemente y como somos energía lo afín llega y lo no afín se va por sí mismo, simplemente... Concreta tu propósito de vida desde tu alma.

95: Gracias a los cambios hay cierres de ciclos. De hecho estos cambios se están produciendo para concluir ese ciclo, ya sea con alguien, con algo, situaciones, trabajo... sea lo que sea. Gracias a estos cambios, llegan aires nuevos, se limpia la energía... AGRADECE.

96: Tu misión de alma, puede más que lo material, pues la FE MUEVE MONTAÑAS sigue con fe en tu propósito, que tu bandera sea el amor por doquier. Y nunca te va a faltar de nada, es más, ¡¡¡ te va a sobrar!!!. Hemos también de poner nuestra energía masculina y femenina en equilibrio desde dentro hacia afuera.

97: Tu misión y conexión se están dando. Aquí y ahora. Sigue por tu camino que es el de la voz de tu alma y esencia. Sigue realizando espacios de meditación y de silencio con la única compañía de tu propia persona de forma diaria para avanzar mejor y vivir mejor. Incluso puedes ayudar a otrxs a conectarse consigo mismxs y a meditar por los beneficios personales que vas a poder obtener ¡¡¡Estás Preparadx para poner luz en tu vida y en el mundo!!!

98: Avanza según la misión de tu alma y la abundancia económica o la que sea llegará por sí sola. Pues solo cuando estas desarrollando aquello a lo que viniste a nacer/hacer aquí es que se te abren puertas y caminos bendecidos.

99: Se ha cumplido un ciclo de tu vida y estas a las puertas de uno completamente nuevo. Hay evolución y profundidad en tu esencia. Estas vibrando distinto de forma muy notoria y es simplemente necesario cerrar ciclos, para poder abrir de nuevos. Es momento para conocerte de verdad y desde dentro, de forma completa. Para accionar un nuevo rumbo, si fuera necesario, aquí y ahora. Déjate llevar por tu intuición. Comparte tus conocimientos para poder ayudar a otras personas.

100: Tu voluntad está completamente respaldada por el Universo ya que hace referencia a la misión y voluntad de tu alma. Tus Guías de Luz más elevada. Todas las fuerzas motoras/motrices de luz te están respaldando y dando fuerza espiritual para/con tu propósito.

101: El Universo y tus Guías de Luz más elevada están intercediendo en tu mente terrenal y efímera, para conectarte con la verdad que eres tu YO SOY, tu Ego Espiritual y Eterno. No te preocupes sino: OCÚPATE tan solo del aquí y ahora de tus pensamientos tornándolos positivos concentrando simplemente, tu atención en el aquí y ahora de todo lo que te rodea. Tu voluntad no es tu mente sino tu espíritu, has de saber distinguir. MEDITA y conecta con la Calma de tu Alma = YO SOY.

102: Tu pensamiento está alineado con el Universo preparándose para materializar. Es un buen momento para realizar tu voluntad y deseos con alguna otra persona. De la misma forma el Universo te está ayudando a equilibrar tu femenino y masculino energético interior y exterior. Mantén tus pensamientos en positivo pues es algo necesario ahora sobre todo para el avance, tus Guías de Luz van a tu lado.

103: Si tienes alguna preocupación en estos momentos estas supervisadx por tus Guías de Luz más elevada, es más, estás recibiendo una gran energía en tu ser, el Universo te está acompañando y dando una energía extra, es por ello que se necesita que no bajes tu energía, mantén bien alta tu Vibración en lo Positivo, tanto interna como exteriormente. GRACIAS, GRACIAS, GRACIAS.

104: Tu energía como canal de luz y fuerza mental es muy grande. Es por ello necesario que mantengas un orden y limpieza energética de tu entorno ya sea de espacios, personas. No aguantes, no te sometas, no fuerces nada... simplemente fluye. Quien ha de estar siempre estará y quien no el Universo se encargará de ubicarlo en otro lugar. Maten limpia, ordenada y cuidada tanto tu mente como tu entorno, pues es muy necesario en estos momentos, para que todo circule mejor.

105: Que los cambios e inestabilidad de tu entorno no cambie ni límite la voluntad poderosa de tu alma de luz. Pues nunca olvides que la fuerza mayor es el amor, y tú en estos momentos estas en misión. En misión de tu alma. Los cambios simplemente te están dando herramientas para que ningún viento cambie a tu veleta.

106: Estas abrazadx por el amor del Universo. Quizás necesites en estos momentos sentir el amor. Pero, ciertamente... nunca has estado solx y toda la inmensidad del Universo que es amor esta abrazando tu alma con sumo amor. Estas protegidx y nunca has caminado ni caminarás solx, no dudes de ello. Eres y has venido de la fuente eterna e inmensa de amor. TE AMAMOS. LA LUZ EN TU ALMA.

107: Has seguido a tu alma, y ahora estas exactamente dónde has de estar. AQUÍ Y AHORA, Contigo y con el Todo. Si te llegan libros o maestrxs que te aporten luz, tómalos…si no te vibran desde dentro, no son lxs elegidxs, no te preocupes y sigue, SIGUE BRILLANDO COMO BRILLAS CON TU MÁS PROFUNDA LUZ y todo lo que deseas será un hecho en tu vida. Crea espacios para la meditación y conexión con tu ser interior.

108: Gracias al poder de tus pensamientos has dado forma y creado el poder de la abundancia en ti y en tu vida. Eres inmensamente abundante desde dentro y hasta fuera. Sigue amando y enfocándote en luz desde tu alma hacia el mundo y verás como la abundancia en vez de pasajera se torna infinita. BENDICIONES UN NUEVO CICLO LLEGA A TI.

109: Tienes una gran energía interna para poder cerrar ciclos y comenzar de nuevos. De hecho, es necesario que lo hagas pues te puede cambiar la vida. Se debe despedir lo que ya no sirve, lo que de alguna forma estorba a nuestra alma y energía, lo superfluo… Es momento para un cambio de vida. Ayudar otras personas (voluntariado, organizaciones sin ánimo de lucro...) con tus ideas y fuerza interior te enriquecerá y llenará por dentro.

110: Tu fuerza es casi imparable, es por ello que el Universo y los Guías de Luz más ascendidos están equilibrando todo ese gran poder y fuerzas, especialmente mentales que tienes en este momento, es necesario que las utilices para servir a la misión de tu alma.

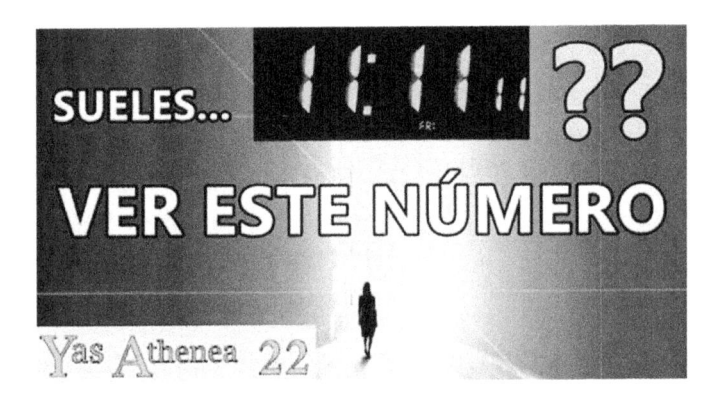

> SUELES... 11:11 ??
> VER ESTE NÚMERO
> Yas Athenea 22

111: Los pensamientos positivos son necesarios y sumamente importantes aquí, pues estas materializando con suma rapidez en tu vida. Eres la chispa divina de la creación y sientes esa fuerza desde muy dentro de ti. Ahora es momento de no dejar para mañana eso que anhela y desea tu alma, pues tan solo has venido a ser tú mismx, por lo tanto ¡¡¡ERES LIBRE, SÉ LIBRE, SÉ TÚ!!!

112: Si alguien desea ayudarte acepta su ayuda, es momento de escuchar otras opiniones y otras vías las cuales van a nutrir tus propias ideas y pensamientos, déjate ser en comunión con la vida. Pues no solo es dar sino también hay que dejarse recibir. Esta guía te va a ayudar a saber canalizar y orientar todo tu potencial creador en estos momentos.

113: Estas creando y materializando con mucha y suma facilidad. Tus Guías de Luz más elevada te están ayudando a cumplir la voluntad y misión de tu alma, compensando esa energía hacia tu corazón y no tanto en la mente. Pues la verdad es dentro no fuera. La mente se queda aquí pero tu espíritu es eterno, nunca lo olvides. Tus Guías de Luz más elevada van paso a paso contigo.

114: Si no hay orden ni disciplina no se puede lograr algo. Por mucha energía que se le ponga a ello, lo que falta consolidar, aprender y practicar son las bases. Crear un orden con amor, pues es necesario para poder enfocar correctamente ese gran poder energético que tienes y sientes desde tu interior.

115: Quizás seas la persona en un proyecto o empresa que debe tomar decisiones a cerca de realizar cambios. Sobre todo eres la persona encargada d tomarlos en tu vida. Es lo que toca y se ha de hacer. Conecta con tu alma para pensar, decir y hacer lo correcto. Siéntelo desde dentro, es momento de fluir, porque esos cambios tocan. Es momento de cambios para adquirir en el alma las herramientas necesarias para la mejor materialización.

116: Pon amor a tus pensamientos. Pues estas creando con total facilidad. Tu poder tan solo puede florecer si le pones amor. Cuando pones semillas de amor y las riegas con amor cada día verás que todo lo que piensas dices y haces es multiplicado en infinito.

117: No te olvides de tu alma, quizás te estés enfocando demasiado en tú mente y en el mundo de las ideas pero, te estás dejando a la pieza más importante y la que verdaderamente es el motor de tu vida que nunca muere: TU ALMA. Mientras que la mente se queda aquí tu alma ES ETERNA. Tus decisiones serian pues más certeras al tomarlas desde dentro de ti…es momento de comenzar un nuevo ciclo desde una consciencia superior, avanza desde la meditación y conexión con tu alma, adelante.

118: Tu abundancia interna está moviendo e impulsando el motor de la abundancia desde fuera, pues recuerda: lo que creas desde dentro lo verás desde fuera, y siempre es así de dentro hacia fuera. Ahora tu abundancia es infinita. El poder está en ti, sigue manteniendo esa alta energía con pensamientos positivos y un entorno favorable, verás como sumas y sigues.

119: El llevar a cabo algo que sientes muy dentro de ti es necesario ahora. La misión de tu alma se está manifestando en tu ser y es necesario realizarla. No te quedes con ello dentro, es el momento de hacer lo necesario desde tu voluntad para crear armonía y cerrar ciclos. Es momento de materializar un nuevo ciclo en tu vida desde tus pensamientos, no dejes de vibrar en positivo y en alta energía, pues vas a materializar lo nuevo de forma fácil.

120: El Universo y tus Guías de Luz de la más elevada vibración te refuerzan tu energía femenina y masculina te están equilibrando por dentro. Para que así también pueda ser por fuera. Es un momento en el cual debes equilibrar tu mente y alma tu parte cerebral y sentimental. Es el momento de completar tu vida conectando con la fuente creativa que yace desde dentro de ti, de tu alma. Estas inspiradx por la luz que eres y por la luz que llega en forma de ayuda en tu vida.

121: Para tomar esa decisión debes consultar antes con tu corazón y alma. Toma esa decisión desde tu autentica esencia que es interna. El equilibrio que buscas o esperas depende de ordenar tus ideas y estas antes deben de estar al servicio de tu corazón.

122: Si pones tus ideas al servicio de tu alma vas a comenzar a materializar muy rápidamente. Es necesario ser positivx porque estas en un momento de ver germinar algo importante para ti. Lo nuevo va a llegar rápido a tu vida, y has de estar preparadx para verlo.

123: Pasito a pasito verás como todo va a ir mejorando, diluyéndose… todo llega y todo pasa. Se te dice también, que tu pensamiento, palabra y acción son creación, y este acto ha de estar al servicio del amor y la luz que eres. SE TE DICE: GRACIAS POR EXISTIR, ESTÁS BIEN GUIADX Y ACOMPAÑADX POR LAS ENERGÍAS DE LUZ MÁS ELEVADAS.

124: Es necesario para ayudar a tu cuerpo que equilibres tu mente con tu corazón/alma. Sana, pon orden y limpia tu mente de pensamientos negativos, como tu corazón de emociones tóxicas como el apego. Conéctate al orden divino en el cual la vida es como ir en bicicleta simplemente sigue pedaleando para no caerte de ella.

125: Sería bueno cambiar de aires tanto para tu mente como para tu corazón y alma. Estás evolucionando y es normal que tu entorno cambie, personas se quedarán porque estáis evolucionando a la vez y otras en cambio no; y eso es estupendo, así ha de ser. Mantén la conexión con la abundancia interna que eres de amor y luz y veras como desde fuera llega la abundancia de infinitas formas para tu mayor bien.

126: Pon amor en tu mente y corazón. También puede ser que te enamores como nunca. Tus pensamientos y voluntad están siendo guiados por tu corazón y alma. Estás vibrando en amor y tus pensamientos vibran alto no bajes esta preciosa energía de amor (pensamientos positivos). Vas a pasar a un nuevo nivel de existencia.

127: Sería necesario en estos momentos para ti que pudieras tener momentos de silencio a tu alrededor. Dedícate mínimo 5 minutos al día para estar en silencio y encontrarte contigo. Momento para elevar o evolucionar tu alma, ya sean mediante libros que te vendrán o maestrxs que te llegarán.

128: Tu mente y tus sentimientos se están expandiendo. La abundancia te está llegando conforme más completx estés por dentro. Es momento para ser abundante y eso comienza desde dentro, equilibra tu energía femenina y masculina así como tus pensamientos con tus sentimientos. La abundancia no es algo a lo que llegar sino con lo que sintonizar. VIBRA ALTO.

129: Te están llegando intuiciones pues tu vibración es muy espiritual en estos momentos. Avanza por el camino que estás llevando pues es el que indica la misión de tu alma. Guíate por tu intuición. Vas a pasar a un nuevo nivel existencial y Tus Guías de Luz más elevada están contigo acompañándote y guiándote.

130: Tus pensamientos y/o voluntad están respaldados por el Universo y tus Guías de Luz más elevada. Sigue manteniendo tus pensamientos positivos porque, eso es lo que está haciendo que tu vibración cada vez sea más elevada conectada con tu verdadera esencia y niñx interior. Estás guiadx y ayudadx por una fuerza cada vez mayor e imparable. No dudes y avanza, la materialización está en camino.

131: A cada paso vas guiadx y ayudadx, acciona tu voluntad desde el alma en estos momentos, pues es necesario confiar más en ti y en tus guías para expandirte. Estas preparadx para comunicarte con ellxs, ¡¡¡ Hazlo !!!. Haz/Realiza la voluntad de tu alma en todos los campos de tu vida.

132: La idea de esa creación tuya ha de materializarse. Es momento para sacar a la luz tus creaciones más autenticas y personales. Energías de luz más elevadas están a tu lado para que mantengas tus pensamientos en positivo ya que es la vibración necesaria para poder materializar tus deseos, la fuerza mayor: El Amor.

133: Estas completamente rodeadx de energías de una muy elevada vibración. Tu voluntad y pensamientos son respaldados y ayudados para que sigan su camino en elevada armonía y sintonía de amor y luz. Vas completamente bien guiadx, comunícate con tus guías, es un buen momento para ello.

134: Si has pasado por algún momento en el cual has necesitado ayuda o has pasado algo de miedo. Se te está reforzando, las energías más elevadas de luz están contigo para decirte que tú sí que puedes, no lo dudes nunca. ¡¡¡ Todo irá bien, suelta y confía!!!

135: Guías y Energías de Luz más elevadas te están ayudando con los cambios que estas pasando. Quizás te veas en una serie de cambios o un cambio muy importante para ti. Se te dice que todo está bien, estos cambios son para ayudarte en tu camino de vida para tu evolución.

136: Tu voluntad es respaldada por tus Guías de Luz más elevada, pues te van a llevar a sentir un estado de amor puro por dentro. Tus guías te llenan de amor todo tu ser, estas bañadx por un precioso amor celestial. Conecta con el amor que llevas por dentro, tus guías están contigo.

137: Tus Guías de Luz más elevada te están acompañando para darte un refuerzo espiritual, quizás estés pasando por un momento que necesitas una ayuda muy fuerte e incluso momentos de soledad. Estas energías de la más alta luz te ayudan y acompañan en esos momentos. Puede que te envíen libros o maestrxs para tu enriquecimiento espiritual del YO SOY.

138: Ese dinero extra o que no esperabas y que has recibido es un regalo de tus Guías de Luz más elevada, pues te están premiando por el buen trabajo. Estas generando físicamente, la abundancia que ya eres por dentro, ¡¡¡ Felicidades, te lo mereces!!! La abundancia te está llegando y no solo por una vía, conecta con tu alma para verla.

139: En este momento de tu vida puedes estar sintiendo una gran conexión con el mundo espiritual, estas muy conectadx a tu ser interno y esto te permite recibir unas grandes intuiciones e informaciónes de otros planos. Te están acompañando tus Guías de Luz más elevada a concluir ciclos. Nuevas bases en tu vida.

140: Tu iniciativa es factible. Tan solo necesitas de orden y disciplina para llevarla a cabo el Universo y los Guías de Luz de más elevada vibración están contigo. Es momento para concretar tu valor propio y liderar tu vida en expansión y sin límite. Toma las decisiones necesarias y no dejes de ponerle fuerza de voluntad, sigue así.

141: Pon orden en tus pensamientos, antes de actuar has de pensar en las diferentes opciones, tratar de alguna forma un plan que funcione desde la realidad. Enfócate en lo práctico, más que en castillos en el aire que no llevan a nada. Conecta a tus pensamientos con el amor y deja que estos sean las más bonitas y longevas manifestaciones en tu vida.

142: Se ha de establecer un orden entre tu pensamiento y tus sentimientos y emociones, para equilibrarlxs. Poniendo orden en tu mente podrás estabilizar tu parte emocional. Toma decisiones prácticas y definidas teniendo muy en cuenta tus sentimientos. Sé sincerx contigo mismx y realista.

143: Tu voluntad de poner orden, de generar una limpieza y de hacer una buena base es la apropiada, pues tus Guías de Luz más elevada están acompañándote en este proceso, todo irá bien no estas solx

144: Tus aprendizajes de disciplina y orden en ti están dando sus frutos. Eres una persona que se ha creado a si mismx y tu materialización está ayudando a otrxs a seguir tus pasos. Estas abriendo camino con tu ejemplo. Constructor/a de grandes nuevas estructuras no solo físicas sino ideológicas.

145: Hay un cambio de la estructura y gestión de esa idea o proyecto, es bueno para este momento y se precisan esos cambios. Fluye y disfruta con los desafíos pues este movimiento no es más que la antesala de la expansión que estás adquiriendo. Es momento de crear unas nuevas bases y estructuras completamente nuevas en tu vida.

146: El contacto con la tierra te hará conectarte desde tus bases de vida al verdadero amor en ti y con lxs demás. Tu proyecto o emprendimiento está formado o debe de estar formado por unas bases en valores humanos. El verdadero amor se demuestra con los hechos. Vibra alto, el amor es la energía mayor que crea las más grandes obras.

147: Es momento para interiorizar en soledad. Sacar metas claras, precisas y ordenadas para poder encauzar tu vida como es tu voluntad interna de tu esencia y alma. Realizar todo un orden de prioridades sería algo clave en estos momentos, te vendrá información, ayuda u orientación relevante para tus metas. Estas guiadx por tus Guías de Luz más elevada en todo momento.

148: Depende de ti y de la gestión de tus recursos que obtengas ese dinero que esperas. Genera un orden claro para poder recuperar tu poder en tu vida. Aunque tengas una meta clara, falta concretar y definir de forma más precisa una estructura para obtener el resultado de éxito esperado.

149: Tu voluntad ha de tener esa estructura clara y precisa respaldada por tu alma para que pueda fluir tu vida. Te vienen muy buenas canalizaciones gracias a ordenar tu mundo interno y externo. Hazlo para poder tomar tu vida hacia la verdadera voluntad en libertad de tu alma.

150: Hay mucho movimiento en tu vida actualmente, son tiempos de cambios para poder establecer mejoras en tus herramientas internas. Este proceso es necesario para poder comenzar a vivir tu vida desde una perspectiva mejorada de ti mismx. En el mar bravo se hacen lxs grandes marinerxs. El Universo y tus guías de más elevada luz respaldan este periodo con amor ¡¡¡Siéntelo!!!.

151: El camino escogido te está llevando a cambios necesarios para definir mejor tu destino. Gracias a estas experiencias obtendrás una mayor apertura mental necesaria, para los tiempos que vendrán. Te encuentras en un momento de mucho movimiento, sobre todo mental, aprovecha todas las nuevas ideas para un beneficio de tu alma y camino espiritual.

152: Hay cambios en ti y en tu entorno. Porque gracias a cambiar tus pensamientos puedes materializar esos cambios. Es perfecto, pues la vida es cambio y si hay cambio hay evolución, por lo tanto hay mejora. Es periodo para liberar tu pensamiento y hacerlo más positivo, déjate fluir como un río y disfruta mientras materializas.

153: Tus cambios personales y en tu entorno son apoyados, guiados y protegidos por tus guías espirituales de más elevada luz. Camina fluyendo tranquilx, pues estos cambios te harán conectar más a tu ser interno y con tus guías, comunícate con ellxs.

154: Se ha de restablecer un orden y ese es el motivo de los cambios, para saber si verdaderamente es lo que deseas o no en tu vida y hacia la meta que te propones. Los cambios serán necesarios para obtener las bases reales y factibles de esa meta, proyecto o empresa.

155: Un cambio detrás de otro, cada uno de ellos vienen por una causa mayor un porqué y motivo, no pierdas la calma es momento para fluir y disfrutar precisamente no de la meta sino del viaje (camino). Cambios importantes para darte herramientas muy necesarias para tu alma.

156: A tus pensamientos y a tus metas has de ponerles más amor y cariño. Sé paciente, trata las circunstancias con cariño y comprensión, pues es la hora de sintonizarte con la armonía desde la vibración del amor, que se emana desde tu interior. Pues estos cambios y circunstancias vienen para mostrarte el precioso amor que hay dentro de ti. Tus Guías de Luz más elevada están ayudando en tu proceso.

157: Se están produciendo cambios para que sintonices con el silencio. Crea espacios de silencio y calma externos para poder sintonizarte con tus adentros, con tu alma. Son cambios para que incluyas a tu ser interno de verdad y en tu día a día, para poder fluir mejor en estos cambios desde la libertad de tu alma. Es momento de estar contigo para poder re-direccionar tu camino según tu alma. Medita.

158: Tu poder psíquico y material se están potenciando gracias a los cambios e inestabilidades que tienes actualmente. Te están dando un poder imparable para tu alma, de que verdaderamente si tú crees en algo lo lograrás y así será. Es tu poder personal y creativo el timón en este mar de olas. ¡¡¡ Disfruta del Viaje, tú llevas el timón!!!

159: Ves mas allá de los límites que te permitan llegar a horizontes más amplios, esos cambios que tienes en tu vida te están manifestando precisamente esto. Los cambios van a permitirte empoderarte desde la esencia de tu alma más profunda, conectando con la gran intuición y conexión que tienes dentro.

160: El Universo y las energías y Guías de Luz más elevadas te están abrazando llenando tu vida de amor. Sigue por el camino de la espiritualidad, avanzando desde la luz y la voz de tu alma, vibrando desde la positividad y verás como llegas muy lejos. La fuerza mayor es el amor y está toda en ti. Eres Amor.

161: De nada sirve el valor, la dirección y el poder sin los valores del corazón. Ten pensamientos amorosos y positivos y veras como todo resurge y renace. Simplemente pon más amor en tu: Pensamiento, Palabra y Acción y veras como todo parece renacer de nuevo y en infinitas posibilidades.

162: Pon amor en tu mente y en tu corazón suaviza tus pensamientos y tus palabras. Vienes del amor, toda creación ha nacido gracias a la fuente motora que es el Amor. Une desde el amor tu energía femenina y masculina para poder llevar tu vida en armonía. Cuando pones más amor en ti todo va mejor. Puedes solventar todo desde el amor, enfócate en tu persona en equilibrar y potenciar tu autoestima, y así poder ascender a un nuevo nivel de existencia.

163: El camino que deseas tomar, y esas ideas que rondan tu cabeza son intuiciones y canalizaciones que te están dado tus Guías de Luz más elevada, pues cuando vibras alto en: Amor, todo es más fácil en la vida, incluido sobre todo, poder conectar con la verdad que está dentro de ti en tu alma, y no fuera sino dentro.

164: Las buenas bases y orden en tu camino te lo va a dar el amor, sé positivx para seguir manteniendo esa preciosa energía alta. ¡¡¡Si te gusta la creatividad y el color es momento para ello!!!. Pon amor (abraza) a tus miedos y dejaran de existir. Pon amor a tu cuerpo físico y verás como obra milagros en ti. La llave de tu equilibrio está dentro de ti no fuera.

165: Gracias a abrirte al amor está cambiando tu vida entera. Es bonito cuando se vive desde ahí, porque todo vuelve a tener color. Fluye con los cambios guiándote por tu corazón. Ábrete al amor, es momento para expandirte desde dentro de ti, tus Guías de Luz te acompañan con amor y entrega, saca toda la creatividad y la vida que está en ti, desde dentro de ti.

166: Lo que es arriba es abajo. Armonía y consciencia para experimentar la plenitud y depende de ti de tu voluntad. Mantén tus pensamientos positivos para seguir conectadx al amor. Tus progresos han de ser guiados por el amor verdadero que es el que está en tu corazón. Ponte la mano en tu corazón para conectarte con la luz de tu camino. Materializa gracias a la fuerza del Amor.

167: Tu amor sana tu alma, tu paz dentro de un silencio buscado de reencuentro con tu ser es algo que necesitas para seguir avanzando en tu vida. Crea momentos de meditación para buscar la calma desde tu alma. Pon amor a tus pensamientos para dejar de lado la mente y conectarte con el alma, pues se está expandiendo. Es momento para dejarte fluir en los acontecimientos y circunstancias, no te limites tan solo fluye, suelta y confía.

168: La abundancia llega cuando el corazón se abre a recibir. Lo que es fuera es porque primero ha sido creado desde dentro. Sigue avanzando con pensamientos positivos y veras como tu abundancia es infinita.

169: Unir en ti las dos energías los dos polos para poder avanzar en tu camino. Has de unir tu mente con tu cuerpo y alma. Tu vibración ha de mantenerse elevada cuando concluyas ciertos ciclos. Has de aprender a desprenderte de lo material conectando y confiando plenamente en tu espíritu. Equilibrar la energía femenina y masculina. Es momento de hacer consciente lo inconsciente para poder avanzar por tu camino. Conecta con la meditación para re-equilibrarte por dentro.

170: El Universo y Guías de Luz más elevada están acompañándote en tu silencio, a darte respuestas desde tu alma. Puede que te lleguen intuiciones, libros o maestrxs que te llenen de sabiduría y conocimiento profundo para avanzar. Conecta con tu intuición y conectarás con la infinita abundancia en tu vida.

171: Es momento de hacer una profunda investigación interior. Ves al descubrimiento de ti mismx. Es momento de abrirte al conocimiento de ti mismx y de poder hacerlo para poder avanzar en tu camino y así evolucionar a un nivel superior de existencia. Es momento de pasar a un nuevo nivel de existencia.

172: Es momento para profundizar en tus pensamientos y en tus sentimientos. Sigue la voz de tu alma para la conexión verdadera interior. Pon tu mente al servicio de tu corazón y de tu alma y crea completamente y desde cero, con posibilidades de un verdadero triunfo en tu vida. Tu sabiduría y poder interior es infinito, cuando conectas con tu sabiduría espiritual e intuición conectas con la verdad y con la luz en tu camino. Avanza sobre tus propios pasos.

173: Es momento para desarrollar tu creatividad por individual. Retírate y en silencio verás cómo te viene una gran inspiración. Es un buen momento para canalizar toda esa información y respuestas con tus Guías de más elevada Luz y vibración, para potenciar tu vida hacia el verdadero avance del Yo Soy, de tu propósito y camino de vida, desde dentro hacia fuera. Es el momento de materializar las nuevas ideas e inspiraciones, mantén elevada tu energía en positivo. Tus Guías de más elevada luz están contigo y te mandan señales en tu camino para tu mejor destino. Percibe, intuye y conéctate al lenguaje de tus Guías ahora es el momento para establecer esa preciosa comunicación, si deseas su ayuda tan solo has de pedírsela.

174: Se ha de hacer limpieza interior y poner orden, pon luz a tus miedos y libéralos. Si hay alguna dolencia física es motivado por el alma, hay que sanar el alma por dentro, liberando todo lo que duela y oprima desde dentro, tus Guías de Luz te acompañan y asisten en todo momento, puedes pedirles ayuda con sus señales y asistencia. Estas rodeadx de luz en estos momentos en tu vida.

175: Te vendrán libros y maestrxs que te aportaran cambios en tu vida. Son tiempos de cambios para evolucionar tu alma y esencia, fluye con ellos y guíate por tu interior. Este aprendizaje te va a permitir saber poner estabilidad y orden desde dentro hacia fuera de tu vida.

176: Tu alma se está conectando con el amor en estos momentos. La sabiduría que estas adquiriendo te permite expandirte desde dentro. Hay armonía en ti, hay amor en ti, ERES AMOR. Expande tus alas en conexión con tu ser y con el todo que te rodea, no hay límites para la vida. Es momento de ir más allá, a por lo nuevo.

177: Para avanzar se ha de meditar en silencio para hallar el verdadero rumbo que es guiado tan solo desde la esencia: el alma. Tu intuición se agudiza, sigue así. La fuerza mayor es el amor y el origen de toda conexión y profundización para el Despertar del alma. El amor son las puertas de la conexión verdadera con la Luz en tu Camino: YO SOY.

178: Tu sabiduría interior y voluntad han hecho que ahora fluya la abundancia. Sigue avanzando con y desde tu alma para hacer que sea infinita esta dicha. Mientras sigas conectadx a la voz de tu alma tu abundancia será infinita.

179: Te están llegando intuiciones muy certeras. Conéctate a la fuente que tienes dentro de ti en el silencio, para encontrar la paz y la verdad y así aliviar tus preocupaciones. Finaliza esos ciclos para poder dar paso a otros nuevos más propicios y abundantes.

180: El Universo y los Guías de Luz más elevada están contigo. Llenando de bendiciones tu camino de vida. Es momento de dicha para ti sigue con pensamientos positivos, sigue hacia adelante. Un nuevo ciclo de vida bendice tu camino.

181: Tú y el Universo sois uno, por ello cuando pides te es dado. Concéntrate en el amor y en tener pensamientos positivos y elevados para poder seguir manifestando la abundancia que nace desde dentro de tu ser y la ves materializada fuera.

182: Tus dones y talentos se han de materializar. Manifiesta y comparte todo lo que llevas dentro, tú valía y poder personal con el mundo. ¡¡¡ ERES LUZ !!!. Conéctate y escúchate desde dentro, pues ahora lo que crees creas, genera pensamientos positivos que te hagan avanzar y verás cómo se materializan en poco tiempo. Pide desde el amor y se te dará.

183: Pide y se te dará, creer es crear, lo que Des - Recibirás. Esta preciosa trinidad está en ti manifiesta. Es momento para poderte comunicar con tus Guías de Luz más elevada para poder guiar tu sendero y camino. Están para ayudarte, pídeles y te ayudarán. Conecta con tu niñx interior y CREA.

184: Responsabilízate tú de ti sobre todo de tu cuerpo físico, en estos momentos, EL PODER DE TU CUERPO ES TUYO. Si mantienes pensamientos positivos veras como éste va sanando en cuestión de muy poco tiempo. Ten responsabilidad y prudencia con tu dinero. Invierte con madurez en tu proyecto y propósito de vida desde tu: YO SOY.

185: Esos cambios, movimientos o viajes que deseas my pronto los verás cumplir. Es momento de una transición para mejorar muchos aspectos en tu vida y elevarlos. Es momento de independizarte y moverte hacía tu propia abundancia expansiva, no te limites.

186: La abundancia llega en tu vida a través del amor que nace desde ti y que te viene recompensado desde fuera en múltiples formas. Dispones de una alta sensibilidad creativa no dudes en poner en práctica esa alta vibración pues cualquier vía artística te permitirá fluir muy bien en estos momentos.

187: Tú sendero o camino escogido te permite empoderarte desde dentro, incrementar tu sabiduría espiritual. Escoge el silencio como herramienta para guiar tus pasos, pues la verdad la llevas dentro y la brújula también. La meditación te hace vibrar en abundancia.

188: Gran poder de manifestación y creación yace en ti, utilízalo para un bien mayor no solo para ti sino para el mundo. Nada es por casualidad y las energías están circulando en infinito desde ti y hacia ti, cuanto más das más recibirás. Incremento de la economía. BENDICIONES DE LUZ

189: Se equilibran las energías del cierre de ciclo con ese dinero y energía de más a tu favor. Te estás conectando con una energía mayor que te une al todo, sigue tu misión y propósito de vida desde el alma. Realiza algún acto de amor y caridad hacía otras personas. Es momento de cierre de ciclos para la llegada de nuevos. Conecta con la abundancia del YO SOY, la abundancia que eres para crear una nueva vida con infinidad de posibilidades de felicidad y abundancia desde ti.

190: La apertura de consciencia y voluntad ha de ser mayor, pues se trata de tu Camino y Misión de Alma. El Universo y Guías de Luz más elevada te refuerzan y ayudan para la re-conexión y avance espiritual en ti. Hay un renacer en tu vida, como la flor de loto, por lo tanto: BENDECIDA SEA tu NUEVA VIDA con infinito poder que hay en ti.

191: El principio y el fin. Conecta a tus pensamientos con la alta energía y la positividad y verás como nuevos caminos y posibilidades se abren ante ti. Apertura de consciencia para que puedan fluir más y mejor tus pensamientos. Pues tus pensamientos se materializan muy rápidamente, realiza afirmaciones diarias.

192: Es momento para ampliar la consciencia en tu mente y dejar fluir la sabiduría de tu corazón y sentimientos.

Tu creatividad se magnifica, no dudes en hacerla nacer cuando sientas que nace. Es momento para subir y elevar tu vibración. No dudes, conecta con el amor que eres y tienes, date tu tiempo y escucha tu interior, estas bien acompañadx por tus Guías de Luz más elevada.

193: Sabiduría y creatividad desde planos superiores, estas canalizando. No dudes en manifestarla en el plano físico de mil y una maneras. Déjate sentir y fluye con todas ellas. Tu camino es creativo déjate sentir. Es un muy buen momento para poderte comunicar con los Guías de Luz más elevada. Materializa tu sabiduría artística, tu creatividad.

194: Se han de cerrar ciclos para que deje de estar estancada tu vida, para que aire nuevo y limpio te impregne y te llene de todo lo bueno para ti. Re-establecer el orden, para hallar un nuevo orden y seguridad en ti. Despide todo lo que ya no aporte y reste en tu vida, es momento para lo nuevo. Abre tus alas en expansión y en libertad, haz lo que sientas y siente lo que haces, simplemente fluye sin limitarte.

195: Son tiempos para llenarte de sabiduría abriendo tu conciencia y tu alma a lo nuevo que está llegando o está por venir. Son tiempos de cambios para mejoras, necesarias para un nuevo ciclo renovado en ti y en tu vida. Conecta con el amor que nace desde dentro de ti.

196: Despide esos ciclos concluidos con amor y sabiduría espiritual. Estas recibiendo gran intuición y conexión con el Universo, la fuente de amor que hay en ti se expande, déjala fluir por cada poro de tu piel. Eres como ese sol que nace en el nuevo día, mantente positivx pues es tu luz la que baña el planeta. El amor y la consciencia son decisivos en tu vida, haz todo lo que sume y resuene desde ti, desde tu alma.

197: Pon tu sabiduría espiritual al servicio de otras personas. Tu camino interior es muy profundo y lleno. Sigue por tu camino como ya lo estás haciendo sin parar de ser discípulx y maestrx a su vez, pues la vida siempre suma a cada instante, "a veces se gana y a veces se aprende". La mayor abundancia será la sabiduría que vas a obtener y te llegará desde el silencio.

198: Tus acciones para/por otras personas siempre tienen recompensa. Pues no hay mayor abundancia que la que nace desde dentro, y de eso, estás llenx. Sigue cosechando éxitos desde tu humilde generosidad y sabiduría interna. Es momento para el cierre de ciclos y así poder conectar con un nuevo ciclo de abundancia en infinitas posibilidades.

199: Un gran ciclo y renovado de vida está llegando. Se hace necesario saber despedir desde tu sabiduría y respeto para decidir bien cual será tu siguiente paso. Y así poder llegar a una renovada energía, necesaria para poder hacer nacer algo nuevo; completamente nuevo en ti y en tu vida. Es el momento de avanzar hacia un ciclo de vida superior.

200: La materialización es inminente el Universo y los Guías de Luz más elevadxs te acompañan y protegen en gran medida para que así sea lo que ha de ser. Es momento de escucharte, de amar tu palabra y conectar con tu corazón.

201: Las Energías Guías de Luz y Universo están amplificando tu sentimiento interno tu capacidad de sentir y de saberte escuchar desde dentro. De esta forma tus pensamientos pueden tornarse más sentidos y no tan fríos. Es momento de equilibrar tu parte femenina con la masculina para avanzar.

202: En estos momentos puede que tengas algún tipo de relación con mujeres o proyecto en común con ellas o de energía femenina. Se te dice que conectes con tus sentimientos en estos momentos para avanzar, el Universo y tus Guías de Luz más elevada están protegiéndote y cuidándote para equilibrar tu parte emocional. Equilibra tu parte emocional para materializar te aconsejan la observación y escribir sacando lo que llevas por dentro.

203: Tu parte emocional es protegida por el Universo y tus Guías de Luz desean comunicarse contigo en estos momentos. Si sientes que deseas escribir o comunicarte de forma hablada con ellxs hazlo. Es el mejor momento para pedirles ayuda y/o guía. Se avecinan cambios que te permitirán expandirte.

204: El Universo y tus Guías de Luz más elevada están supervisando tu parte emocional, estableciendo unas bases y un orden. Es necesario trabajarte tus emociones o miedos y tener paciencia y constancia en ellos, para conseguir la estabilidad. Trabaja en tu autoestima conectándote a la fuente del amor que llevas dentro.

205: El Universo y tus guías de más elevada luz están ocupándose de tu parte emocional ahora que hay cambios. Te refuerzan esa parte de ti más vulnerable para adquirir ciertas herramientas que te van a servir de por vida. Es momento de fluir y expandirte en los cambios que el Universo tiene preparados para ti.

206: Estas recibiendo energía en tu parte emocional de los planos más elevados de consciencia de guías y del Universo de luz, te están ayudando a que conectes con el amor y la armonía en tu vida en estos momentos sobre todo, te están ayudando a sanar con la energía más elevada no dejes de vibrar en amor y conectarás con la abundancia.

207: Tu calma es tu alma. El silencio puede ayudarte a calmar y equilibrar tu alma. Tus sentimientos están a flor de piel y también tu intuición. El Universo y los Guías de Luz asisten tu parte emocional y energía femenina para que nunca dejes de estar conectadx con la verdad que yace dentro de ti. Estas en una nueva etapa de vida.

208: Tu relación con mujeres y/o energía femenina puesta en algún proyecto o circunstancia, se ve recompensada, pues el Universo y las Energías de Luz más elevadas te están haciendo llegar la abundancia en tu vida. Sigue progresando como lo estás haciendo pues en cooperación y unión con otra persona oirás las campanas sonar de BENDICIONES en tu Vida.

209: Puedes estar recibiendo conocimientos no solo de alguna persona mentora o maestra para ti sino también del Universo y los Guías de Luz. Pues te están ayudando en este proceso de cierre de ciclos para abrir de nuevos. Es un momento de nutrirte de sabiduría profunda y espiritual para el progreso en tu vida junto con los demás. Cuanto más des o compartas más recibirás. Tus pensamientos se materializan rápido, realiza afirmaciones diarias.

210: Todo está en completa armonía y consonancia con el Universo. El poder de crear y materializar está contigo. Es momento de mantener elevada tu vibración en positivo. Que solo entre lo que vibre alto en tu vida, especialmente, obtén y mantén tan solo los pensamientos positivos en ti y veras, como tu vida asciende a una nueva realidad de visión y vida más allá de todo límite.

211: Tu gran poder y capacidad mental pueden llegar a crear grandes obras e ideas ahora. Es un momento muy propicio para poder materializar todas esas ideas en escala mayor, todas esas Grandes ideas que antes no te hubieras atrevido a hacer. Ahora sí, es el momento, no hay duda. Sigue manteniendo elevada (en POSITIVO) tu energía y vida y verás tus Materializaciones.

212: Está germinando aquello que pensaste y era antes tan solo una idea. Es el momento de equilibrar tu mente y tu corazón para seguir materializando, seguir creando desde tus pensamientos tu vida o proyecto. Fluye con los cambios y acontecimientos sorpresa, pues todo suma para la magnificencia futura que te va a llegar.

213: Para manifestar aquello que quieres o eres, has de ir al origen de tu propia creación. A la esencia de ti a tu ninx interior. Es la pieza clave para el avance o realización en estos momentos. Las Energías de Luz mas ascendidas están contigo en estos momentos. Si necesitas su ayuda comunícate con ellas. Pide y se te Dará.

214: Responsabilízate de tus pensamientos pues están dando lugar a las creaciones que ves en tu vida. Cuando gestiones con amor y en positivo tus pensamientos, instaurarás una nueva base en tu sistema mental para ver las creaciones que verdaderamente deseas, ver y crear. Con perseverancia y disciplina lo conseguirás.

215: Los cambios que acontecen en tu vida son para equilibrar tus pensamientos y sentimientos. Gracias a este movimiento, viaje o cambio de aires en tu vida te permitirá poder tener una mayor apertura, libertad y abundancia en ti y por ende en tu vida. La expansión es la promesa del equilibrio interior.

216: Es necesario que tus pensamientos se mantengan en positivo y en una frecuencia de amor contigo mismx y así para los demás. De esta forma vas a poder materializar lo que deseas en tu vida. La armonía la encontrarás cuando sintonices con la energía de la Paz que hay dentro de ti. Conecta con el amor verdadero y asciende a un nivel superior de existencia.

217: En tu pensamiento hay dudas debido a tus sentimientos, conéctate con tu alma en el silencio y en introspección para encontrar las respuestas que te inquietan. Es momento para conectar con tu sabiduría interna. Tu poder es infinito sigue la voz de tu alma.

218: Tus ideas y pensamientos se están materializando. Sigue equilibrando tu vida desde el interior de tu ser para, seguir obteniendo, la abundancia que mereces en tu vida. Tu interior se está enriqueciendo gracias a elevar en positivo tus pensamientos. SIGUE ASÍ.

Realiza afirmaciones diarias pues fácilmente vas a ir materializando tus ideas y pensamientos.

219: Estas preparadx para comenzar un nuevo ciclo de energía más elevada en tu vida. Date permiso para equilibrar y materializar, concretando tus sentimientos e ideas aquí y ahora. Pon tu mente al servicio de tu consciencia y corazón. Despide un ciclo que ya ha expirado para poder recibir uno nuevo lleno de luz y vida, tus guías de la más elevada Luz te ayudan y guían en este momento actual.

220: El Universo y los Guías de Luz más elevada te asisten para materializar en relación con mujeres. Sobre todo, en campos de energía femenina, como puede ser la espiritualidad, crecimiento personal y todo lo que equivale al desarrollo interior del ser en Luz y Amor. Sigue cultivando tu interior y compartiendo con el mundo, pues el Universo acompaña toda la energía creadora que muevas, la vas a ir materializando, sin ningún tipo de duda, sigue en ello y veras las semillas germinar.

221: Pensamiento palabra y acción son creación y en este momento es necesario ponerle el amor más tierno y elevado para ti y tu vida. Refuerza tus pensamientos con amor y verás concretarse y materializarse lo que estaba estancado o no salía. La energía femenina estabilizará tu vida. Expande tu vida con amor y libre albedrío. Fluye en los cambios, pues son grandes aprendizajes para tu alma.

222: En estos momentos es necesario que te tomes tu tiempo para ti, para de esta manera poder compartir con mujeres, organizaciones de mujeres o cualquier campo de energía femenina (como el crecimiento y desarrollo personal o espiritual) todo lo que nace desde tu interior, esencia y corazón. Es momento de compartir todo lo que llevas por dentro, date tu tiempo para permitirte escucharte. ES HORA DE MATERIALIZAR desde tu interior. Pensamiento+Palabra+Acción=CREACIÓN (CREA-ACCIÓN). Se mueve la energía de las relaciones, acuerdos, colaboraciones…

223: Escúchate desde dentro equilibra tus sentimientos las Energías de Luz más elevadas están contigo asistiéndote en estos momentos. Pues tu poder de materialización es mayor. Escucha a tu corazón te está hablando, es momento para comunicarte y pedir ayuda a tus Guías de Luz más elevada para temas que tienen que ver con tus sentimientos sobre todo, te asistirán y ayudaran con su Gran Amor. Medita y pasa tiempo con la compañía única de tu ser.

224: Tu poder es muy grande de materialización pero es necesario establecer unas buenas prioridades, bases, orden y seguir una buena disciplina, si lo haces todo irá bien. Es momento de equilibrio conectando con tus sentimientos y manifestando la luz de tu corazón y veras la abundancia picar a tu puerta.

225: Hay cambios en un tema que tiene que ver con mujeres o energía femenina. Es necesario tener equilibrados tus sentimientos porque estas materializando con facilidad. Los cambios son para introducir mejoras o para trascender a un nivel superior lo materializado. Los cambios que se den son para prepararte, para ascender a un nivel superior de existencia.

226: Estas en un momento de una alta sensibilidad. Mantén tus pensamientos positivos porque tu poder de materializar es mayor, y todo lo que haces ha de ser desde esa vibración. Puede ser también, que haya llegado la hora de descansar, de dejar que repose cierto tema o proyecto, manda la idea al Universo y te llegaran las respuestas, hayando la luz completa y resolución que necesitas.

227: Conéctate a tu interior y sentimientos desde el silencio. Puede que te vengan libros que te aporten ese enriquecimiento espiritual y emocional que necesitas. También es momento para la introspección y de pasar tiempo a solas contigo, equilibra tus sentimientos y mundo interno para poder materializar lo que deseas, cuando lo hagas materializaras rápidamente.

228: Todas tus buenas obras son recompensadas, así como en este momento grandes materializaciones se pueden dar y poder creativo muy elevado. Manifiesta tu arte en infinito de posibilidades y te conectaras con tu poder ilimitado y siempre abundante. Es momento de recibir tu abundancia incluso económica. Tus guías de la más elevada luz están y harán por ello.

229: Es momento de materializar ayudando desde o en energía femenina. Conecta con tu energía femenina y así con tu poder creativo y dones espirituales. Es momento para una conexión interior hacia el verdadero rumbo/camino/misión de tu alma. Vas materializar un nuevo ciclo de nivel superior.

230: El Universo y tus guías de más elevada luz están contigo ayudándote y reforzando tus sentimientos y todo tu interior. Es tiempo para generar equilibrio en tu persona y vida, sobre todo para la comunicación interior. Escúchate y tómate tu tiempo para ti, veras como todo fluye en tu vida, cuando tú comienzas a hacerlo. Es momento para soltar y soltarte confía en la vida y deja que te llene de luz y alegría, pues es lo que eres.

231: Las energías de más elevada vibración te están equilibrando y ayudando en tu parte mental y sentimental. Es un momento óptimo para pedir ayuda o respuestas a tus guías, y para desarrollar toda la creatividad que hay dentro de ti, tu expresión te sanará, reconfortará y te permitirá elevar tu energía. Conecta con el amor que llevas por dentro: La Fuerza Mayor.

232: Es un momento de dualidades y dudas, conéctate con tu espíritu pues tus Guías de Luz más ascendida están contigo te ayudan y protegen en estos momentos. Si fuera necesario puedes comunicarte y pedirles ayuda para que puedan darte respuestas y ayudar en tu equilibrio sobre todo emocional/interno. Se te aconseja meditar.

233: Dispones de una gran ayuda espiritual, en tu cotidiano, de tus Guías de Luz más elevada. No dudes en comunicarte con ellxs y pedirles ayuda si necesitas que te soporten en algún momento, pues están contigo a cada paso que das. Sobre todo, te están reforzando y ayudando al equilibrio de tu parte emocional/interior para que reconectes con la abundancia que ya eres.

234: Si te has fracturado algún hueso este va a sanar con ayuda de las Energías de Luz más elevadas. Es necesario restablecer cierto orden y bases en tu parte emocional. La creatividad artística te iría fenomenal para poderte ayudar a conectar con tu niñx interior, de la misma forma si deseas ayuda en algún momento, no dudes en pedirla a las Energías de Luz más elevadas que están contigo siempre. Estas avanzando hacia un nuevo ciclo en tu vida.

235: Tu comunicación está cambiando según tus sentimientos y tu estado emocional. Tus guías de luz más elevada te están ayudando a sanar tus emociones y situación interna. Los cambios que se están produciendo son necesarios y es por ello que te asisten las energías de la más elevada luz, para ayudarte a dar los pasos necesarios. Es momento de conexión con el yo soy, con tus propias alas y expandirte hacia lo nuevo el Universo te acompaña.

236: Es un buen momento para poder germinar el amor, si deseas ser madre o deseas hacer fructiferar un proyecto o materializar tus ideas. Ponle voluntad desde el amor y no avances si no es desde tu alma y corazón. Tu fe moverá montañas. Es un momento en el cual estás recibiendo soporte y ayuda de tus Guías de Luz más elevada, pide su ayuda desde tu corazón y lo harán con mayor fuerza en ti y en tu vida.

237: Las dudas que ahora tienes son resueltas gracias a tu espacio de reencuentro contigo mismx en silencio. Retírate si es necesario para hallar esas respuestas que necesitas. Tienes muy buena intuición no te fallará en ningún momento. Tus Guías de Luz más elevada te asisten y ayudan si deseas su ayuda, ¡¡¡pídesela!!!

238: Todas tus buenas obras son recompensadas en abundancia seguramente económica, aunque hay de muchos otros tipos de recompensas. Estás en un momento de recibir tu merecida recompensa y tus Guías de Luz más elevada están contigo para que así sea. Según tu fe te es dado.

239: Hay un servicio que debes hacer y en él te asisten tus Guías de Luz más elevada. Te encuentras en un momento de cierre de ciclo y de recibir uno nuevo y superior. Es muy importante que avances en tu vida desde y con todo tu corazón. Recurre a tus Guías de Luz más elevada para pedir ayuda o comunicarte con ellxs. Apertura de consciencia y fluir en los cambios.

240: El Universo y tus Guías de Luz más elevada te están asistiendo para restablecer tus sentimientos de nuevo. Sanando y ordenando todo tu mundo interior. Es momento de tener paciencia y sobre todo de tener cariño y amor hacia unx mismx. Pues tan solo es cuestión de tiempo restablecer de nuevo el equilibrio.

241: Equilibra tu mundo sentimental para poder fortalecer y airear tu mente. Puede que estés pasando un momento de alguna dificultad. Es necesario tener paciencia y sobre todo mantener el pensamiento en positivo, es momento de responsabilizarse de unx mismx, todo irá bien, date tu tiempo y ponte a ello con amor, crea espacios de silencio contigo mismx y de meditación.

242: Estabiliza tus sentimientos, has de tener más seguridad en ti es un mensaje de que creas en ti mismx porque eres merecedor/a de la vida y de todas sus bendiciones. También puede ser necesario hacer unas buenas bases o establecer el orden en algún proyecto compartido para que pueda mediante generar el orden y buenas bases llegar la abundancia.

243: Tus Guías de Luz más elevada están contigo ayudando en el orden y equilibrio de tu inseguridad/ miedos. Te refuerzan para dar esos pasos que deseas, y te ayudan a la orientación de los mismos. Pídeles ayuda para poderte ayudar. Un nuevo ciclo superior está llegando en tu vida, se ha de despedir lo que no suma y dar la bienvenida a lo que sí.

244: Avanza sin duda ni miedo porque ese proyecto es para ti. Es momento de un orden o disciplina en tu proyecto, emociones y/o pareja. Es necesario de comunicarse para el mejor entendimiento, progreso y mejora. Si lo realmente lo deseas, ve a por ello.

245: Esos cambios o dinamismos son para ayudarte en poder restablecer un nuevo orden y bases. Es momento de establecerse según las circunstancias, ser flexibles y disfrutar mientras se aprende de cada instante. Realiza afirmaciones diarias pues tus pensamientos se materializan rápidamente.

246: El orden en tus sentimientos te podrá dar la paz que necesitas ahora en tu vida. Estructura y ordena tu vida sentimental para armonizar tu mundo interior y exterior. Cambiar de aires una estancia te puede ayudar a subir la energía. Tus Guías de Luz más elevada están colaborando en ordenar y equilibrar tu día a día.

247: Establecer cierto orden interno te ayudaría mucho a estructurar mejor tú día a día y vida. El silencio y el retiro espiritual te ayudarían a reordenarlo todo en ti y desde ti. Encontrarás todo lo necesario cuando medites y conectes con tu interior, el orden y el equilibrio en tu vida se restablecerán.

248: Recibes abundancia y, si así lo deseas, puedes vivir por fin de tus talentos. Sigue brillando con tu propia luz. Mantén tu pensamiento positivo y avanza con responsabilidad, orden y disciplina. Sigue conectada a la luz de tu corazón y de tu alma para iluminar tu camino.

249: El poder trabajar tus miedos te aportará apertura de consciencia. Realizar algún servicio voluntario y de ayuda te aportaría un enriquecimiento personal y apretura de tu campo emocional que te haría mucho bien. Se cierran ciclos porque llegan nuevos, tu vida avanza hacia un nivel superior.

250: Hay cierta inestabilidad en estos momentos en tu vida, simplemente son cambios, tiempo necesario para poder subir tu vida de nivel. Los cambios son bendiciones que nos ayudan a cambiar todo aquello que no sabíamos ver y que era necesario cambiar. El Universo y tus guías de luz más elevada están contigo para ello. Crea espacios en tu vida para la meditación y el silencio.

251: Esas dudas internas se disuadirán gracias a los cambios que te van a permitir empoderarte por dentro, para accionar tu camino y tu voluntad del alma. Los cambios son el motivo de que puedas pasar a la acción de tus deseos y al éxito.

252: Sé receptivx a los cambios escúchales desde dentro de ti, pues están equilibrándote y sanándote por dentro. Después de la tempestad, siempre llega la calma y el por qué de ellos. Son cambios que te conducen a un cambio de ciclo en tu vida a un nivel superior de existencia.

253: Tu proyecto está en cambios y mejoras, ésta materialización necesita de cambios y de una nueva energía para poder avanzar. Las Energías de Luz más elevadas y guías están contigo ayudándote en el avance y con los cambios necesarios para avanzar. Pídeles su ayuda y lo harán, conecta con tu: YO SOY.

254: Es el momento de cambiar y expandir ese proyecto desde una buena base, orden y disciplina. Verás como avanza todo, mejor estableciendo prioridades en tu vida y/o proyecto. Los cambios, muchas veces, nos dejan ver la falta del orden para re-establecer y base de algo. Es necesario renovarse, vibrar con lo nuevo y fluir con todos los cambios y renovaciones necesarias que sumen, sobre todo desde tu pensamiento pues la materialización es inminente.

255: Grandes cambios y gran movimiento se avecina o está en tu vida. Es el momento de guiarse y sintonizarse con tus emociones para navegar en estas aguas. Lxs mejores marinerxs son los que más se curten en los más bravos mares.¡¡¡ APROVECHA ESTA GRAN OPORTUNIDAD, Y DISFRUTA DEL VIAJE (que tiene la vida) Y QUE TE LLEVARÁ A ALGO NUEVO!!! Tus guías de la más elevada luz siempre van a tu lado, no estas solx y nunca lo estarás.

256: Hay cambios en tu círculo más cercano o en el hogar. Es momento para desarrollar el amor, que es la confianza en ti y en tu vida para poder avanzar de forma fluida y sólida. Date tiempo, ahora es momento de vivir según tu corazón siente y así hallaras la estructura que necesita tu vida. Sé libre como un pájaro, llegará quien tenga que llegar. Tan solo fluye.

257: Es momento de expandir tu corazón profundizando en la sabiduría que yace en tu alma. Conecta con libros que te darán la ayuda necesaria para equilibrar tu vida en el día a día. Es momento de fluir con los cambios y soltar. Confía en el Plan del Universo.

258: Siente que eres imparable, los cambios es lo que te confirman que lo eres. Da gracias con tu corazón de todo lo que acontezca pues esos cambios son transitorios pero indudablemente son necesarios para adquirir el poder que yace en ti. Vas por el camino de la abundancia, tiempo al tiempo.

259: Tus emociones y sentimientos no solo están conectados contigo sino que lo están a la consciencia planetaria y cósmica. Notas y percibes de forma muy sutil y clara los mensajes de tu entorno desde la energía. Notas las emociones de tu entorno y cambios que se producen o van a producirse en él. Se cierran ciclos que tienen que ver con tus sentimientos para poder llegar otros nuevos. Tu intuición es tu guía.

260: Ahora sería un momento perfecto para sacar y equilibrar tus sentimientos mediante las pinturas y el color. Saca tu creatividad fuera pues el Universo y tus Guías de Luz más elevada están contigo y apoyan precisamente todo lo que tenga que ver contigo y con lo que llevas ahí dentro: tu Luz, tu Amor, tu Comunicación con el Mundo... Has de sacarlo ahora, porque el momento y el tiempo han llegado y es ¡¡¡HOY, AQUÍ Y AHORA!!!

261: Restablecer el equilibrio con amor y desde el amor que hay dentro de ti entre tu corazón y tu mente. Es necesario vibrar en positivo, para que solo coseches pensamientos positivos en ti. Es necesario vibrar en el amor y mantener la mente en positivo, de esta forma se dará tu avance, materialización y cambio de nivel existencial y ciclo vital, pues ahora es el momento.

262: Se ha de establecer una comunicación desde el amor con algún miembro de la familia o que lo sientas como familiar. Es momento de armonizar tu hogar y vida, con la energía elevada del amor y los buenos sentimientos siempre. Es una etapa la cual se ha de sintonizar con el amor para crear la armonía necesaria para el avance desde el: YO SOY.

263: Tus sentimientos se equilibran en amor gracias a tus Guías de Luz más elevada, están contigo y te dicen que si deseas su ayuda has de pedírsela. Ellos respetan tus decisiones de libre albedrío, por lo tanto, comunícate con ellxs para el mejor avance en tu vida. Es un buen momento de conexión con una alta vibración, sigue en esa energía pues vas a materializar rápidamente.

264: El equilibrio que buscas y tus sentimientos se verán reforzados gracias a la armonía que te va a dar el orden o el restablecimiento de unas bases fundamentales en ti y en tu vida. Gestiona por orden de prioridades todo tu mundo (externo e interno). Tus Guías de Luz más elevada están contribuyendo con su luz.

265: Es momento de tomarte tu tiempo para sentir y dejarte sentir, es un momento de cambios, y estos giran en torno del amor y confianza en la vida, en tu día a día. No es momento para establecer metas mentales, sino para fluir según tus sentimientos. Materializa desde el corazón.

266: La fuerza mayor es el amor, y conforme más te conectes con tu energía motora y motivo de tu existencia antes podrás materializar tus deseos y voluntades. Es necesario que tu motor y fuerza principal sea la paz que ofrece el amor. Esa energía eres tú ¡¡¡SIÉNTELA Y COMPARTELA!!!

267: El amor te da la paz que necesita tu alma y tu parte sentimental. Equilibra tu sensibilidad, vulnerabilidad y bondad gracias a tu conexión y retiros contigo mismx. Haz cuando sientas esos retiros que te fortalecerán por dentro. También libros que te puedan llegar, armonizaran y equilibraran tu vida de forma muy factible. Materializa equilibrando tu poder interno y llénate de sabiduría espiritual.

268: Las energías están circulando en tu vida de forma infinita y llenas de luz, gracias al poder del amor, que nace en ti y desde ti. Mantén sentimientos y pensamientos positivos porque tu materialización es inminente. Estás sintonizando con la energía de abundancia-infinita del amor.

269: Equilibra tu parte material y espiritual, tu energía femenina y masculina tu consciente con tu inconsciente. Es momento de unir todo tu potencial acudiendo al origen volviendo a unir las piezas del puzle que tú eres para materializar tu misión de alma en esta vida. Ciclos en ti concluyen para dar paso a nuevos, que permitan tu expansión y ascensión a la abundancia que ya eres.

270: Puede haber una unión muy bonita con algún ser de forma muy espiritual. El Universo y tus guías de más elevada vibración te acompañan y asisten en este momento en tu vida potenciando y elevando tus características internas y espirituales. Tu intuición se expande. Haz retiros y acude al silencio para armonizar tu poder interno. Estás ascendiendo a un nivel superior existencial, sigue expandiendo tu consciencia y verás toda la luz que hay en tu/la vida.

271: Es necesario trascender el ego terrenal ascendiéndolo al YO SOY el ego espiritual. Conecta con tu brújula interna y tu parte sentimental: tu corazón para avanzar por tu verdadero camino. Mantén tus pensamientos positivos y haz retiros para meditar contigo mismx y así equilibrar tu energía, se está dando en ti el avance hacia la luz y consciencia que eres: YO SOY.

272: Conecta con tus sentimientos desde una parte espiritual. Desde la paz el silencio y la armonía de la sabiduría interna. Puede que te vengan libros de ayuda para equilibrar tu esencia. Avanza según tu sentir, pero sobre todo mantén el equilibrio en tu alma en el silencio. Los retiros contigo mismx te ayudarán a equilibrar tu vida pudiéndote escuchar mejor. Mantén elevados tus pensamientos pues los materializaras rápidamente.

273: Tus Guías de Luz más elevada te ayudan en tus intuiciones e inspiraciones dándote señales y respuestas para sanar, equilibrar y materializar tu vida. Haz caso de tu interior y aprovecha para pedir ayuda a tus guías, están aquí para asistirte si lo deseas.

274: No limites la fuerza y tu poder interno, pues la misión de tu alma es lo más importante aquí. Debes ser asesorado por tu corazón y tu sabiduría interior para poder establecer el orden que necesita ahora mismo tu vida.

275: El equilibrio en tu alma se establecerá con los cambios y la libertad que está adquiriendo tu vida en estos momentos. La materialización es cuestión de hacer cambios en tu interior que tiene que ver con un movimiento expansivo de tu interior y exterior hacia el mundo.

276: Tus sentimientos y tu sabiduría interior, así como tu intuición, te están permitiendo conectar con el amor y la confianza en la vida. Ahora sientes y vives desde otro punto de visión, es posible que gracias a algún libro leído hayas trascendido y elevado tu vibración energética, a un nivel superior, a una mayor conexión con el Amor.

277: Es momento de reflexionar sobre un tema sentimental o de tus sentimientos para poner equilibrio y armonía. Es necesario mantener tu tiempo en introspección contigo mismx, pues se hace vital y necesario ahora, ya que te encuentras en un momento de gran conexión con tu esencia y misión de tu alma.

278: La abundancia es simplemente la culminación de tu sabiduría interna tu inteligencia y consciencia permiten la abundancia en este momento en ti y en tu vida. La dicha está contigo. Sigue manteniendo tu mente en positivo y visualizando tu futuro, porque la materialización del éxito es inminente.

279: Tómate tu tiempo para ti, para escucharte por dentro y para conectarte con toda esa grandeza espiritual y sabiduría que posees en tu interior. Ha llegado el momento de compartir y comunicar todo ese bagaje interno que tienes con el mundo. Hay un ciclo que se despide para la entrada de uno nuevo. ¡¡¡ADELANTE!!!

280: El Universo y tus Guías de Luz más elevada están contigo en estos momentos ayudándote en el equilibrio físico y sentimental. La abundancia está llegando, a ti pues ahora es el momento de recibir. Llénate de la abundancia que la vida te prepara sigue vibrando alto pues ahí está el verdadero poder.

281: Un inmenso poder yace en ti desde dentro ocupando tu mente y tus sentimientos. Es necesario que equilibres esta potencia interna energética mayor, para elevar tu vida y pensamientos a una elevada vibración de existencia: YO SOY. Avanza en unión con el todo.

282: Tu poder de materialización es elevado hay una gran pasión y entrega para ello. Tu poder es infinito y lograras todo lo que te propongas mientras mantengas tu equilibrio interior. Sigue a tu corazón durante y a cada paso de tu camino y avance y estarás en lo óptimo para alcanzar tu abundancia merecida. Tus Guías de Luz de la más elevada vibración estan contigo.

283: Tus Guías de Luz más elevada están contigo potenciándote y respaldándote para que materialices y des los pasos necesarios para manifestar tus talentos y poder innato. Es el momento de expandir tus horizontes en aquello que siempre has sentido desde dentro porque ese es tu potencial innato y vas a materializarlo. ¡¡¡ADELANTE!!!

284: Sé prudente con ese dinero que te está llegando o va a llegar, para el mañana, es momento de responsabilizarse del dinero. Gracias a tu orden y disciplina con la abundancia en estos momentos podrás seguir materializando tus deseos.

285: Hay cambios en cómo vas a obtener tus ingresos. Se te dice que pueden haber situaciones que no esperabas en cuanto al tema económico. Estos cambios te van a permitir centrarte más en lo verdaderamente valioso en la vida que está dentro de cada ser.

286: Siente y déjate sentir tu poder y talentos pues te van a conectar con la fuente creativa del todo que es el Amor. Cuando conectes con esa energía vas a subir a un nivel vibratorio y de vida, como nunca antes. Permitiéndote ser, conseguirás la felicidad y plenitud.

287: Materializa el poder de tu sabiduría espiritual. Es un buen momento de compartir tus talentos y poder infinito interno, pues has llegado a un punto en el cual se te puede glorificar gracias a ello. Es un buen momento para materializar alguna obra escrita propia la cual te permita ser abundante no solamente por dentro sino también por fuera, ayudando a otras personas. Solo cuando se da es que se puede recibir.

288: Tus talentos y poder personal se están materializando, no dudes. Sigue en equilibrio y tu vida subirá de nivel en abundancia infinita. Tu potencial es elevado, sigue sintonizándote con la energía positiva y elevada para seguir cosechando dicha y éxito, por donde vayas. Un nuevo ciclo está llegando.

289: Tu servicio desinteresado se ve recompensado, y la abundancia llega a tu vida gracias a los demás, pues lo que se da siempre se acaba recibiendo y ahora es tu momento de recibir la abundancia que eres en esencia y en hechos.

290: El Universo y los guías de más elevada vibración te están conectando con una gran energía de conexión con la fuente. Puedes tener grandes intuiciones y bien certeras las cuales pueden ayudarte a ti y a otras personas. De la misma forma es necesario compartir con otras personas tu sabiduría interior, para poder concluir un ciclo, y que llegue otro completamente nuevo y de más elevada energía.

291: Tus pensamientos y sentimientos se están adecuando a una mayor vibración que tiene que ver con tu etapa evolutiva estas concluyendo un ciclo en tu vida y es necesario seguir vibrando alto en positivo para poder avanzar adecuadamente y en ascensión. Gracias a ayudar a otras personas recibirás honores que te llenarán por dentro.

292: Comunica tu sabiduría, amor universal y conexión con el Universo, con las demás personas, realizando algún voluntariado o colaboración altruista. Tu vocación de servicio a los demás te llenará por dentro, además de estar realizando la misión que te es encomendada. Materializa tu sabiduría interior.

293: Tus Guías de Luz más elevada están contigo pues tu sabiduría espiritual es muy profunda. Estas realmente conectadx a la energía de otros planos. Comunícate con las personas desde ahí, para mostrar al mundo la verdad que somos, que no es desde fuera sino desde dentro. Es momento de expansión y de fluir con los cambios.

294: Has de concretar, sin miedos, la voluntad y misión de tu alma. Es el momento para servir de canal cósmico a otras personas, ayudándolas a crecer y a desarrollarse. De forma conjunta os ayudareis a sanar el cuerpo elevando la energía.

295: Los cambios que se están produciendo en tu vida son para ayudarte a elevar tu consciencia de nivel. Es necesario abrir tu corazón a recibir las intuiciones y a seguir avanzando desde dentro para que los cambios aporten nuevas herramientas que te den una mayor libertad y despertar para tu alma. Este desafío es para elevar tu frecuencia y cerrar ciclos.

296: Si realizas un servicio de ayuda a la belleza de otras personas es el momento de seguir ayudando a elevar la energía de las personas de tu entorno. De igual forma, es el momento de materializar tus ideas sobre todo tu camino espiritual y misión de alma. Es necesario que unas tus partes consciente e inconsciente, interna y externa, energía femenina y masculina, tus partes de luz y no tan luz, abrázalas TODAS: ERES UN TODO Y ERES AMOR.

297: Comunica tu interior espiritual al mundo, es momento de realizar tu misión del alma. Estas en un momento propicio para ayudar a otras personas a conectarse con su esencia y alma gracias a tu sabiduría y consciencia, gracias a tu camino de vida interno y externo. Comparte con amor y luz tu profunda esencia. Haz que se escuche tu música, un nuevo ciclo comienza: en ti y desde ti.

298: Es momento para equilibrar y comunicar tu intuición y realizar algún servicio voluntario y altruista, comparte tus conocimientos para ayudar a otras personas, la abundancia esta de camino. Es un buen momento para que tu generosidad sea recompensada.

299: Se concluye un ciclo para poder dar paso a uno completamente nuevo. Tus emociones y sentimientos deben de equilibrarse, para ello es necesario comunicar y cerrar o despedir todo lo que reste en nuestras vidas, para poder dar la bienvenida a todo lo que sí sume. La diplomacia y la humanidad te abrirán las puertas.

300: Las Energías Guía de Luz más elevadas, Maestrxs Ascendidxs y todo el séquito de energías más elevadas y con las que más resuenes están contigo. El Universo y las Energías de Luz más elevadas te abrazan y te protegen para que el avance de tu alma sea un hecho. En el amor no hay duda en la luz no hay miedo alguno. Estás bendecidx en tu camino y bien guiadx. Si deseas que te asistan en algún momento concreto pídeles su ayuda y lo harán, es un buen momento para establecer esa comunicación deseada con tus Energías de Luz, ADELANTE APROVECHA ESTA PRECIOSA OPORTUNIDAD Y GUÍA DIRECTA.

301: Tus Guías de Luz y el Universo te están abriendo camino y ayudando para la buena siembra, para que seas tu mismx y cojas las riendas de tu vida. Sigue manteniendo tus pensamiento en energía elevada de amor y positivos porque de esta forma todo se te irá dando de forma fácil y rápida. En estos momentos tienes el poder de crear lo nuevo que desea tu alma realizar.

302: Tus Guías de Luz junto al mismo Universo bendicen tus sentimientos ayudándolos en el equilibrio en tu persona, o para la comunicación de éstos. Es un buen momento para compartir desde tu corazón y tomarte tu tiempo para escucharte desde dentro. Solo así se podrán sanar y restablecer las emociones. Escucha a tus Guías te están ayudando en tu camino.

303: Comparte la alegría saca tu niñx interior al mundo, es hora de vivir como lxs niñxs sin preocupaciones porque no hay nada de qué preocuparse. Estás muy bien acompañadx por tus Guías de Luz más elevada y el Universo mismo. Se te bendice y te dicen: PIDE Y SE TE DARÁ, siempre, desde tu Luz y desde tu Amor. Comunícate con tus Guías.

304: Tus Guías de Luz más elevada y el Universo te ayudan a ordenar y a equilibrar tu vida desde la responsabilidad, orden y disciplina primero contigo y luego con tu entorno. Es necesario instaurar o crear unas bases. Sobre todo, te asisten en tu cuerpo físico, pudiendo restablecerlo de cualquier tipo de dolencia. Es momento para el reposo y conexión con tu ser interno.

305: Tus Guías de Luz y Universo te han llevado a realizar los cambios necesarios en tu vida, o simplemente, estás en un momento donde se están produciendo cambios en tu vida y entorno. Estos son necesarios para expandirte desde dentro y hacia fuera. Ampliar tus horizontes y vivir el aquí y ahora en tu vida. Todo va estupendamente bien en avance y evolución.

306: Tus Guías de Luz más elevada y el Universo están sembrando semillas de amor para ti, te abren puertas de paz y sensibilidad contigo y con tu entorno. Es momento de compartir la belleza y la grandeza del amor con tus seres queridos. Llénate de luz que es lo que eres, llénate de paz que es dónde vibras. ¡¡¡Pinta de colores tu nueva vida!!!

307: El Universo y Guías de Luz más elevada te están guiando y asesorando en tu vida hacia un crecimiento espiritual. Te pueden estar haciendo llegar algún libro para que profundices en ti y te conozcas, no más sino mejor, desde el punto más importante de ti que es tu alma. Es momento para recibir información desde los silencios y empoderar tu: YO SOY.

308: Tus Guías de Luz más elevada y el Universo están asistiendo tu abundancia, empoderándote desde dentro para obtener los frutos desde fuera. El equilibrio se restablecerá, cuando se da se recibe. Sigue manteniendo tu pensamiento en positivo pues la materialización es inminente, realiza afirmaciones diarias y agradece por todo lo que ya tienes en tu vida y llegará, multiplicado.

309: Tus Guías de Luz más elevada y Universo están ayudándote en tu apertura de consciencia, pues es el momento de canalizar. Tu elevada madurez espiritual y sensibilidad, te permite poder ayudar a otras personas mediante compartir tu luz y de esta manera poder elevar tu energía y seguir evolucionando como alma en tu propósito divino. Se cierra un ciclo y se abre uno nuevo a un nivel superior de existencia.

310: Estas rodeado de luz y de ayuda por parte de tus Guías de Luz más elevada y del Universo. Es el momento de poder concluir ciclos y comenzar uno completamente nuevo. Puede que notes la unión con todas las energías que te rodean, pues sois uno. Tu poder es ilimitado, por favor, mantén tus pensamientos en positivo y una elevada vibración.

311: Tus Guías de Luz más elevada te están despejando el camino, llenándolo de luz y claridad para tus pensamientos y poder accionar de esta forma más y mejor tus ideas y emprendimientos. Es momento de comenzar algo nuevo y grande, se te está ayudando y dirigiendo a ello.

312: Tus Guías de Luz más elevada te están ayudando a equilibrar desde el amor tus pensamientos y sentimientos, es momento de sanar y temperar tu mundo interior y conectarte con la alegría que yace en tu niñx internx. Conecta con el amor que eres.

313: Tus Guías de Luz más elevada están ayudándote en la gran tarea de mantener tus pensamientos en la alegría y la alta vibración. Estas rodeadx de positivas y elevadas energías que te asisten y ayudan, puedes pedirles refuerzo cuando la necesites, para poder así asistirte. Es un precioso momento para comunicarte con ellxs, sobre todo, desde el respeto del silencio interior. ¡¡¡HÁZLO!!!

314: Tus Guías de Luz más elevada te están enviando el claro mensaje de que para poder accionar tu voluntad es necesario poner orden y saber exactamente qué quieres. Tan solo de esta forma podrán ayudarte y permitirte el avance hacia aquello que desea tu alma. Materializa tus pensamientos en sintonía con la voz de tu alma.

315: Tus Guías de Luz más elevada te están ayudando a flexibilizar tus pensamientos hacia una dirección más adaptable no tan cerrada. ¡Ábrete a lo nuevo que tienen los cambios, pues la vida es precisamente eso, cambio! Saborea y disfruta adquiriendo distintos enfoques en tu vida y eleva tu vida a un nivel superior de existencia.

316: Tus Guías de Luz más elevada están asistiendo tus pensamientos para que sean más armónicos y sintonicen con la alta energía y vibración. El amor es la energía mayor que te va a permitir lograr todo cuanto desees en tu vida. Estás en un momento en el cual no hay límite, es por ello necesario que conectes con tu sensibilidad para poder hacer elevar tu vida desde la energía.

317: Tus Guías de Luz más elevada te acompañan y ayudan en tu día a día. Puedes pedir su ayuda cuando lo necesites y comunicarte con ellxs. Es el mejor momento para disponer de espacios de silencio para conectarte con tu verdadera esencia y profundizar en ti, adquiriendo una sabiduría y conexión profunda con tu ser, que te van a permitir no desviarte de la luz que eres, pues vas a ir materializando tus pensamientos

318: Tus Guías de energía más elevada te asisten, te orientan y guían en estos momentos, sobre todo, en tu voluntad y pensamientos. Mantenlos en una alta energía y en positivo, tan solo de esta manera vas a poder ir adquiriendo la abundancia que mereces. Dispones de un gran poder personal y es por ello que se encargan de guiarte y abrirte los caminos, según te vean preparadx para ello.

319: Tus Guías de Luz más elevada te están guiando en la misión de tu alma. Es un buen momento para comunicarte con ellxs y sintonizarte contigo desde dentro.

Se esclarecerán muchas de tus dudas así. Es necesario cerrar ciclos para que se puedan abrir otros.

320: Tus Guías de Luz más elevada te asisten tu parte emocional, están sanándote desde dentro con la ayuda también de todas las fuerzas universales. Equilibrando y armonizando todo tu interior, también disuadiendo todas tus dudas para poder ver con claridad todo lo nuevo que va a llegar a tu vida. Que tu corazón sea tu guía, es hora de dejarte sentir y de conectarte a la ayuda universal. Fluye y abre tus alas.

321: Tus Guías de Luz más elevada te aconsejan que antes de hablar medites lo que vas a decir y sobre todo, mantengas una disposición de amor contigo y así para con la otra persona. Es necesario el escucharse y reflexionar antes de comunicar, para que lo hagamos con la mejor intención y dejemos de acumular karma o dificultades en nuestra vida.

322: Tus Guías de Luz más elevada están permitiendo que materialices con una gran facilidad, tus acciones son de un poder mayor, una elevada manifestación energética cada palabra y/o acción que realices. Es por ello absolutamente necesario sintonices con el amor y la alta energía y vibración, realiza meditaciones o espacios de silencio con la única compañía de ti mismx. La energía femenina se está moviendo con mucha intensidad en tu vida, recíbela con amor en ti.

323: Tus Guías de Luz más elevada te están pidiendo que cooperes con ellxs para que equilibres tus sentimientos y tu interior. Es el momento de escuchar a tu corazón y de entender tus sentimientos. Aceptarte, respetarte y sobre todo escucharte. Esa voz interna son tus Guías que piden que te centres en escucharles y en tener más sensibilidad ternura y paciencia contigo mismx. Te están ayudando a materializar, ¡¡¡Vibra alto!!!

324: Tus Guías de Luz más elevada están asistiendo tu parte emocional, equilibrándola y restableciendo el orden, puede que esas emociones estaban somatizando en tu cuerpo, es por ello que ponen solución y ayuda aquí y ahora. Tu materia física se está renovando, siente su transformación desde el amor que eres.

325: Tus Guías de Luz más elevada cuidan de tus emociones ahora que estas pasando o vas a pasar por un periodo de cambios. Es momento para escuchar a tus Guías, están contigo. Escucha tu interior, conecta con a luz de tu corazón, ahí encontrarás esa brújula que te guiará a través de los cambios y movimientos que acontecerán.

326: Tus Guías de Luz más elevada están equilibrando los opuestos. Si tienes pareja la energía en común e incluso por individual, (energía femenina y masculina de cada ser). Es momento para crear la armonía y la paz en nosotrxs y en nuestro alrededor. El amor nos hace grandes. Reconecta con tu niñx interior. Eleva tus pensamientos y mantenlos en positivo pues veras materializaciones muy pronto.

327: Tus Guías de Luz más elevada te piden con insistencia que te tomes tu tiempo para ti, para estar contigo y atender tus emociones. Gracias al silencio podrás entenderte y entender todo mejor. Todo lo que buscas está dentro de ti, tus Guías insisten en que dediques tiempo para ti, para estar contigo ¡¡¡Adelante!!!

328: Tus Guías de Luz más elevada te dicen que tienes gran potencial en cuanto al manejo de las emociones, tuyas y de los demás. Es momento de recibir abundancia y equilibrio en tu vida y así será, prioriza y pon enfoque en tu vida. Te guían con amor si pones tu corazón a cada paso en tu camino.

329: Tus Guías de Luz más elevada te aconsejan y te ayudan para la liberación de tus emociones, es momento para soltar todo lo que reste en tu vida. El cierre de ciclos es necesario porque va a dar comienzo una nueva energía en tu vida y con ella un nuevo ciclo. Es momento para comenzar eso que siempre quisiste y nunca te atreviste a hacer, es momento de abrir tus alas.

330: Toda la corte de tus Guías de Luz más elevada están aquí contigo. También el Universo te acompaña a tomar este camino, iniciativa o creación. Están aplaudiendo la decisión tomada y te asisten y desean comunicarse contigo si así también tú lo deseas. Pídeles y te darán. Hay señales a cada paso en tu camino, te guían con amor.

331: Cuando conectas con tu niñx interior todo se hace más fácil, ahora estás realizando justo lo que desea tu alma, y cuando te conectas con tu alma lo haces también a tu verdadero propósito de vida. ¡¡¡Felicidades!!! Tus Guías de Luz más elevada te están abriendo el camino, vas muy bien. Estás en lo cierto, estás en ti a cada paso, sigue así. Pensamiento positivo, siempre.

332: Estas siendo acompañadx por un inmenso coro celestial de seres de luz de elevada energía, están contigo en estos momentos para equilibrar eso que no sabes cómo llevar o cómo solventar con alguna otra persona. Escucha desde tu interior y verás que estás conectada con esta preciosa Energía de Luz que te asiste y armoniza desde dentro. La solución está dentro de ti. Eres un ser pleno y tu vida también lo es.

333: Las Energías de Luz más elevadas están mano a mano contigo, sobre todo ahora, en estos momentos. Te quieren decir que no estas solx, no te van a dejar ni un momento sin supervisión de la luz divina. Están para ayudarte y aliviarte en tu día a día y procesos, y así están haciendo cuidándote y amándote como ser amado que naciste en Gaia. Te están enviando señales en tus preguntas, preocupaciones o simplemente te están dando su mejor consejo a cada paso con esos números significativos para ti, plumas que caen a tus pies, mensajes en la radio y/o anuncios... Todo lo que sigas recibiendo, sí, son respuestas a tus preguntas, inquietudes y consejos para tu mayor bien, siempre. Es un hermoso momento para establecer una comunicación con tus Guías de Luz, si deseas hacerlo, puedes escribir la pregunta y sentir sus respuestas, ¡¡¡Si lo sientes, no dudes y Hazlo!!! Lo agradecerás.

334: Gran ayuda de tus Guías te acompaña a cada paso, sobre todo para ese proyecto o profesión, verás que todo va bien. Simplemente pon claridad y orden en ti, todo está dado. Ten paciencia y enfócate de forma clara en tu propósito. Creer es crear.

335: Tus Guías de Luz más elevada te asisten y te reconectan con tu niñx interior, es necesario para fluir en los cambios que tienes en actual. Verás como todo fluye y va hacia adelante cuando te conectas a la alegría de vivir y a la sabiduría de que la vida es un viaje, y lo que vale la alegría no es la meta sino el recorrido. Mantén tus pensamientos en positivo y materialízalos en avance y evolución desde ti y para tu mejor destino.

336: Tus Guías de Luz más elevada están abriéndote el camino en la armonización de tu vida. Sobre todo la de tu hogar. Pide su ayuda para que te la puedan dar. Es momento para desarrollar dotes como la pintura pero sobre todo de ponerle mucho color a tu vida: ¡¡¡Hazlo!!!

337: Toda la corte de tus Guías de Luz más elevada está contigo en tu camino espiritual. Es un momento completamente para profundizar en la espiritualidad y en misión de alma. Ahonda en tu ser interno y descúbrete como nunca antes. Es un momento muy propicio para instruirse y sobre todo, conectarse con el sexto sentido. Una práctica regular te va a ayudar en tu día a día.

338: Toda la corte de tus Guías de Luz más elevada están ayudándote y aportándote abundancia en muchos campos de tu vida. Agradece todo lo que recibas pues son bendiciones para tu vida y vienen del cielo. Precioso momento para desarrollar tus talentos, siente como nacen desde ti, no pongas limite a que nazcan al mundo exterior, son bendiciones en tu vida.

339: Toda la corte de tus Guías de Luz más elevada te supervisan y guían en tus procesos creativos. Es magnífico el potencial y la guía que vas a tener para ello. Es momento de crear cosas o algo nuevo en ti y/o en tu vida. Comparte tu luz con el mundo, no niegues tu ayuda pues tu alma posee la sabiduría para ayudar incluso, simplemente, con tu presencia. Sé Amor, sé Tú, sé Luz.

340: Puede ser que tu niñx interior tenga que madurar o la vida te esté poniendo a prueba para ello. Es necesario en estos momentos tener un orden y madurez para adquirir cierta estabilidad y responsabilidad. El Universo y tus Guías de Luz más elevada están contigo y te rodean para alcanzar y concretar tu seguridad material.

341: Puede ser que haya alguna comunicación con una figura paternal pendiente y es el momento de mantener el pensamiento en positivo y tomar la iniciativa en este dialogo. Por otro lado también se te dice que enfoques tu mente en lo que estás realizando en presente, si es disfrutar de tus momentos libres estar 100x100 y si es trabajo lo mismo. Cada cosa requiere su tiempo y tu presencia física y mental 100x100.

342: Puede ser que haya alguna comunicación con una figura maternal pendiente, es momento de poner orden. Por otro lado tus Guías de Luz más elevada te ayudan en este momento a poner orden y equilibrio en tus sentimientos. Se concluye un ciclo para comenzar uno nuevo.

343: Todos tus aprendizajes espirituales se han de ir concretando en el día a día. Es necesario no solo cuidar tu espíritu sino también tu cuerpo físico. Tus Guías te están ayudando con algún miedo, te dicen que están a ambos lados de tu cuerpo físico velando por tu seguridad, no te dejaran de proteger hasta que se finalice el aprendizaje y/o sanación.

344: Estas materializando a lo grande gracias a la ayuda de tus Guías de Luz más elevada. Se te abren las puertas para verdaderamente materializar grandes ideas que no solo van a ayudar o a aportar a una persona sino a un colectivo. Estas materializaciones son regalos de tus Guías, ¡¡¡Hazlas, realízalas!!!

345: Gracias a que comiences a comunicarte de verdad y como nunca con las demás personas, te va a permitir cambiar las estructuras y los límites que actualmente hay en tu vida. Esos cambios son favorables para ti, si los sabes gestionar con apertura, creatividad y alegría.

346: Parece que hay cierta lentitud en aquello que deseas, pero tan solo es cuestión de tiempo y de poner bien tu enfoque. Guarda amor, bondad y dulzura dentro de ti pues tus Guías de Luz más elevada están contigo para tu mejor destino. Es momento de poner orden y establecer unas bases en tu vida que te de esa estabilidad que deseas, ahora toca hacerte responsable de ti con todo tu amor y de hacer limpieza desde dentro hacia fuera.

347: Tus Guías de Luz más elevada te están ayudando con la rigidez que puede que notes en tu cuerpo, es importante que adquieras una disciplina espiritual, en la cual de forma frecuente puedas realizar algún ejercicio para tu cuerpo y espíritu como el yoga o la meditación, te ayudará a conectarte más contigo y a saber respirar mejor, tus guías te lo aconsejan.

348: Tus Guías de Luz más elevada te asisten en poner equilibrio y orden en la energía tan elevada que tienes ahora, así como en la abundancia económica que generas y vas a generar. Es momento para recolocarlo todo y establecer prioridades en tu trabajo y vida, materializa con amor, conecta con la fuente de la abundancia interna y verás milagros en el exterior.

349: Es el momento de entablar una nueva relación con alguien, renovar ciertos aires y energías que se tienen de personas, objetos y lugares. Un nuevo ciclo de vida está de camino y se hace necesario hacer sitio para lo nuevo que va a llegar. Puede que haya algún dialogo o conversación pendiente que te ayude a cerrar un ciclo y poder abrir uno nuevo, completamente renovado. Conecta desde el silencio contigo para dar los pasos de forma segura.

350: Tus Guías de Luz más elevada te traen cambios y expansión a tu vida, llenándola de nuevos desafíos completamente nuevos para ti y que te permitirán elevarte como nunca. Es momento para abrirse, explorar y descubrir cosas, personas y lugares nuevos así como situaciones. Ábrete a lo nuevo y déjate sorprender. ¡¡¡ES EL MEJOR MOMENTO PARA SER NIÑX DE NUEVO!!!

351: Tus Guías de Luz más elevada están contigo en este momento de renovación y cambios, es momento para lo nuevo, para expandir tu vida hacia nuevos horizontes y el Universo esta expandiéndolos ayudándote a evolucionar gracias a estos. Se te dice que aproveches los cambios para iniciar o crear algo nuevo y propio, ya que un ciclo se cierra y otro nuevo se abre ante ti. Tus Guías te abren el camino para que abras tus alas y te lances hacia el avance.

352: Tus Guías de Luz más elevada están potenciando tus dones creativos y movimiento dentro de ti y fuera de ti. Crea y déjate expandir tus sentimientos y alta sensibilidad con la música, pintura o cualquier vertiente artística. Tienes un don innato para ello. Confía en tus dones y vocaciones de nacimiento. Conéctate a tu niñx interior.

353: Diversión y alegría, tus Guías de la más elevada vibración, están contigo haciéndote disfrutar de cada momento, pues la vida es precisamente instantes de tiempo. Céntrate en tu aquí y ahora, y vive creando tu vida a cada paso, sé flexible y baila según los cambios conectándote a tu niñx interior. Ahora tú, eres el ser que crea, lo que crees creas, así que mantén elevado tu pensamiento en positivo y materializa todo lo bueno que tiene la vida para ti. El poder de materializar ahora es tuyo y tus Guías de Luz más elevada te rodean y te invitan a crear lo nuevo, a sacar tu tesoro más grande mágico y auténtico que eres tú, desde ti, en lo más profundo de ti, desde la verdad ¡¡¡ Déjate ser , DÉJATE SENTIR Y FLUYE, NO HAY QUE PENSAR!!!

354: Tus Guías de la más elevada Luz están llevándote cambios para que construyas lo nuevo. Esos cambios son la antesala del nuevo marco de vida. Pon orden en tu casa y armonía lo demás llegará por sí solo. No estás solx sino muy bien acompañadx por ayuda del cielo y del Universo.

355: Tus Guías de la más elevada vibración te están trayendo nuevos aires, en forma de cambios y de experiencias liberadoras sobre todo para tu alma, es momento de expandirte y de mover tu energía, fluye y no te limites, es momento de abrir las alas hacia una verdadera estabilidad incluso más allá de lo conocido. En el movimiento te llegaran las respuestas no estanques la energía.

356: Tus Guías de la más elevada vibración te traen cambios para establecer la armonía para abrirte las puertas al amor, al verdadero amor. Toma los cambios y fluye en ellos. Expande tu alma.

357: Tus Guías de la más elevada Luz te asisten en estos cambios que van a permitir conectarte más a tu alma. La guía no solo te vendrá de tus Guías sino de tu conexión con tu alma. Sabrás intuitivamente el siguiente paso a dar y cada movimiento a efectuar, siempre y cuando fluyas en tu intuición y en conexión con tu alma.

358: Se están produciendo cambios en tu economía y/o se te están abriendo diferentes vías de ingresos y caminos de éxito. Estos cambios no son casuales sino causales. Son causados por tus Guías de Luz más elevada para tu mejor destino.

359: Tus Guías de Luz más elevada te están ayudando a expandir tu sabiduría interna, esos cambios que se producen en tu vida son ayudas para elevar tu consciencia a un nivel superior. Es el momento de cerrar algún ciclo para comenzar otro nuevo. Se te abren puertas de abundancia en tu vida.

360: Tu familia u hogar está recibiendo ayuda de los Guías de Luz más elevada y del Universo. En este momento todo va a ir bien, es necesario seguir vibrando en la energía del amor en armonía. La fuerza mayor es el amor, éste debe de ser tu motor, todo lo afín a esta energía superior es lo indicado para el avance y mejor destino.

361: Tus Guías de Luz más elevada te cubren con su amor para que actives ese camino deseado en tu vida. Es el momento de gestionar desde el pensamiento positivo y elevado del amor y con amor eso que tienes en mente. Tus Guías están contigo, pídeles que te ayuden en el avance y lo harán.

362: Tus Guías de Luz más elevada llenan tu corazón de amor, puedes sentirlo. Conéctate a esa energía de luz y amor desde dentro de ti. Es necesario ir poco a poco y a buen paso, sin prisas, escucha muy bien tu interior y recibe las señales.

363: Tus Guías de Luz más elevada te asisten y guían con amor. Es el momento de comunicar algo desde tu mejor versión de ti mismx. Sigue la luz que hay en tu corazón conéctate con tu niñx interior con su dulzura e inocencia y vive cada día como un nuevo día.

364: Tus Guías de Luz más elevada están tratando de armonizar y equilibrar tu hogar y/o familia, estas ayudadx por estos seres para sembrar semillas de armonía, amor y paz.

365: Tus Guías de Luz más elevada te están ayudando a reconectar con tu creatividad gracias a los cambios. Por otro lado puede que tu familia y/o hogar estén pasando por cambios en estos momentos todo saldrá bien. Recibe estos cambios con amor, es momento de aires nuevos y de mejoras.

366: Tus Guías de Luz más elevada te asisten para que te conectes en profundidad con la paz y amor que eres desde lo más profundo de ti. Para avanzar por tu camino, en progreso conéctate con la luz que es el amor. Cuanto más amor te des más amor recibirás y no es al revés. Ámate con mucho cariño y respeto para que la vida te traiga personas con esas características. Pues recuerda, que lo afín atrae lo afín.

367: Tus Guías de Luz más elevada te dicen que es momento para hacer las cosas con calma, el descanso es muy importante. De igual forma es un buen momento para encontrar la paz y armonía contigo mismx, haz retiros cuando lo sientas de meditación y silencio, para reencontrarte de nuevo. Tus Guías te están ayudando a potenciar tu intuición, conéctate contigo.

368: Tus Guías de Luz más elevada están contigo y te guían con amor hacia un camino de abundancia y prosperidad. Sigue vibrando alto porque ha sido tu alta frecuencia, que te está dando esos beneficios en tu vida. Nutre todo tu ser y energía de ésta y no volverás atrás. El amor es la energía mayor de toda abundancia.

369: Has sido guiadx hacia este momento de tu vida, es perfecto sea cual sea, no dejes de conectarte con tu amor más elevado y universal, pues es la fuente que nutre el mundo y la llena de vida, de lo que es. Es momento de seguir tu misión de alma y sabiduría interior guíate por ésta a cada momento pues estás conectadx a la fuente suprema. Une tu palabra a tu corazón y éste a tu alma y no des ni un paso si no van unidos siempre y desde dentro de ti.

370: Tus Guías de la más elevada Luz te están ayudando a reconectarte con tu interior, con tu alma. Te llegaran libros y/o maestrxs que te nutrirán por dentro. Es muy importante guiarte por tu intuición no por tu mente. Sigue a tus pensamientos de alta vibración y positivos porque el Universo está de tu parte en tu camino espiritual.

371: Tus Guías de Luz más elevada te están indicando el camino hacia la paz interior la introspección y el profundizar dentro de tu ser. La dirección de tu camino es correcta, desde dentro hacía afuera. Cuando conectas contigo la guía es absolutamente certera. Ya que proviene de la verdad que eres, de la esencia. Más allá de tu mente está tu consciencia, tus pensamientos tienen un gran poder de ser materializados, conecta con la alta energía, tienes el poder de materializar tus pensamientos.

372: Tus Guías de Luz más elevada te están dando claridad en tu espíritu y reconectando desde la luz tus emociones y sentimientos. Escúchate por dentro y desde dentro. Conecta cuando te comuniques desde tu alma y corazón. Es momento para profundizar en la sabiduría espiritual, te ayudará a equilibrar tus emociones. Crea espacios de silencios, date ese tiempo para escucharte por dentro.

373: Cuando conectas con tu niñx interior conectas con tus Guías de Luz más elevada más fácilmente. Es momento de la conexión y comunicación con ellos desde tu alma, meditación y quietud. Hazlo cuando lo sientas pues ese será el mejor momento. Estas agudizando tu intuición, y vas por muy buen camino, estás bien guiadx. Pide y se te dará.

374: Mantén la alegría de vivir, porque tus Guías de Luz más elevada están contigo en estos momentos para darte la estabilidad que necesita tu alma. Obtendrás la calma gracias al fluir de las situaciones y cambios que se den, son mejoras que te permitirán adquirir unas herramientas necesarias para realizar un nuevo orden o una creación de algo nuevo, que te va a permitir generar una estabilidad y seguridad en ti y en tu vida.

375: El avance está asegurado gracias a estos cambios que estás sabiendo tomar y aplicar en tu vida y día a día, esa es la clave para poder adquirir la sabiduría que necesitas en este momento en tu alma. Se te pone a prueba tu flexibilidad en los acontecimientos, personas y escenarios actuales en tu vida, libérate de exigencias y fluye hacia tu expansión y liberación desde el amor.

376: Es necesario poner algo más de conexión de espiritualidad entre todos los seres y miembros de la familia, hace falta generar armonía en el alma y eso es solo desde el amor hacia ti mismx. Cuando te amas generas amor y siempre es así, solo podemos dar lo que tenemos. Hazte generadorx de amor desde dentro de ti y comienza a sintonizar con la energía de tus Guías de Luz más elevada.

377: Tus Guías de Luz más elevada te dicen que estas preparadx para que tu alma ascienda a una consciencia superior de existencia a planos energéticos más elevados. Estás preparadx y te han preparadx para ello, adelante eres un gran canal de luz sigue tu intuición ¡¡Vas por buen camino, llegaras a tu propósito!!

378: Cuando tus actos son desde el amor y la consciencia del amor acaba llegando lo que se dio en su momento. Las buenas obras y la buena esencia tienen frutos que tan solo el sabio tiempo conoce. Ahora es tu momento de recibir tu abundancia, ¡¡¡Adelante es tu momento, ten fe y verás el milagro!!!

379: Es perfecto el camino que has seguido pues te lleva al recorrido preciso de tu misión de alma. Gracias, gracias y gracias por tu sabia conexión y sabiduría interna. Es el momento de compartirla con otras personas y con el mundo. Ayuda espiritualmente a otras personas a que se reconecten con su alma y con su esencia para permitirles su avance.

380: Grandes puertas de abundancia se abren ahora para ti. Es el mejor momento para dar gracias pues grandes y buenas noticias de progreso están llegando. Tus Guías de Luz más elevada y el Universo están contigo, siente sus energías poderosas de luz y amor que nacen desde ti, pues tú también formas parte de esta maravilla.

381: La fuerza motriz en estos momentos de tu éxito y/o abundancia está en tu mente y pensamientos. Mantén tus pensamientos en positivo y verás incrementar tu vida de forma fácil y fructífera. Pues esa es la clave para seguir avanzando. Puede también que te hayan concedido un puesto superior donde trabajes y todavía mejor, vivir de ti. Crea tu proyecto de vida tus Guías están mano a mano contigo.

382: Si tienes diversas fuentes de ingresos es momento para equilibrarlas. Tu energía mengua según tu estado emocional, mantén la vibración alta para seguir obteniendo abundancia en tu vida. Cuanto más te escuches y te tomes tu tiempo (paciencia) mejor todo te irá. Tus Guías de la más elevada Luz te están ayudando.

383: Tu creatividad y talentos están cobrando mucha fuerza, son vías por las cuales aportar toda tu inspiración divina tanto tuya como de tus Guías de Luz que están contigo, dándote inspiración para seguir por tu camino de éxito y compartirlo con el mundo. Ahora sí: creer es crear, crea tu realidad y ésta aparecerá delante de ti. No dejes de vibrar alto en alegría/positividad.

384: Tus Guías de Luz de la más elevada vibración te están ayudando a equilibrar tus ingresos y poder tener una economía más estabilizada. Es necesario que adquieras la disciplina y perseverancia en tus metas para no solo lograrlas sino, sobre todo, mantenerlas. Cuando crees ese orden con amor, la abundancia será infinita.

385: Tus Guías de la más elevada Luz están contigo haciéndote crecer la economía mediante los cambios que estas teniendo. Son transitorios, pero necesarias las mejoras que te van a permitir potenciar tus talentos innatos y sacarlos desde dentro hacia fuera.

386: La economía se verá incrementada si sigues a tu interior, conecta con tu alma para conocer qué harías, incluso sin cobrar por ello. Cuando lo sepas ves a por ello, ahora es el momento de creen en ti y de crear tu vida desde la verdad que eres. Conecta con el amor y conectaras con la abundancia infinita.

387: Estas en un momento de profunda conexión con tu alma y esencia. Sigue esta preciosa conexión que te llevará a la sabiduría y camino indicado siempre. Pues no hay mayor poder que tenerse a sí mismx. Nunca hay ausencia de abundancia para las almas conectadas a su esencia, ¡¡FELICIDADES!!

388: Estas bendecidx por tus Guías de más elevada Luz, se te está dando la abundancia que deseabas en tu vida, por diferentes vías. Tus dones o talentos se están potenciando gracias a conectarte con la divinidad. Tu poder es imparable, porque estás unidx a la luz que es el amor, y el amor es la fuente inagotable de abundancia. BENDICIONES Y SIGUE ASÍ.

389: Tus Guías de Luz más elevada te están llevando a adquirir la abundancia económica gracias a realizar algún trabajo altruista, de ayuda y/o compartiendo tus conocimientos para ayudar a otras personas desde tu luz. Se te bendice económicamente gracias a tu compartir y a tu ayuda sobre todo, sabiendo escuchar o escuchando a las personas que necesitan que se les escuche. GRACIAS, GRACIAS, GRACIAS.

390: Tus Guías de la más elevada Luz y el Universo te dicen que estás preparadx para pasar o cambiar a otro nivel de vida. Es el momento de cerrar un ciclo para poder iniciar uno completamente nuevo y liberadx de lo que ya no sirve ni es trascendente. Dispones de una gran y potente intuición que te van a guiar en estos momentos de tu vida. Sigue tu Voz Interior para avanzar desde la Verdad y la Luz. Si dudas o necesitas ayuda de tus Guías de Luz, pídeles consejo y/o ayuda y te la darán.

391: Es necesario y te están ayudando las energías superiores y Guías de Luz más elevada a concluir un ciclo para poder empezar uno completamente nuevo, en el cual tú, tomes las riendas de verdad y de forma total de tu vida. Es necesario para tu aprendizaje en este momento. Así como que sepas que no estás solx que te ayudan tus Guías en este proceso. Mantén pensamientos en positivo y así ayudarás que todo vaya bien en tu vida.

392: Estas preparadx para emprender el camino en estos momentos de tu vida, no dudes, simplemente sigue tu intuición y sabiduría espiritual, tus Guías de Luz más elevada te asisten y ayudan para despedir y cerrar un ciclo. Ahora toca escucharte desde dentro y conociendo nuevas relaciones que te respeten y te escuchen de verdad. Obsérvate cómo te sientes y ese será el camino indicado para ti, el que te haga sentir bien desde dentro.

393: Estas en un momento personal muy productivo de gran enriquecimiento creativo. Dentro de ti hay una gran creatividad e ingenio. Es el momento de compartirlo con el mundo, para poder ascender de nivel en tu vida. Este nacimiento de tu ser es necesario e importante para ti que lo lleves a cabo, con una creación personal. Tus Guías de Luz más elevada te acompañan en este momento con está dosis creativa, pídeles ayuda si la necesitas para realizar los pasos adecuados que te van a llevar a realizarte por completo. Si lo haces vivirás un antes y un después, como nunca antes pudieras haber imaginado. Es necesario que lo hagas, ¡¡¡Reinvéntate!!! MOMENTO DE RE-NACER.

394: Tus Guías de la más elevada Luz te están guiando y acompañando para hacerte crecer interiormente, para realizarte y alcanzar la estabilidad verdadera que yace desde dentro. Te están llevando mediante señales a realizar tu misión de alma. Gracias por seguir estas señales pues son las indicaciones que seguirás para alcanzar tu verdadero triunfo en la vida. Muy buena intuición.

395: Tu evolución espiritual se está viendo en cambios, hay movimientos necesarios en tu vida que van a ha-

115

cer que la ayuda de tus Guía de Luz más elevada den sus resultados. Es momento de fluir y de aprender y llenarse de todo lo nuevo que llega. Estás siendo guiadax en ellos para empoderar tu alma con y desde el amor que es/que eres, hacia la abundancia que es tu estado natural.

396: Se te invita a concluir o soltar un ciclo desde el amor. Tus Guías de Luz más elevada siempre te acompañan. Este es un aprendizaje que tiene que ver con tu alma, una vez incorpores ese aprendizaje de amor en ti verás como todo fluye mejor en tu vida. Has de vivir según la unión de todo y no desde la ilusión de la separación. Tu eres un ser completo nada ni nadie es separación de ti, vive desde la verdad de que todo eres tú y tú eres el todo. Ama desde amarte a ti primerx.

397: Tus Guías de Luz más elevada te indican hacia el amor universal gracias al silencio vas a conectar con una profundidad tuya y a la vez que te permitirá unirte al todo, desde el silencio y la meditación. Desde la soledad podrás re-encontrarte contigo para así poder elevar tu energía y poderte ayudar mejor tus Guías de Luz.

398: Tus Guías de Luz más elevada te bendicen con la abundancia desde diferentes vías para ti, siempre que vivas desde una libertad todo y desde un soltar, que todo lo que te llegue no es del todo tuyo sino que es energía, y se ha de mantener el equilibrio conforme la vida te vaya dando tú has de también ir dando. Y no hace falta dar dinero, cada persona da lo que tiene para compartir con el mundo. Cuanto más des más recibirás.

399: Tus Guías de la más elevada Luz te aconsejan y guían para poder cerrar ciclos, cerrar ciclos con personas y situaciones con las que ya no sintonizas. Es debido despedir desde el amor para cerrar ese ciclo bien y de la a mejor forma posible desde el amor. Así tu vida podrá dejar de estar estancada y hacer renacer un nuevo ciclo de verdad. Accediendo a un nuevo ciclo de vida y posibilidad de renacer. Decide bien cual será tu siguiente paso, realízate y vuelve a nacer. Es una gran oportunidad para dejarte llevar por tu intuición en cada instante de tu tiempo. Comparte tu aprendizaje de vida, para aportarles luz en sus vidas.

400: La estabilidad que te la da el orden. El poder crear en ti y desde ti unas bases de vida, fundamentos en los cuales poderte permitir ser más feliz con ellos. Unos valores de respeto contigo y para/con los demás. El Universo de forma imperante te está potenciando este aprendizaje para ti. La creación de unas bases fundamentales en tu propia vida que te permitan sentirte mejor, y vivir así mejor.

401: El Universo te refuerza la idea de poder vivir de tu propio trabajo, que tú seas tu propix jefx, es decir que te empoderes, que seas líder, coge las riendas de tu vida y toma decisiones reales que te permitan la libertad que deseas. Hazlo hoy, pues el mañana tan solo lo creas en el Hoy. Por otro lado, ese trabajo, profesión, seguridad, abundancia que deseas... si vas a por ello ¡es tuyo!, Depende de Ti. Fluye y sigue avanzando.

402: Tu estabilidad o negocio está siendo ayudado por el Universo, es necesario mantener una buena relación con la pareja si se tuviera o con las relaciones en general, siempre que te notes emocionalmente desequilibradx, es necesario te tomes tu tiempo para escucharte y tomar un siguiente paso mejor, desde tu escucha activa a tus sentimientos y alma.

403: Tus guías de luz más elevada y el Universo te están ayudando para que des el siguiente paso, en relación a tu profesión. Te aconsejan que comiences a realizar un orden de prioridades en tu vida para seguir, pues te ayudará mucho en tus propósitos actuales. Tener una buena disciplina que te permita cierta libertad creativa, no estará nada mal. Se te está ayudando en tu parte física y cuerpo, estás en buenas manos. Medita y sana.

404: Estas manifestando tus proyectos y consecución de metas, estas en un momento donde el Universo te está dando mucha ayuda y refuerzo. Estás logrando tus objetivos, sigue manteniendo un orden y una disciplina y verás como esto va hacia adelante y con futuro. Es algo que va a tener una durabilidad en el tiempo, que no te quepa la menor duda.

405: El Universo te acompaña y te ayuda a que realices esos cambios necesarios para tu bien. Es momento de cambios, y de tomar esos cambios, para poder ver mejoras y avances. Nada en esta vida es estático sino que está en perpetuo movimiento y cambio, se hace necesario que seas flexible y sobre todo abiertx a los cambios y al movimiento. Verás cómo fueron necesarios y los agradecerás. Se cierra un ciclo para abrirse otro.

406: Es momento para enfocar tu vida y establecer un orden, una base que te permita re estructurarla de una forma nueva y re-novada. El Universo está ayudando a ello conectándote con el amor que eres y llevas dentro de ti. La fuerza mayor es el amor y precisamente es la fuerza ilimitada que te va a ayudar al avance en todos tus campos de tu vida y día a día.

407: Guíate por tu intuición retírate en el silencio para poder ordenar mejor tus propósitos y vida. Es necesario el orden en ti (mente, cuerpo y alma) el Universo te está ayudando a que todo avance y siga su curso. Es necesario tus momentos de silencio y de estar contigo a solas para mejorar el estado de tu cuerpo físico. Revisa tus pensamientos y realiza afirmaciones diarias para mantener elevada tu energía, pues vas a ir materializándolos.

408: El Universo te está enviando lo que es de justicia que recibas, la abundancia que te está llegando es la recompensa al esfuerzo y trabajo. Tan solo es cuestión de tiempo, cariño y constancia para ver esa semilla florecer. Todo lo que se da se recibe. La justicia está de tu parte, estás bien guiadx y acompañadx por tus guías de luz más elevada.

409: Responsabilidad con tu misión de vida es necesaria en estos momentos, el Universo te apoya a que tomes decisiones según tu alma e intuición te digan, pues no van a fallarte. Es un momento para concluir ciertos ciclos y generar el orden y estabilidad que necesita tu alma.

410: Un nuevo ciclo te espera lleno de todo lo bueno para ti. Es necesario sigas con un pensamiento positivo siempre, pues te va a traer beneficios desde el primer momento. Ese proyecto que tienes, ya sea de trabajo y/o de vida es el foco de atención que has de tener en estos momentos, pon orden, prudencia y paciencia. Todo irá bien, se están dando esos movimientos para el progreso. Fluye en expansión.

411: Toma acción y no demores más. Depende de ti y de tus propias decisiones, ese proyecto. Es momento de poner orden en tus pensamientos y positividad porque estas creando con gran facilidad y materializando con tu fuerza creadora, energía positiva y elevada que te permite tener tu mente bien tranquila y en paz. ¡¡¡Avanza sin dudarlo!!!

412: Ese proyecto requiere de tu equilibrio emocional y mental. Es necesario establecer un orden en ti y en tu alrededor. Serena tu mente gracias a escucharte y tomarte tu tiempo. Todo va a ir bien, todo es cuestión de paciencia y de tener amor contigo, conecta con la voz de tu alma desde el silencio y/o meditación.

413: Si estas preocupado por algo relacionado al trabajo, profesión o a tu estabilidad en la vida se te está enviando el claro mensaje desde tus Guías de Luz más elevada, de que: "No estás solx", se te está ayudando y guiando en tus decisiones. Es el momento de hacer todo lo necesario a lo que sientas por dentro, has de tomar las riendas, mientras que lo sientas estará bien hecho y has de hacerlo, porque si no hoy… ¿Cuándo?. Mantén pensamientos positivos y de alta vibración y así sintonizarás con la abundancia infinita que eres, y lo que es dentro es fuera.

414: Es momento de hacer lo que toca hacer, realizar aquello que quizás has postergado por motivos varios y es el propósito de tu alma. Toca establecer las bases y el orden de las prioridades desde ti, sabes y sientes por dentro lo que has de hacer primero. No pierdas más tiempo y hazlo y si puedes hoy, ya que la vida no espera. La vida te premiará si sigues una autodisciplina como marco de vida en estos momentos. Despide un ciclo para dar la bienvenida a uno nuevo.

415: No tengas miedo a los cambios que puedes estar viviendo, es momento de tomar las riendas y ser líder, primero de ti y luego de lo que desees realizar en tu vida. Estos cambios vienen para empoderarte y que realices mejoras y pongas orden en tu vida. ¡¡¡Hazlo!!!

416: Tu cuerpo físico sana con tus pensamientos de amor sobre/en él. Verás como si elevas tus pensamientos sube la vibración no solo tuya sino de tu alrededor y allá donde estés. Tu poder del pensamiento es elevado y vas a materializarlo, es por ello algo imprescindible que conectes con la elevada energía, realizando afirmaciones diarias. Ahora es momento de guiarte por tu elevada sensibilidad para conseguir tus metas. Es momento de poner orden en tu hogar/familia y eres tú la persona que debe hacerlo, desde el amor y la paz que hay en ti y eres.

417: Pon orden en tus pensamientos gracias a aquietar tu alma con el silencio. Práctica la meditación con cierta disciplina te ayudará a que tu cuerpo esté con más energía y relajadx. Tus prioridades y decisiones se verán aclaradas cuando te conectes contigo de forma regular, con retiros y siguiendo tu intuición. Sigue manteniendo pensamientos positivos y elevada energía, tus guías de la más elevada luz están contigo.

418: Gracias a tu disciplina sobre todo mental vas a obtener la abundancia que deseas. Cuando pones orden en tus pensamientos puedes poner orden en tu mundo y cuando creas el orden creas la abundancia. Aprovecha este momento para potenciar tus talentos. No dejes de mantenerte positivx.

419: Hay un fin de ciclo en tu trabajo o bases de vida. Puede ser que la seguridad que habías tenido tenga un cambio o mejora, pues se avecina un nuevo ciclo mejor y distinto al que ya tenías. Es bueno que te liberes de lo viejo para poder abrazar lo nuevo. Hazlo desde un pensamiento elevado y positivo pues todo acontecerá según la vibración que tengan tus pensamientos. Con decisión, prudencia y poco a poco lo irás viendo.

420: El Universo te acompaña y te refuerza en tus dudas para que avances sin miedos. Pues tienes todo cuanto necesitas en ti para avanzar. Tan solo te aconseja que escuches más a esa voz en tu interior que es la voz de tu alma, a lo que sientes o te hacen sentir, para que puedas ver con claridad todo. Verás como si tienes paciencia contigo y te comunicas con la parte más profunda de ti mismx irás avanzando mucho más rápido, fácil y mejor. Desde el AMOR: TODO es Posible.

421: Has de poner paz y estabilidad en tus pensamientos y emociones. Seguramente estés pasando por un periodo altamente emocional en ti, verás que logras llegar a esa estabilidad y paz, escuchándote, sobre todo, escucha detenidamente tus pensamientos siéntelos para conocer lo que estos pueden llegar a crear. De esta forma veras como manteniendo pensamientos positivos con afirmaciones pequeñas, pero diarias, cambias no solo tú sino toda tu vida. Siente la estabilidad y la calma en ti gracias a incorporar esta práctica diaria para vibrar alto y en paz.

422: Una gran materialización se está gestando o ya es, en estos momentos. La estructura es correcta y la manifestación se está dando a escala mayor. Sigue orquestando esta maravillosa disciplina del orden y equilibrio en ti y en tu proyecto/vida y verás como la abundancia está servida. Vas hacia el éxito y la abundancia, sigue avanzando materializando desde la luz, cuida tus bases y valores y avanza en el camino correcto.

423: Se restablecerá el orden en tu vida las energías Guías de Luz más elevada están contigo, apoyándote y ayudándote en todo momento con tus sentimientos y parte emocional. Con paciencia y poco a poco verás como vuelve la estabilidad a tu vida. Sigue tu propósito espiritual interno para que todo avance y fluya hacia tu mayor bien. Un nuevo ciclo nace ante ti.

424: Tu vida irá a mejor cuando pongas orden a tu parte emocional, a tus sentimientos. Practica el escucharte y el escuchar, obsérvate para poner ese orden contigo y con tu entorno. Si sientes inestabilidad por algo, despídelo desde el amor. Es necesario mantener y poner orden y estabilidad en ti y desde ti, en tu vida. Si te cuesta trabajo encontrar trabajo es debido a equilibrar tus emociones, haz esas pequeñas cosas que te dan vida para restablecerte a ti y a tu cuerpo.

425: Hay cambios en tus sentimientos o los cambios están pudiendo alterar tus sentimientos, no hay de qué preocuparse todo es cuestión de tiempo que vuelva esa tranquilidad estable, verás que si fluyes y te abres a recibir con todo tu amor esos cambios, no hay de qué preocuparse, pues como todo en la vida son transitorios y tal como llegan pasaran, quédate con su aprendizaje pues nada es por casualidad, sino que tiene su razón y su causa. Mantén tus pensamientos en positivo pues estás materializándolos.

426: Es momento de tener paciencia con tus sentimientos y en el amor, todo llega a su debido tiempo, no hay de qué tener prisa. El equilibrio llegará cuando te ames a ti primero. Escúchate con ternura y con paciencia, notando en cada síntoma de tu cuerpo la respuesta a todo lo que te inquieta. Siéntete para saber cual será tu siguiente paso. Pues este camino va de ti y de cuanto amor de verdad te des. Tus guías de la más elevada vibración están contigo.

427: Obtendrás las respuestas en tu vida mediante la intuición, siente la paz cuando te conectas contigo en silencio y te escuchas por dentro. Verás como creas la estabilidad, el orden y la calma que ahora mismo necesitas, gracias a responsabilizarte del hábito de encontrarte contigo y de forma habitual, para saber las respuestas en tu vida. Escucha a tu corazón y a tu alma.

428: Genera abundancia en tu vida ordenando y estabilizando tus emociones. Es necesario que estabilices tu vida gracias a escucharte desde dentro. Date tu tiempo para sentir y sentirte. Verás como la abundancia llega a tu vida desde muchas vías, simplemente fluye en los cambios y mejoras, por y para un bien mayor.

429: Pon orden en tus emociones para conectarte mejor con tu misión de vida. Se avecina un cierre de ciclo y cambio de vida. Un nuevo nivel existencial que te ayudará a avanzar y a seguir evolucionando. Es necesario te conectes con tu corazón para guiarte a ti y poder incluso guiar o ayudar a otras personas. El amor es y debe ser tu motor.

430: el Universo y tus Guías de Luz más elevada te están ayudando en tu propósito de luz, están guiándote y dándote las señales adecuadas para materializar tus deseos. La estabilidad y la realización están de camino, tan solo es cuestión de tiempo. También te están ayudando en tu cuerpo físico, sigue vibrando alto y todo irá perfectamente bien. Lo que es dentro es fuera, y siempre es así desde dentro hacia fuera. Conecta con la vida, conecta con tu alma y niñx interior.

431: Para avanzar en este momento es necesario te conectes con tu niñx interior de esta manera te conectas con la guía y luz de tus guías de más elevada vibración, y con tu luz interior. Es importante que mantengas una mente positiva y pensamientos de elevada vibración, para atraer aquello que deseas a tu vida. ¡¡¡Lo afín atrae lo afín, TÚ ERES ABUNDANCIA!!!

432: Tus Guías de Luz te mandan señales desde dentro de ti, escucha lo que sientes por dentro en determinadas situaciones para saber si ese es el mejor camino/decisión o no. Escúchate por dentro para sintonizar con las señales de tus Guías de Luz más elevada pues no te fallaran. Conseguirás tu propósito con paciencia y conexión con tu interior. Equilibrando tus sentimientos escuchándote y observándote y guiándote con las señales que notarás y sentirás desde dentro de ti. Un nuevo ciclo comienza en tu vida.

433: Tus guías de más elevada luz están mano a mano contigo, tienes mucha ayuda de estas preciosas energías, te están ayudando a equilibrarte y a seguir en tu propósito de vida, ayudándote a que no te desvíes del camino de la luz que eres. Sigue sus señales porque las verás muy de cerca, están deseando también que te comuniques con ellxs, hazlo para pedirles su ayuda cuando lo sientas y para conocer cómo y cuando se manifiestan.

434: Tus Guías de Luz más elevada están ayudándote a equilibrar tu vida actual, proyecto, trabajo o profesión. Mantén la calma y paciencia pues, verás como todo se pone en su sitio con su ayuda. Es momento de conectarte con tu alma desde la alegría de vivir, desde el niñx interior que llevas por dentro. Estas materializando las ideas y pensamientos, es momento de responsabilizarte de ellos desde el amor y conexión con la alta energía positiva.

435: En este momento tus Guías de Luz te están trayendo cambios necesarios para que efectúes reformas o un nuevo orden en tu proyecto o vida. Es necesario recolocar las piezas de todo tu mundo actual para poder saber: qué sí deseas, y qué no deseas, seguir teniendo o haciendo. Es necesario aires nuevos una renovación de las actuales energías, y tus Guías de Luz más elevada están mano a mano contigo, ayudándote al avance.

436: El amor y tus guías de la más elevada luz te están sanando tu cuerpo físico, lo están llenando de amor y ternura para que se recupere favorablemente. Te dicen que no te preocupes por ese asunto o problema, simplemente ocúpate de seguir vibrado en una elevada vibración de luz y amor para ver como se resuelve formidablemente bien. El amor es la fuerza mayor que todo lo sana y todo lo puede, nunca lo olvides.

437: Tu estabilidad depende de tu guía divina, de tu divinidad conectada con la fuente pues tus Guías de Luz más elevada te acompañan a que des los pasos adecuados para seguir en tu camino espiritual. Puedes hacer de ello tu profesión. Fluye con tu intuición y guía interna pues no te fallará nunca.

438: Gracias a conectar con tu niñx interior conectaras así con tus talentos y podrás concretar mejor con tu rumbo o camino. La estabilidad te llegará gracias a tu propia valía personal. Estás en un momento de abundancia aprovecha todo tu potencial. Expande tu espíritu y tu cuerpo desde el amor que eres y sientes por dentro.

439: Ser leal a tu propia esencia interior, a tu niñx interior te permitirá una gran apertura de consciencia y libertad nunca antes experimentada. Es momento de subir o de pasar a un nuevo ciclo, para ello se requiere de un profundo aprendizaje espiritual de sabiduría interna. Tus guías te están ayudando a ello.

440: El Universo está contigo, la situación económico-laboral actual se dará en la medida que tú desees materializar. Vas a materializar a lo grande, confía en ti y en el Universo porque está contigo, ayudándote para que consigas el propósito que tienes en estos momentos. Infinidad de posibilidades se van a abrir ante ti poco a poco.

441: Estas materializando en gran medida según tus pensamientos, mantenlos en positivo y en alta vibración pues estas materializando o lo vas a hacer en breve. Tienes una gran fortaleza para ello, sigue una disciplina y constancia y el éxito está asegurado. Avanza hacia tu propósito interior espiritual. Un ciclo nuevo se abre ante ti.

442: No dudes, date tu tiempo para escucharte por dentro, pues es momento de materializar, de estructurar y de darle forma a tu proyecto. Es un magnifico momento para establecer las bases. Para hacer una obra maestra, por dentro y así por fuera.

443: Tus Guías de Luz más elevada te están ayudando para ver cumplido tu proyecto, tu manifestación. Comunícate con ellxs para pedirles consejo o ayuda y ellxs te guiarán. Date cuenta de sus señales. Realiza afirmaciones diarias que te mantengan en alta vibración, pues tus pensamientos rápidamente se materializan.

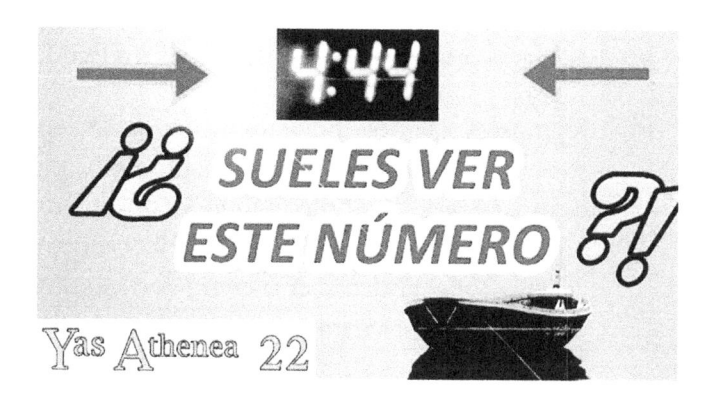

444: Es un llamado a la manifestación y materialización del orden, cuanto más y mejor ordenes y mantengas ese orden mediante una buena disciplina de limpieza, podrás ver la materialización que deseas. Ordena y limpia desde tus pensamientos, hasta tus acciones pasando por tus palabras, haz lo mismo con las energías y lugares que frecuentas para limpiar sus energías y poner orden y limpieza, verás como todo fluye y se concreta antes y mejor.

445: Una transformación es un buen cambio, puede que nuevas ideas te lleguen para materializar un proyecto realizado, o todavía no gestado. Es un momento de apertura a nuevos cambios y a la apertura de incluir mejoras para mantener o concretar algo grande, renovado y renacido, más estable y longevo.

446: La gran obra del amor, el finalizar una gran materialización y poder tomar descanso gracias al buen trabajo. Es momento para disfrutar y saborear la materialización, la manifestación del proyecto. Fluye desde la liberación y expándete desde dentro hacia fuera.

447: Siempre y cuanto mejor estés conectadx a tu alma más y mejor lograras tu propósito. Sigue tu misión espiritual y de alma meditando y conectando con tu ser, para materializar a lo grande. El amor es la fuerza mayor, conecta desde el silencio con el amor que te ofrece la voz de tu alma.

448: Mejoras financieras, abundancia en diferentes campos está de camino. Es momento para ponerse manos a la obra, trabajar en un orden y disciplina para ver una obra colosal, tu proyecto será manifestado, o si ya ha sido creado será un Gran Proyecto, no solo para ti sino para ayuda a la humanidad. Avanza conectandx con tu intuición y medita cada vez que lo sienta tu alma y tu ser.

449: Concreta tu proyecto personal de vida, pues vas a ayudar a otras personas gracias a éste. Es una materialización que te va a servir de forma personal en tu misión de alma a expandir tu conciencia a un plano mayor. Despide un ciclo para recibir uno nuevo prospero y abundante.

450: El Universo te manda grandes cambios para hacerte crecer, no tengas miedo y ábrete a la libertad y la expansión en estos momentos. Se te invita a adquirir nuevas herramientas que te permitan crear un negocio flexible abierto a lo nuevo y alejado de lo nuevo y obsoleto. Un Universo de posibilidades nuevas se abre ante ti. También el Universo te está ayudando en tu cuerpo, dándote energía y vida. Un nuevo ciclo de vida ya ha nacido.

451: Es muy importante mantengas pensamientos positivos ahora, los cambios que acontecen son para expandir tu mente hacia lo nuevo, hacia la apertura mental. Enfoca tu proyecto ante lo nuevo, reajusta un planteamiento cuadrado por uno versátil. También nos habla del poder que tienes mental de poder sanar tu cuerpo mediante tus pensamientos, sigue vibrando alto.

452: Hay cambios en la estabilidad o estructura de tu vida o proyecto actual, estos cambios son necesarios para tomarte tiempo para ti de escucha y equilibrio interior tuyo. Si es necesario, renueva o haz renacer algo nuevo, pero lo más importante ahora, está dentro de ti y se llama corazón, guíate hacia el mejor camino según tu sentir. Mantén tus pensamientos elevados y positivos pues se verán materializados casi de inmediato.

453: Tus Guías de Luz más elevada están guiándote en los cambios y ayudándote a elegir todos los procesos e ideas nuevas que permitan hacer renacer tu vida o proyecto. Es necesario escuchar tu espíritu y su ayuda, puedes comunicarte con ellxs para tomar decisiones finales o decisivas. TODO IRÁ BIEN.

454: Es momento de derribar muros o paredes para levantar o hacer nuevas puertas y ventanas. Una nueva estructura es necesaria pero no necesariamente restrictiva sino más bien todo lo contrario es momento para poner aires nuevos de libertad y cambios que aporten y sumen en tu vida o proyecto. Haz un orden de prioridades para llegar hasta la meta.

455: Grandes cambios son necesarios y están aconteciendo en tu vida o proyecto actual. Nada ocurre por casualidad, creo que esto ya lo sabes, por ello déjate fluir como si fueras un río por todos estos cambios que sin duda van a crear en ti un antes y un después, necesario para lo nuevo que está por llegar.

456: Es momento de darte tu tiempo de descanso cuando lo necesites. Por otro lado hay cambios que se están dando o se darán en el hogar o familia, estos nos vienen a decir que es necesaria una reestructura una limpieza energética del conjunto. Es necesario que le des mas ternura y amor a tu cuerpo, cuida tu cuerpo con amor. No te límites ni sientas miedo expande y abre tu alma al amor de estar vivx.

457: En tu marco de vida se van a dar cambios necesarios para tu despertar espiritual. Es el momento de evolucionar espiritualmente por y desde dentro, hacia la realidad completa, que tiene que ver más con dentro de ti que con fuera de ti. Puede que vengan libros y/o maestrxs que produzcan esos cambios en ti que te acerquen a tu proyecto real de vida que es tu propósito espiritual.

458: Hay cambios en la forma de obtener tus ingresos, puede que se abran vías distintas para recibir esa abundancia. En cualquier caso es un buen momento para abrirte a tus propios talentos y a la expansión que estos pueden ofrecerte en tu vida. Si concretas y materializas una nueva vía de obtener tus ingresos, puede llegar a ser mucho más prospera que la actual.

459: Estas creando unas nuevas bases de vida, mucho más espirituales encaminadas a tu propósito de alma. Es momento de cerrar ciclos para subir a un nivel superior de consciencia y existencia y abrir un nuevo ciclo de vida. Esos cambios son mejoras y permitirán la evolución responsable desde dentro de ti, manifestándose así desde fuera.

460: El Universo te brinda la armonía y el amor que necesitas. La vida te abraza siente su calor y cariño, pues te está amando con todo su corazón y alma. Siéntete amadx por ella en estos momentos, sobre todo, pues el Universo está contigo cuidándote y bendiciendo tu camino hacia el destino mejor para ti. No tengas miedo y responsabilízate de tomar decisiones desde la luz y la paz de tu alma y corazón, no vas a fallar, y serán las más acertadas.

461: Mantén tus pensamientos positivos y llenos de amor, pues esa es la energía mayor que todo lo puede y crea la magia de la vida. Es necesario la estabilidad en ti gracias a sentir paz y amor por todas las personas sucesos y cosas, haz esta práctica y siente la conexión con el todo, gracias a ella vas a ver y poder vivir una nueva vida más autentica y plena, materializando con cada pensamiento exactamente lo deseado.

462: Una reestructura en la relación de pareja basada en el amor y la sinceridad, se han de comunicar desde la luz de vuestros corazones para tomar una decisión unida. Sintonizar con el amor con vosotrxs por individual para poderlo unir en la pareja con la otra persona. Es momento para escucharse desde dentro y darse el tiempo necesario para amarse con ternura y paciencia (sin prisa pero sin pausa). Tus Guías de Luz más elevada están guiándote y dándote señales para que te conectes con tu alma y ser superior. Veras que el equilibrio se adquiere precisamente en el momento en que de forma responsable te enfoques en escucharte desde el silencio o retiro con atención, cariño y amor. Qué siente tu corazón, qué te dice tu ser interno, ámate a ti primero, desde una comprensión completa y sincera con tu ser completo desde dentro hasta fuera, de esta forma reconectaras con tu esencia recobrando la alegría de vivir, reconectando con la luz y verdad que eres.

463: Tus guías de la más elevada luz te están abrazando con toda la luz de su energía. Te están dando el calor y el amor necesarios para reconstruir u ordenar las bases de tu vida. Es necesario dar amor, vida y color a ese proyecto. Conecta con tu niñx interior y vuelve a sentir la magia de estar vivx, ¡¡¡ CREA TU VIDA A CADA INSTANTE !!!.

464: Cuando hay amor no hay miedo (no hay duda), cuando hay luz no hay oscuridad (falta de luz). Sé luz en cualquier marco de tu vida, se amor y paz en todas las situaciones, lugares y momentos…y verás como creas una nueva realidad donde tú y solo tú tomas el PODER, pues esa es la verdad la fuerza mayor es el amor y cuando vibras en paz de que nada ni nadie puede alterarla todo se torna POSIBLE Y ABSOLUTAMENTE GRATO.

465: EL AMOR LO CAMBIA Y TRANSFORMA TODO, tu vida está cambiando y trascendiendo/ evolucionando GRACIAS AL AMOR a vivir la vida desde una alta vibración de alegría y esperanza, no la bajes aun con cambios que puedan llegar a haber o imprevistos. Pues tan solo viviendo desde ahí es que vivirás en plenitud. Pues esos cambios son mejoras y nuevas oportunidades para ti, para consolidar la base del verdadero amor en ti.

466: Conecta con tu espiritualidad para sanar todas las vicisitudes humanas. Conecta con la energía de la paz que es el amor, realizando meditaciones contigo para conectarte. Estas en un momento de una gran creatividad y sensibilidad, utilízala para tu proyecto o vida diaria. Es necesario darle color y vida a tu mundo. Tienes tanto amor dentro de ti que tan solo desde la conexión contigo, desde el silencio y la meditación podrás ser consciente, y así hacer que tu vida tome el rumbo que realmente deseas.

467: Se ha de armonizar tu cuerpo físico con tu espíritu. Es necesario hagas algún ejercicio como el yoga para fortalecer y unir ambas partes. Es el momento adecuado para conectarte a la parte más profunda de tu ser desde el amor y la paz. Solo así podrás establecer esa base en tu vida que tanto deseas.

468: La abundancia te llega gracias a la abundancia que generas por dentro y desde dentro en tu vida diaria, contigo y con las demás personas. Esta abundancia es la recompensa a tus pensamientos, palabras y buenas acciones en tu vida. Sigue en esa calidad vibratoria elevada para trascender tu proyecto de vida a una escala mucho mayor. Un nuevo ciclo ha llegado a tu vida.

469: Todo saldrá bien, es momento de tener paciencia y responsabilidad tanto de nuestro cuerpo como de nuestra alma y sobre todo disponer de consciencia sobre nuestro propósito espiritual. El amor nos eleva y nos hace trascender, haciendo obras de caridad y/o ayudando aportando nuestros conocimientos de vida. Es un momento de compartir y complementarse desde el alma para elevarnos en unidad y conciencia.

470: El Universo te acompaña con tu disciplina espiritual. El tener unas bases espirituales en tu vida te están ayudando mucho no solo por dentro sino también por fuera. Sigue equilibrando tu energía y vida gracias a conectarte desde dentro tanto con prácticas de yoga o meditación como con libros que puedan llegarte para cultivar y profundizar en tu alma y esencia. Es momento para mantener un pensamiento positivo ya que puede que fácilmente esas ideas se materialicen. Realiza afirmaciones diarias para, de esta forma, poder sintonizar con la felicidad y plenitud. Tus pensamiento materializaran muy fácilmente, mantén alta tu vibración sobre todo desde los pensamientos.

471: Tus pensamientos y palabras han de conectarse a la sabiduría de tu espíritu pues tu disciplina de vida está haciendo que seas unx buenx comunicador/a espiritual primero contigo y luego en tu vida. Mantén tu vibración elevada porque tus pensamientos son de calidad elevada. Es importante que sigas con tu orden y estructura en el plano espiritual, siempre dándole lugar a tu espíritu pues esa es la base que eres. Tus Guías de Luz más elevada están contigo.

472: Sigue el orden de prioridades en tu vida donde ocupe un principal puesto la espiritualidad y la conexión diaria con tu espíritu, ya sea meditando o realizando yoga uniendo tu cuerpo con tu alma, de esta forma obtendrás el equilibrio que deseas en tu vida. Tendrás menos dudas y más estabilidad en tu vida cuando sigas esta práctica, conectándote contigo desde dentro y siguiendo tu intuición.

473: Tus guías de la más elevada luz están contigo guiándote en tu camino y hablándote desde tu alma desde tu intuición. Conéctate con tu espíritu desde tu día a día incluyendo la meditación y la guía espiritual gracias a la conexión contigo mismx desde dentro, con la verdad de ti mismx. No descuides tu cuerpo, mantén siempre la balanza equilibrada. Es momento para fluir y expandirte desde la libertad de tu alma hacia una nueva o verdadera estabilidad.

474: Es necesario que te conectes con el silencio para obtener el equilibrio y el orden en tu vida. Unas buenas bases según tus prioridades serían necesarias, conéctate con el silencio y con tu alma para intuir cual es el siguiente paso a dar en estos momentos y fluye con ellos con amor. Todo es cuestión de que sepas escucharte por dentro detectando así las señales desde el amor y la luz que eres.

475: Tanto tu cuerpo como tu alma necesitan cambios, estos cambios que pueden llegar deben de generarse para permitirte expandirte y liberarte de cargas en estos dos planos tu cuerpo físico y tu alma. Tu alma necesita de cambios para crear una nueva estructura de vida, necesita de aires nuevos, necesita más libertad, y todo ello te permitirá conectarte más con tu ser, interno y verdadero. Medita.

476: Es momento para incluir una dinámica de conexión con tu ser para hallar el amor primero en ti para poderlo crear fuera. A veces la vida no es "a lo que nos queremos dedicar sino lo que la vida queremos que se dedique para nosotrxs". Creer es crear, y eso solo es posible desde el sentimiento del Amor. Cuando conectas con la fuerza mayor que es el amor, conectas con la fuente de la abundancia infinita en tu vida.

477: La sabiduría e intuición espiritual se están agudizando en tu persona, sigue conectándote en silencio con tu ser para seguir el rumbo que permita tu equilibrio interno. Establece unas prioridades en tu vida espirituales cuya base sea el respeto primero contigo mismx, para poder ser con tu entorno. Sé fiel a ti mismx y nunca pierdas tu fe en ti. Tu vida está ascendiendo hacia un nuevo y renovado nivel, es necesario despedir un ciclo para que pueda llegar lo nuevo.

478: La abundancia que llega es simplemente el resultado de algo que ya se estaba orquestando con anterioridad en ti y desde ti. Tu disciplina y trabajo en tu espiritualidad y el camino recorrido interior contigo es lo que ha estado manifestando la abundancia, que ahora ves. Sigue por el camino que estas llevando, no desistas pues vas muy bien.

479: Tu sabiduría espiritual está avanzando y evolucionando, ahora eres un gran canal cósmico de luz el cual permite a los demás seres ser la autenticidad que son, eres la luz y mediante tu ejemplo espiritual podrán ver su reflejo de la verdad que yace en sus almas, podrán verse mejor desde dentro desde la verdad. Tu disciplina y trabajo en este plano ya está dando sus frutos, pronto ascenderás a un nivel superior de vida, gracias a haber avanzado con y desde tu alma. Es momento para cerrar ciclos para que puedan llegar de nuevos.

480: Tu economía está siendo multiplicada, el Universo y tus Guías de Luz más elevada bendicen tu trabajo y esfuerzo. Este momento de dicha no es casual sino causal es causado por un por qué merecido por tu persona, disfruta con consciencia y orden este magnífico buen momento en tu vida y haz que éste dure, sé prudente.

481: Sé prudente y establece un orden de prioridades. No siempre es necesario el gasto de dinero y no siempre lo que se compra es necesario de comprar. Mantén tus pensamientos positivos y vive en abundancia de lo que eres en vez de sentir la necesidad de gastar, sé prudente.

482: No dudes en la economía y abundancia que ahora te llega, siente que eres merecedor/a de ella porque es así. Sigue manteniendo el equilibrio en ti, que tus emociones no gasten más da la cuenta, agradecerás este consejo de tus Guías de Luz.

483: Tus Guías de Luz más elevada están ayudándote en la economía actual, haciendo que incremente, comunícate con ellxs para agradecerles y para pedirles ayuda pues están abiertos a vuestra comunicación. Verás cómo se restablecerá la economía y obtendrás esa estabilidad que buscas.

484: El orden establecido y disciplina diaria están haciendo que dé fruto esa abundancia económica en estos momentos, sigue manteniendo el equilibrio en ti y en tu vida para que se vea poco a poco incrementado. Mantén el orden y las buenas bases para incrementar y elevar al infinito esa abundancia. Medita.

485: Hay cambios en tu economía, la mejoría está llegando. Sigue manteniendo una alta energía de amor y luz, con el equilibrio necesario para que todo se vaya dando. Escribe tus prioridades ahora y focaliza tu energía punto por punto, poco a poco, no la disperses. Ten paciencia ese cambio esperado está llegando tan solo es cuestión de tiempo.

486: Vas a trascender a un nivel superior de existencia, si sigues vibrando en el amor y tratas con amor todo lo que te está llegando a tu vida. La abundancia económica es simplemente la recompensa a tu trabajo diario. Sigue vibrando alto y vive con prioridad en tus objetivos para no dispersar las energías poco a poco y punto por punto.

487: Estás en lo correcto siguiendo tu sendero y camino de vida desde tu interior eso es lo que está haciendo que la abundancia económica esté llegando a tu vida. Sigue conectado a tu ser y esencia y profundizando para incluso poder obtener tu economía gracias a enseñar tu aprendizaje espiritual a otras personas. Tu avance está en tus manos, depende de ti.

488: Una gran abundancia económica te está llegando en estos momentos a tu vida, bendice y agradece porque has hecho lo correcto en todo momento, has efectuado actos justos que te han hecho llegar a obtener este maravilloso resultado, felicidades y ¡¡¡ Sigue así, con la luz que eres!!!

489: Esta abundancia en tu vida, que en estos momentos te llega es para que la compartas con otras personas. Comparte la abundancia de la experiencia de tu camino espiritual con otras personas, pues harás mucho bien con ello, pudiendo ser la luz en el camino de innumerable nombre de personas. Sigue siendo justx y ordenadx en tu senda y verás incrementar a un nivel superior todo lo compartido. Cierra ciclos llega uno completamente nuevo a tu vida y tus guías de luz más elevada están contigo ayudándote, comunícate con ellxs si así lo deseas. Pide y se te dará.

490: Tu etapa profesional y/o tus raíces cambian a un nuevo ciclo. Es momento de despedir lo viejo para dar paso a lo nuevo. Estás conectadx a la fuente, no hay motivo para dudar de tus decisiones y camino. El Universo bendice este cambio a un nivel superior. Comparte con el mundo todo ese aprendizaje y tu luz, llegarán así las nuevas bases de la renovada vida, más establemente feliz en todos los aspectos de tu ser.

491: Es momento para mantener tus pensamientos en una elevada vibración, has de tomar una decisión de nuevo rumbo de tu vida. Guíate desde la misión de tu alma y esa será la elección más indicada. Es momento de la entrada del cambio hacia un ciclo superior de vida, es momento de tomar acción. Comparte para poder avanzar ya sean experiencias o conocimientos ayúdate, ayudando, simplemente compartiendo tu sabiduría interna: tu luz.

492: Eleva tu alma hacia el amor para así equilibrar tu parte emocional y sentimental. Es necesario te ames desde el alma para generar paz interior y unas buenas bases de vida, desde tu persona. Solo nos puede llegar aquello que somos. ¡¡¡ ES HORA DE ELEVAR TU FRECUENCIA VIBRACIONAL !!! Ámate no más, sino mejor y de verdad. Eres un ser absolutamente único que está avanzando a grandes pasos tus guías saben de verdad quién eres y por ello están siempre contigo y te dicen: ¡¡Sigue avanzando desde tu corazón, vas por buen camino, sigue así!!.

493: Tus guías de la más elevada luz están contigo a cada paso, ayudándote a elevar tu frecuencia y mantenerla alta. Estás realmente conectadx a la fuente puedes pedirles ayuda y comenzar a comunicarte con ellxs de forma más directa con señales claras en tu día a día y así lo harán. PIDE Y SE TE DARÁ. Te están ayudando a equilibrar tus raíces y marco de vida actual. Dispones de grandes intuiciones y canalizaciones, no dudes estás en la luz: Eres Luz.

494: No pierdas más tiempo es momento para ascender espiritualmente desde tu guía interna. Creando unas nuevas bases o marco de vida, renovando tu vida, cerrando los ciclos que se tengan que concluir para que puedan abrirse de nuevos y más elevados en tu vida. Será fácil siempre y cuando tomes en su momento las decisiones precisas, desde tu alma e intuición.

495: Se está renovando tu vida, gracias a los cambios que puedan suceder o los que des tú mismx. Necesitas cambio de aires de tu rutina o marco actual de vida. Hazlo, se te indica que es momento para ello, si lo haces tu alma va a ascender espiritualmente dándote el impulso necesario para seguir hacia adelante. Se despide un ciclo para dar la bienvenida a uno nuevo.

496: Un nuevo ciclo comienza en tus raíces, hogar y/o familia. Es momento para equilibrar tu vida desde dentro con tu vida física hasta fuera y con las personas físicas que te rodean. Es momento de una elevada sensibilidad y de actuar desde el amor y la diplomacia. Se han de tomar decisiones porque se hace necesario renovar la energía. Hacerse responsable.

497: En este momento no deben de haber ninguna duda, es el momento de tu propósito divino y espiritual que tu mente no interceda más. Tienes un alto potencial y has realizado un camino espiritual correcto, el trabajo o disciplina realizadas están dando sus frutos y tu intuición está directamente conectada a la fuente. Guíate por ti y a través de ti en tu vida, que solo tú y tus guías tengáis ese poder.

498: Gracias a tus conocimientos y experiencias compartidas de vida, tu sabiduría está iluminando a otros seres y gracias a tu ayuda se te están abriendo caminos de abundancia. Sigue cosechando el éxito desde la humanidad y la luz que eres. Esa es tu base espiritual y el camino te lo has ganado tu mismx. Gracias, gracias y gracias por seguir fiel a tu propósito divino. Sigue así.

499: Tu alto poder sensitivo en estos momentos de tu vida además de la buena y elevada canalización atinando en poderosas intuiciones en tu vida, llegarás a realizar los cambios necesarios para re-nacer. Es algo necesario el poderte despedir de un ciclo para iniciar otro completamente nuevo y renovado de grandes materializaciones. Tendrás el equilibrio deseado y el orden en tu camino si sigues conectando con la luz y la claridad de tu alma: tu Intuición no te falla.

500: El Universo te entrega grandes cambios llenos de todos los sueños que deseas cumplir en esta vida. Te está dando la oportunidad de que cambies incluso de sentido tu vida. Sea lo que sea, ahora es el momento de tu libertad, tomando estos cambios como oportunidades que son de mejora y cambio evolutivo.

501: El Universo está potenciando unos cambios en tu vida necesarios para la trascendencia de tu pensamiento y evolución e independencia de tu ser. Eleva tus pensamientos hacia el amor, hacia la alta energía y vibración que es la positiva (la que te conecta directamente con el Amor: La Fuerza Mayor) y estarás en la mejor versión de ti mismx y estarás en el mejor camino para ti.

502: El Universo está generando y potenciando ciertos cambios en ti y en tu vida. De esta forma se va a ir equilibrando tu parte sentimental de ternura y receptividad ante la vida. Es momento de sentir desde el corazón y de crear un nuevo rumbo desde éste. La meditación ayudará a re-conectar con tu corazón y con tu alma.

503: El Universo y los Guías de Luz están ayudándote en tu parte creativa y de re-conexión con tu niñx interior. Si no sabes cómo afrontar esos cambios en tu vida, puedes pedir ayuda a ellxs siempre te ayudaran pues ahora es un buen momento para establecer esta comunicación con tus Guías de Luz más elevada.

504: Cambios son impulsados por el Universo dándote la oportunidad de lo nuevo del: "Comenzar desde Cero" unas nuevas bases y estructura, mucho más estables que las que ya estaban. Es el momento del cambio de marco de vida, hacia un nuevo ciclo de vida que ya está llegando.

505: Momento de gran apertura y libertad gracias a los cambios. No es un momento de tener nada quieto y estable sino de fluir. De que la vida es el viaje y gracias a este y a las sorpresas de estar vivx y de vivir es que estás comprendiendo el verdadero significado de la vida. El Universo está apoyando toda esta evolución y movimiento en tu vida. ¡¡¡ La vida no es la meta sino el camino, y el camino es tuyo!!!

506: El Universo te da la oportunidad del CAMBIO. Cambio de Consciencia, en tu vida se están produciendo los cambios, especialmente en el hogar y/o familia, para conectar con la parte más profunda de ti, con el amor que eres. Cuando conectes con tu amor, vas a saber lo que significa la paz y la armonía, ese es el verdadero lenguaje del Universo. Eleva tus pensamientos hacia el amor y la alta energía pues se están materializando muy fácilmente en el aquí y en el ahora.

507: Toma cambios en tu vida o la vida te llevará a ellos para seguir con el propósito de tu alma. Te estás verdaderamente conectando con la verdad que eres gracias a que el Universo ha atraído estos cambios hacia ti. Solo así vas a poder conectarte con la parte más cierta de ti, que tiene que ver con dentro, no con fuera. Tiene que ver con tu alma, pues sin ella no se hubiera creado tu cuerpo, pues un cuerpo nunca nace sin un alma… Tu guía, es tu intuición, tus Guías de Luz velan por ti a cada paso protegiéndote y guiándote. Conecta con la voz de tu alma en el silencio para recibir las respuestas.

508: La abundancia no es más que la consecuencia la respuesta de un buen camino de haber hecho bien las cosas. En tu caso la abundancia que viene es gracias a los cambios, ya sean buscados o no, se han de hacer, el Universo los ha generado para potenciar tus talentos y dones conecta con la abundancia que llevas por dentro y la verás materializada desde fuera.

509: El Universo ha generado estos cambios en tu vida para impulsarte y reconducirte a la elevación de tu alma y misión. Pues estás en un nivel muy elevado de consciencia, estos cambios te están preparando para tu misión espiritual de vida. Es momento de fluir hacia la expansión. Bienvenidx a un nuevo ciclo de vida.

510: tienes el Gran Poder de cambiar tu vida incluso por completo, si así lo deseas. Dispones de un elevado poder en tus pensamientos, para ello. La libertad te genera expansión en estos momentos y los cambios que puedan llegar a haber te hacen poderlos tomar para precisamente liderar tu vida. Tienes un gran poder concedido por el Universo con tu energía mental y es por ello necesario que mantengas pensamientos positivos de elevada vibración, porque tu poder de manifestación es muy elevado. Conecta con la energía mayor que es el amor.

511: Libera tus pensamientos, expándelos. Es necesario cambiar de aires, esos pensamientos en bucle no son nada nutritivos y es por ello la necesidad de estos cambios. Conecta con la sabiduría del silencio que es la escucha activa de la voz de tu alma, de forma regular. En estos momentos tu capacidad para manifestarlos en tu realidad es muy Grande, por ello se te dice y subraya: eleva tu vibración con pensamientos y afirmaciones positivas en tu día a día para manifestar esa Alta Energía en tu Vida. Meditar te beneficiará.

512: Es momento de soltar tus pensamientos y sentimientos. No es momento para apegarse a ellos, más bien de soltarlos y liberarlos. La vida te pide que cambies tu forma de pensar y de sentir a otra de más libertad y que te genere vida desde tu interior. Si esa nueva forma no te aporta cámbiala a otra. Ahora es momento de equilibrio en tu ser interno gracias al desapego y a abrazar lo nuevo, esa es tu abundancia.

513: Tus Guías de Luz más elevada te están guiando con este nuevo rumbo o camino en tu vida. Esos cambios vienen para mostrarte que tú has de tomar decisiones en tu vida y de que tu vida depende de ti. Hoy es el día y ahora es el momento, de vivir tu vida con toda tu alma y voluntad creativa. Conecta con tu niñx interior y fluye. Estás muy bien acompañadx. Pide y se te dará, Creer es crear.

514: Cambios se están dando en tu vida que van a hacer que cambies tu forma de pensar, y no cambiar tu esencia sino cambiar tu forma de tratar tus pensamientos, hacía otra que te produzca más calma y estabilidad en ti y en tu vida. Es maravilloso si tomas estos cambios para tomar el mando con responsabilidad de tu persona. EL amor es la fuerza mayor que todo lo puede practica el positivismo mental y verás como todo es más fácil.

515: Estos cambios los vas a recibir de forma favorable en tu persona, te van a permitir expandirte desde dentro y sentir libertad en tu ser, darte la independencia que deseabas, desde el empoderamiento personal del Yo Soy. Ahora es el momento de tomar todo lo nuevo para enriquecer toda tu persona y tu vida. Y si esa decisión te resta cámbiala por otra que sume. Solo conecta con tus pensamientos positivos en todo momento, pues se van a ver materializados de forma fácil en tu día a día.

516: Siente el amor de la vida que camina contigo pues la vida es cambio constante. Este amor va directamente a tus pensamientos para darles la elevada frecuencia del amor y sentimiento positivo constante. Siente la ayuda de tus Guías de Luz más elevada y mantén esa vibración en ti, pues vas a transformar tu vida como nunca antes lo habías hecho. Vas a convertirte en un ser trascendido, empoderado y evolucionado como ningún otro, pues la fuerza mayor es el amor. ¡Cógete de tu propia mano y ADELANTE. Tus Guías de Luz de la más elevada vibración van contigo!

517: Estos cambios que se dan son para manifestarte que tu poder más elevado esta en tus pensamientos, pero todavía si vas más allá, sabrás que eres un gran canal intuitivo. Por lo tanto, pon tus pensamientos a un servicio mayor que es la canalización, es decir, expándete y ábrete a recibir los pensamientos de tu fuente de luz pues ésta es eterna mientras que tu mente es efímera. Crea tu vida desde tu misión espiritual, desde dentro de tu ser. Conéctate con tu esencia, medita y reencuéntrate en el silencio con la verdad de ti mismx y el amor que eres. Encontraras esas bases que necesitas ahora, en tu vida.

518: Has realizado cambios en tu forma de pensar en cuanto a tu propio poder y valía y por lo tanto te has sabido valorar a ti mismx haciendo que la abundancia llegue a tu vida. Al manifestar tu amor y respeto de tu propio SER, la abundancia externa llega, porque lo afín atrae lo afín. Ahora ya has sintonizado con la abundancia primera que es la interior, solo cuando te sientes valiosx y prósperx, puedes sintonizar con la afinidad externa de abundancia y prosperidad, ¡¡¡MUCHAS FELICIDADES, SIGUE ASÍ!!!

519: Estos cambios están haciendo sintonizar con una parte muy profunda de tu ser. Mantén tus pensamientos en positivo con afirmaciones diarias porque te estás conectando con el todo, no solamente de tu persona sino del mundo. Estas cambiando y transformándote en un canal de luz, gracias a compartir tu luz y ayuda, con el mundo. Sigue como lo estás haciendo pues te llega un nuevo ciclo de vida de espiritualidad y conexión directa.

520: El Universo te está ayudando y reforzando tu parte sentimental y emocional. Es el momento de cambiar tu vida gracias a trabajar con otras mujeres o a que mujeres llegarán y cambiaran tu vida, ahora es el momento de la cooperación y colaboración con otras personas de escucharnos desde dentro y de escuchar a otras personas para poder expandir nuestra vida. Se ha de conectar con la propia energía femenina interna y externa de los seres en general para aprovechar los cambios hacia la verdadera conexión interior y comprensión exterior del todo.

521: Puedes cambiar las manifestaciones de tu vida, es decir los acontecimientos si estos no son de alta vibración, gracias a elevar tu pensamiento, realiza afirmaciones y así crear pensamientos positivos que te permitan crear situaciones y espacios de una alta calidad vibracional que te sean más favorables y agradables para tu persona. Toma estos cambios como oportunidades para evolucionar. Conectando con tu parte emocional conectarás con la abundancia en tu vida, equilíbrala desde el amor y avanza.

522: Tu poder de manifestación es muy grande en estos momentos, es necesario que mantengas el equilibrio en ti, sobre todo en tu parte emocional, para poder pasar por cambios que puedan llegarte en forma de acontecimientos o circunstancias físicas externas. Son patentes las energías femeninas en tu vida para colaborar en unión de energías. Esta materialización te va a permitir elevar tu vida hacia otro nivel superior.

523: Es necesario la liberación mediante el cambio, las energías guía de la más elevada luz están contigo mano a mano ayudándote, puedes comunicarte con ellas y pedirles ayuda cuando necesites, incluso es un muy buen momento para comenzar a crear una forma para comunicarte con tus Guías de Luz más elevada y que te respondan. Sobre todo te refuerzan tu campo emocional. Está atentx a las señales, de ver números repetidos, plumas que caen delante de ti o al caminar, anuncios publicitarios en forma de respuestas, canciones, melodías...etc

524: Esos cambios inesperados que tienen que ver con tu parte emocional son necesarios para establecer unas buenas bases en ti y en tu vida. Establece un respeto contigo y amor y dedicación y escucha interna para serenar y poner orden paz y estabilidad en estos momentos en tu vida. Eleva tus pensamientos a la energía del amor, que es la mayor y positiva, pues van a ser materializaciones de forma casi inmediata.

525: Estos cambios o desafíos que acontecen en tu vida son para liberarte de apegos, para expandir tu alma y quitarte de miedos. Confía en la vida se te dice, porque ésta tiene propósitos increíbles para nosotrxs y llenos de luz, recuerda que la vida siempre es cambio aunque nos pensemos que no, la misma existencia es cambio y a su vez es amor, si todo cambia es bueno pues está evolucionando, nunca dejes de confiar en la vida pues si confías en ella estarás confiando en ti. No dudes en volver a tomar una decisión si no te acaba de satisfacer emocionalmente. Tus Guías de Luz más elevada velan y acompañan tu caminar.

526: Estabiliza tu vida desde el amor esa es la clave ahora. Tus raíces hogar y vida material han de estar en armonía con tus sentimientos, realiza una cooperación desde la libertad de cada uno de los seres que forman tu familia, es momento para una cooperación amorosa y entendimiento desde la escucha activa de y entre todos los seres y personas. Se te dice que cambies tu forma de vida gracias a la escucha activa de tu interior y de tu entorno, comenzando por el más cercano. Todo es aprendizaje para tu mayor bien y el de todxs sus miembrxs, trasciende desde el amor que eres.

527: Es necesario que realices esos cambios para encontrarte a ti, con la parte más profunda de ti, retirarte en silencio y hacia el silencio de la meditación para seguir en conexión con lo que siente tu alma hacer en el aquí y ahora. Eso es lo más importante para poder seguir bien en tu vida. Céntrate en escucharte con amor y de avanzar según tu intuición emocional.

528: Conecta con tus sentimientos y con la parte más sensible de ti, puede que esos cambios tengan que ver con tu parte emocional pero éstos son para expandir esa cooperación y esa parte tuya de duda e indecisión. Conéctate con tu corazón y síguelo, estas alcanzando la abundancia gracias a creer en ti, y cuando crees en ti es cuando puedes también confiar en los demás. ¡¡¡BIEN HECHO!!! El amor te conecta.

529: Hay cambios que te van a permitir elevarte a un nivel superior de energía y de vida. Son cambios para un bien mayor. Sigue elevando tu corazón y conectándote con él pues te conectas a tu alma y esencia. Gracias a haber realizado un buen camino espiritual y al haber alcanzado grandes aptitudes en tu alma, es el momento de compartir tu sabiduría desde el amor universal de tu ser. Eres fuente de conocimiento en este momento para otros seres, no dudes en abrirte al compartir sincero y de amor para transmutar y elevar tu esencia y a los seres que te rodean. GRACIAS,

GRACIAS, GRACIAS.

530: El Universo y tus Guías de Luz más elevada te están dando alas para que vueles, metafóricamente te están diciendo que seas libre y vivas tu máxima expresión de la vida que es estar vivx. Agradece todos esos cambios, pues no son casuales sino causales, significan que te abras a la vida con valentía y expandas tus alas para volar en abundancia.

531: Mantén tus pensamientos positivos, pues estas en un buen momento creativo donde tus Guías de Luz más elevada están contigo, desean decirte que están contigo y que es el momento de tomar el mando de tu vida. Eleva tu vibración y adelante, que vas por buen camino hacia un nivel superior de existencia.

532: Tus Guías de Luz más elevada apoyan tu independencia y expansión gracias a estos cambios. Es necesario que mantengas tu equilibrio sobre todo interno, ya que no es momento de dudas sino de creatividad: ¿Qué deseas crear?, Pues ¡Hazlo! con toda tu alma y corazón, porque ¡¡¡Ahora es el momento de lo nuevo!!!.

533: Los cambios que pediste te los conceden tus Guías de Luz más elevada. Es un precioso momento para pedirles ayuda, consejo o guía en este momento de tu vida, pues están a cada paso dado contigo, y no te van a dejar solx. Comunícate con ellxs y te responderán, establece algún código de comunicación si deseas. Gran momento de expansión creativa. Crea tu vida y vive tu sueño. Mantén elevados tus pensamientos pues se vuelven materializaciones de forma rápida.

534: No dejes de ser niñx, saborea los pequeños pero grandes momentos que tiene la vida. Los cambios son acompañados por tus guías quienes han venido a establecer un nuevo orden o disposición del marco de tu vida. Es momento para fluir en lo nuevo, y crear tu nuevo mundo, conecta con tu esencia para establecer estas nuevas bases.

535: Libera a tu niñx interior con la creatividad que llevas dentro. Abre las alas y siente la libertad que hay en ti. Tus ángeles están moviendo cielo y tierra para que te reconectes con la chispa de la vida. Es necesario todo este movimiento para hacerte sentir que sigues vivx y que tu momento de trascender es: Hoy, Aquí y Ahora. Vive en presente, y aprovecha cada oportunidad de la vida pues llega y pasa, si no la tomas tú, la tomará otra persona.

536: Tus Guías de Luz más elevada están realizando mejoras en tu hogar o familia, están ayudando con toda su luz y amor a que tu vida mejore, sea más armónica y en paz. Siente su amor, nota su presencia, puedes establecer una preciosa comunicación, abre tu corazón a sentir su presencia y ayuda en tu vida.

537: Cambios se están produciendo en tu forma de comunicación y en tu alma, te estás conectando cada vez más a la conexión con tus Guías de Luz más elevada, con el amor. Con la parte más profunda de tu ser, sabes el poder de tus palabras y conoces cada vez más la profundidad de tu ser. Sigue avanzando desde y con amor pues ¡¡¡vas por buen camino, por tu camino!!!. Puede que algún libro te pueda cambiar la vida.

538: Tus Guías de Luz más elevada han ayudado a que te expandas llegando justo en el momento preciso llevándote hacia la abundancia. Simplemente agradece su presencia y ayuda, pues te están ayudando en todos esos cambios que acontezcan para tu destino mejor, tu mejor bien, dispones de una gran intuición y canalizaciones certeras. ¡¡¡ La recompensa está de camino y es bien merecida, Bendiciones!!!

539: Cambios se dan para tu libertad, expansión y abundancia. Tus Guías de Luz más elevada te están conectando con tu niñx interior para que asciendas a un nivel superior de existencia, llega un cambio de ciclo de vida, y es por ello que te acompañan y asisten, para tu mayor bien y avance. Cambia el mundo a mejor comunicando tu sabiduría y experiencia de vida, harás mucho bien si lo haces. Todo lo que se da se recibe.

540: Es momento de expandirte y de sentir la vida desde la libertad de mirar hacia tu futuro y de cambiar esas bases o marco de vida si éste no acompaña. No te aferres a nada es momento de fluir y de avance real, los tiempos están cambiando y el Universo te acompaña y te guía hacia ese nuevo orden con unas nuevas prioridades, renovarse o morir, te dice. Para poderse abrir un nuevo ciclo es necesario el cierre del anterior.

541: Es necesario que frente a los cambios no dejes de tener y de vibrar alto con pensamientos positivos, afirmaciones diarias que te aporten paz y equilibrio en tu vida. En estos momentos para mejorar tu vida es aconsejable pases tiempo contigo, a ser posible realizando algún deporte en el aire libre en lugares naturales, como la montaña, playa… Verás cómo nacen grandes soluciones y grandes nuevas ideas/inspiraciones en tu vida. Despeja tu mente en lugares naturales y reconecta con la alta y elevada vibración positiva que necesitas para el avance.

542: Los cambios son para encontrar tu estabilidad emocional. Es importante que equilibres tu parte interna del ser para poder avanzar con seguridad e integridad. Expande tu alma hasta vivir simplemente aquí y ahora tu momento presente, solo así conectarás con tu corazón y así con tu rumbo a seguir en estos momentos de tu vida. Tus pensamientos se verán materializados conecta con el amor y la energía mayor: La Positiva.

543: Tus Guías de Luz más elevada están ayudando en tu equilibrio y bases de vida, están poniendo luz y color en tu camino conocido para animarte a explorar de nuevos, otras formas de vida, pues son posibles todas ellas. Es momento de un cambio en tu vida, pide guía y consejo a tus Guías de Luz más elevada y no dudarán en ayudarte.

544: Expande tu profesión, trabajo o empresa. Es momento para que amplíes tus horizontes y marco de vida. Tu negocio y tu materialización son imparables, sigue sin miedos y con una disciplina y orden diarios y planta semillas por zonas y horizontes nuevos. ADELANTE. Tu poder de materialización es a escala mayor no te quedes en tu zona de confort y genera lo grande.

545: Amplia tu marco de vida, expande tu alma y todo tu ser extendiendo bien tus alas, necesitas de aires nuevos para: tu vida, tu proyecto y/o tu rutina diaria. Necesitas un estimulo diferente algo que te de esa "chispa de vida" que necesitas en estos momentos. No dudes y mantén tu orden con ese "algo diferente" que necesitas. Es un buen momento de expansión profesional sobre todo de independencia laboral. Vuelve a tomar una decisión, si es necesario.

546: Hay ciertos desafíos para compaginar la profesión con el hogar y la familia. Puede crearse un momento de necesidad de un cambio profesional para crear esa armonía buscada y necesitada. Toma esa decisión que te de paz interior, es momento de crear una nueva seguridad, una nueva base en tu vida y una renovación en general. Sobre todo, en lo que se refiere a la profesión, y eso ayudará a estar mejor en el hogar y con la familia. Adelante es momento de algo nuevo, ¡¡¡Quien no arriesga, no gana!!! Confianza en ti: es amor en ti.

547: Tu alma necesita un cambio en el tema laboral o profesional para realizar su misión de vida, adquirir y elevar esa sabiduría y trascendencia espiritual que necesita. Se te pide tomes los cambios necesarios sin límites para encontrar el orden perfecto de todas las cosas realizando lo que tu alma respira desde dentro, lo que es la esencia de tu ser. Retírate y en silencio tomaras las mejores decisiones, más acordes con tu ser interno y con la verdad que eres. Medita para canalizar las respuestas y siguientes pasos.

548: Esos cambios que tenías en mente de hacer o que se lleguen a dar por sí solos, son los que te van a permitir las mejoras necesarias en tu profesión o trabajo laboral para crear la abundancia y la generación de nuevos ingresos extras, que te van a ir muy bien. No dejes de agradecer a la vida porque cuando te expandes y te abres al recibir de ella, ya sean nuevas ideas o consejos, la vida viene y te cambia la estructura limitante por otra más expansiva, flexible y que te haga realmente feliz y abundante, ¡¡¡la vida es constante cambio, no lo olvides!!!.

549: Esos cambios que necesitas se están dando o van a darse, para elevar tu marco y estructura de vida a otra superior, más allá de lo material y centrada en el espíritu de unión y colaboración con el entorno. Gracias por elevar tu alma transformando tu esquema de vida por uno mejor, más en sintonía con tu camino de vida interno, que te de felicidad gracias a generar felicidad en tu vida y en la comunidad. Estos cambios te están haciendo una mejor alma y persona, gracias por ser capaz de pasar a niveles superiores de existencia humana. ¡¡¡Eres ejemplo, SIGUE ASÍ!!!

550: Es el momento de crear EL GRAN CAMBIO DE TU VIDA. Crucial momento para ti donde el Universo está colaborando y aportando para que eleves tu vida a un cambio casi radical y por completo, el cual te permita ser verdaderamente libre, no solo de pensamiento sino de hechos. Abre tus alas y extiéndelas siente el aire libre de un nuevo despertar de un nuevo día y mundo nuevo, creado por ti a cada instante y segundo de tu tiempo. Vive en el presente hay todo un GRAN ABANICO DE POSILIDADES ANTE TI Y TODAS SON POSIBLES, ¡¡¡ADELANTE NO EXISTE EL MIEDO!!!

551: Grandes cambios entran por LA PUERTA GRANDE de tu vida y de tu alma. Es momento de tomar decisiones sobre tu vida, donde solo tú eres la persona que va a cambiarlo todo o no, será decisión tuya. En todo caso no dejes de pensar en positivo y crear afirmaciones cada día, que te mantengan en una energía vibracional elevada, verás como todo fluye por buen sentido mientras cojas tú el timón. AHORA ES EL MOMENTO, ¡¡FELICIDADES Y A POR ELLO!!.

552: Estos GRANDES CAMBIOS son para hacerte sentir mejor, si no es así cambia de sentido, rumbo etc… Es momento de sentirte bien primero contigo mismx y luego así con el mundo que te rodea. Se te da la oportunidad de generar ese cambio, ESE GRAN CAMBIO Y CREACIÓN que tanto deseas realizar y que te permita sentir el poder de libertad y felicidad que eres. Que nada ni nadie te detenga sigue el latir de tu corazón y adelante, tus Guías de Luz más elevada te acompañan.

553: Tus Guías de Luz más elevada están contigo acompañándote y guiándote por el gran cambio que acontece en tu vida, es tu gran momento creativo y por lo tanto un estupendo momento de la comunicación y de entablar nuevas relaciones de éxito, proyectos de gran envergadura, lánzate a lo nuevo y créalo ahora, es el mejor momento para ello, tus guías están contigo y te ayudarán a ello. Abre tus alas y abraza lo nuevo para poder encontrar la base y la estabilidad de algo que no conoces y va a llegar.

554: Se hace necesario salir de la zona de confort para obtener mejoras y nuevas ideas que perfeccionen y mejoren lo establecido, gracias a lo nuevo. Grandes cambios son los que tocan realizar en estos momentos, para conseguir una estabilidad de futuro. Fluye y abraza lo nuevo, pues son herramientas de mejora.

¿SUELES VER ESTE NÚMERO REPETIDO? Yas Athenea 22

555: El movimiento y el cambio, que es la base de la vida, es el aire que respira tu vida en estos momentos. No hay de qué preocuparse, pues estos cambios son para introducir mejoras y nuevas herramientas en tu vida que permitan la flexibilidad y adquirir todo lo nuevo para llenarte de vida, llenarte de HOY, que es llenarte de futuro. Vas a obtener todo lo necesario para el avance en estos momentos, y lo que aprendas ahora te va a servir para siempre. La vida es simplemente: FLUIR.

556: Puede que necesites esa independencia del hogar y/o familia o que alguien de la familia se independice. Sobre todo, es un MOMENTO DE GRANDES CAMBIOS que van a beneficiar y conducirte hacia la armonía y la paz, va a aportar más amor en tu vida y más amor es más paz y felicidad. Conéctate contigo desde el silencio, para poder fluir mejor en los cambios hacia el amor e ir recibiendo la luz desde la divinidad que eres.

557: Es el momento de los grandes cambios en tu vida hacia el camino y la sabiduría interior de tu ser interno y alma. Toma momentos cada día para ti mismx para el silencio y conexión con tu alma, gracias a ello vas a avanzar a grandes pasos en tu camino espiritual. Vas a adquirir una gran sabiduría interior que te va a permitir una gran expansión en tu ser.

558: La abundancia llega a tu vida gracias a un gran cambio en singular o en plural. Es un buen momento para ahorrar y para gestionar, sabiamente, esa abundancia que llega. Estas avanzando en tu vida y por ello es que te llega ésta recompensa por unos resultados. Cambios a mejor, gracias a tus buenas acciones. Un nuevo ciclo a tu vida, está llegando.

559: Hay un cambio, un gran cambio en tu vida y en tu ser interno que te está permitiendo cambiar de ciclo de vida a uno completamente nuevo y distinto del anterior. Es momento para tomar todo lo nuevo que te trae la vida para elevar tu espíritu hacia tu verdadera misión, desde tu ser interno/alma. Adelante, con eso que sientes, intuyes que es por allí o que has de hacer, estás conectadx a la fuente, no tengas dudas y ve a por ello. Eso que siente tu alma es lo único realmente importante a hacer. El día es Hoy, el lugar es Aquí y el momento es Ahora.

560: Cambios que te llevan hacia la paz y la armonía, todo lo favorable ahora en ti es justo todo aquello que sintonice y vibre en amor que es unión y paz interior. El Universo está ayudando y contribuyendo a ello, generando los cambios necesarios para perpetuar la paz en el hogar la familia y en la salud y vida tuya y de las personas que estimas. Eleva y mantén elevados tus pensamientos pues los vas a ver materializados de forma inmediata.

561: Mantén tus pensamientos en positivo sobre los asuntos que atañen a tu familia y/o hogar pues van a haber cambios que mejoren las cosas. Contribuye a crear la armonía y todo lo que desees, visualízalo. Visualiza y crea esas mejoras que deseas que se produzcan en tu vida real y así será. Cuando elevas tu propia frecuencia vibracional (tu energía), gracias a realizar afirmaciones positivas, todo tu mundo cambia. Cuando primero cambias tú mismx elevando tu propia vibración todo tu mundo cambia contigo. Tus Guías de Luz más elevada están contigo a cada paso del camino.

562: Esos cambios son para que vibres en amor porque donde hay amor no hay miedo, ni duda, sino luz y paz interior. Cuando elevas tu vibración todo fluye sin límites en tu vida. Ámate, es momento de cambios para generar el verdadero amor en ti y para verlo allá afuera. Cuanto más te escuches y tengas paciencia contigo mismx, date comprensión y mucha escucha, verás que recibes lo mismo desde fuera. Pues solo podemos recibir lo que damos. ¡¡Cambia tu vida desde ti mismx!!.

563: Tus Guías de Luz más elevada están acompañando a las vidas de todos los seres queridxs y hogar. No hay de qué preocuparse. Es momento de cambios acompañando a tus guías, que vienen a renovar, a llenar tu casa de una nueva energía y vibración más elevada y de alegría, libertad y expansión que permitan crear la nueva armonía que pedías, comunícate con tus guías con amor y te responderán con su ayuda.

564: Toma desafíos en tu vida que te permitan llegar a sentir el amor, la paz, la tranquilidad. Es momento de desconectar y encontrar la paz en un viaje que te permita volver llenx de energía y poder ver ese problema o proyecto mejor. Los cambios que te suceden son para mirar las cosas no con miedo, sino con amor, para obtener la seguridad y estabilidad que deseas.

565: Es momento para desconectar, esos cambios son necesarios para llevarte a la armonía que necesitas, a la paz de tu alma. Aprovecha estos cambios y movimiento para cambiar de aires y renovarte, conectando con la parte de ti que desconocías. Lleva a tu familia a realizar algo nuevo que os permita una mejor unión en el hogar. Vuelve a tomar esa decisión si no te hace sentir bien, conecta con la meditación para ello, lo veras con una mayor claridad.

566: Estos cambios son para llevarte a una armonía que antes no habías alcanzado. De la forma que menos esperas te va a llegar la paz y la tranquilidad a tu hogar y familia. Libera tu enorme capacidad y creatividad artística es momento de expandirla y liberarla, ¡¡¡Compártela con el mundo!!! Cambia tu destino desde tu Yo Soy, pues en ti está la abundancia que deseas, saca la luz que llevas por dentro, conecta con el amor que eres. ¡¡Cambia tu vida desde el amor!!

567: Es momento para cambiar el enfoque que tienes en tu vida, no ser tan perfeccionista y en ver lo positivo y bonito que tienen las cosas y seres de tu alrededor. Si consigues vibrar en amor vas a crecer en sabiduría y antes estarás cumpliendo tu misión como alma. Es momento para conectar con tu ser más profundo. Crea los cambios que deseas en tu hogar gracias a introducir alguna disciplina como la meditación introduciendo a tus seres a conectarse con su interior, vas a generar cambios muy óptimos para todxs. Es momento de elevar tu vida a un nivel superior de existencia.

568: Gracias a expandir la positividad y el amor que nace desde ti al mundo, estas cambiando tú mundo y la abundancia te está llegando o está de camino. Gracias a ser una persona generosa y creadora de vida el cielo te está premiando, cuanto más des más te llegará. El amor es la verdadera abundancia y cuando conectas con ella desde dentro de ti es cuando la ves llegar desde fuera, ¡¡¡Sigue Así!!!

569: Están llegando cambios para equilibrar tu energía masculina y femenina, es momento de conectar tu cuerpo con la misión de tu alma, y ésta la conocerás cuando conectes con el amor más puro de ti mismx. Es momento de ayudar a otras personas a cambiar sus vidas y a trascenderlas gracias al amor, comparte amor para elevar tu vida y avanzar en unidad.

570: El Universo te invita a potenciar y elevar las aptitudes en tu conexión contigo mismo y con la espiritualidad. Tienes el don de poder percibir y de conectarte con lo sutil. Es necesario que expandas tu mente hacia ser como el agua, ya que la vida es un fluir y tu canal se expandirá conforme más te conectes con el fluir de la vida, pues nada es estático ni inamovible. Hasta tus pensamientos son dinámicos y están sujetos al cambio. Se te dice que no seas tan rígidx pues la vida es cambio y puede que los cambios te hagan ver la verdad de estas palabras. Tus guías de luz más elevada están acompañándote a cada paso, percibe sus señales.

571: Mantén pensamientos elevados y positivos, es el momento de tomar decisiones frente a los cambios actuales, sobre todo espirituales y de tu interior. Puede que un libro llegue a ti que produzca los cambios necesarios para empoderarte, pues es momento de tomar el control de tu vida. Es momento para que la sabiduría espiritual venga a ti. Los cambios que se produzcan en ti los cuales te conecten desde el silencio con tu esencia van a empoderarte verdaderamente hacia realizar esas bases de vida que tanto deseabas, una estabilidad real que te permita una vida plena.

572: Los cambios son para decirte que seas menos rígidx con tus sentimientos, has de ser más flexible y conectarte con tu corazón, lo harás gracias a conectar verdaderamente con tu alma, ya que te estás centrando demasiado en tu mente. Es momento de bajar al corazón y escucharte de verdad, desde dentro de ti. Es momento para meditar adquirir hábitos saludables que te conecten con tus emociones. Fluye en amor hacia dentro de ti mismx.

573: Tus Guías de Luz más elevada te están dando mensajes que seguramente canalices sobre los cambios que se están produciendo o se producirán en ti y a tu alrededor, no los omitas, pues son necesarios para el avance de tu camino espiritual. Sé fiel a ti mismx. Si tienes dudas de cómo avanzar pregunta a tus guías pues te ayudarán, sobre todo, en estos momentos.

574: Libera tu alma de los límites, del estancamiento en un marco de vida. Es momento de seguir tu camino espiritual y que tu profesión te sume no te reste. Elige la profesión que más te realice el alma o desde tu alma, ya que si no es así no vas a poder avanzar. Toma nuevos caminos y decisiones siguiendo únicamente a tu alma. En el silencio sabrás los siguientes pasos a dar.

575: Estos cambios vienen para expandir tu alma y llenarla de nuevos aires de sabiduría profunda y mucho silencio para saber que el verdadero significado de estos números es que fluyas y vivas el instante presente. Porque la vida no es la meta sino el camino, disfruta y siente con toda tu alma y reflexión el viaje. Gracias a los cambios y al movimiento que se va a gestar o generar vas a conectar con más facilidad con la voz de tu alma. Adelante y crea espacios para esta preciosa sincronía energética que te va a permitir empoderarte en infinita abundancia desde dentro de ti hasta fuera.

576: Cambios que te van a aportar expansión, sabiduría espiritual no solo para ti sino para tu hogar y familia. Puede que gracias a algún libro o maestrx conectes con una parte muy profunda y sanadora de ti, con el amor, con la armonía y con la paz. Esos cambios son mejoras y oportunidades para tu alma en conexión con la verdad que eres: Amor. Cuando eres amor eres luz y verdad y solo la verdad te hace libre. Un nuevo ciclo de vida da comienzo.

577: Los cambios que acontecen son para expandir tu alma, quizás un cambio por completo sea lo que te haga estar verdaderamente contigo 100x100, pues ahora es momento de profundizar en tu alma, seguir a tu intuición y conectar desde el silencio y reflexión profunda y espiritual de las cosas que te rodean. Medita, haz yoga y crea un cambio en tu vida hacia ese sentido del "YO SOY".

578: Cambios y mejoras en tu camino está haciendo que llegue a tu vida la abundancia, la recompensa por realizar las cosas correctas en el momento preciso. Las buenas obras siempre tienen su recompensa. Gracias a tu intuición llegas a obtener éxito. Siéntete libre de fluir y cambiar según tu intuición, pues no te fallará.

579: Expande tus metas y camino en estos momentos hacia lo que sienta tu alma desde dentro de tu ser. No hay duda si te conectas con la parte más profunda de ti. Es momento de compartir esa enorme sabiduría y experiencia de vida con el mundo, ¡¡¡Te puede cambiar la vida de forma muy grata!!! Tus Guías de Luz más elevada están ayudándote si necesitas su ayuda, así como te animan a concluir un ciclo para poder comenzar uno nuevo superior.

580: El Universo te está expandiendo tus dones de forma que te cambie la vida. Sigue los cambios que te permiten tener más libertad y diversidad en tu vida, siguiendo tus talentos y dones innatos no dudes porque el Universo está ayudando a ello. Es momento de fluir en infinito hacia el avance verdadero, conseguirás esa estabilidad y seguridad que deseas.

581: Coge los cambios que te van a conducir al éxito y a ser independiente y líder. Expándete y amplia horizontes, no te quedes solo con lo conocido. Más allá de esa frontera que nunca has cruzado, está el éxito que te está esperando y todo ello depende de ti y de tus decisiones. ¡¡Sé valiente!!.

582: Los cambios y desafíos siempre son por un bien mayor, para decirte que si sigues y persistes llegarás a conseguir ese éxito deseado y la abundancia será tuya. Ahora es momento de tu abundancia y de equilibrar tu vida sobre todo emocional y de las personas que ocupan tu corazón. Escúchate por dentro, ahí es donde encontraras todas las respuestas.

583: Tus Guías de Luz más elevada están respaldando todos los pasos hacia tu éxito y abundancia. Los cambios son las promesas de que "quien no arriesga no gana" confía en ti y en tus guías, pídeles ayuda y consejo y ellxs te responderán. Conecta de forma regular y según sientas el llamado a estar con la única compañía de ti mismx en silencio. De esta forma hallarás todas esas respuestas que buscas, desde la ayuda de la luz y desde ti.

584: Desafíos económicos en tu profesión, es momento de tomar nuevos aires gracias a una nueva abundancia económica que no esperabas y te va a permitir tomar decisiones finales. Es momento para emprender económicamente en una profesión o carrera y de priorizar en tus objetivos más fiables.

585: Los cambios preceden al éxito y la abundancia, ese viaje o movilidad te va a satisfacer en plenitud. Es momento para fluir en los cambios de expansión y de nuevos horizontes, no de quedarse en la zona de confort. Toma esos desafíos que te hagan vivir en la abundancia que eres y el éxito desde tus dones y talentos. Es momento de ascender a un nivel superior de existencia, ¡¡Adelante!!

586: Es momento de tomar esos cambios que te lleven al éxito para ti y tu familia, seguramente puedas realizar reformas o incorporar renovaciones en el hogar gracias a unos ingresos extras. Utiliza ese dinero con prudencia, amor y sencillez. Será el amor el que te abra las puertas al verdadero cambio y al éxito en tu vida, sintoniza con la abundancia interna para seguir creándola fuera.

587: Los cambios la ante sala de la abundancia es necesario mantengas una disciplina de mente cuerpo, y sobre todo alma, invierte en tu camino interno y no te equivocarás. Sigue tu intuición, te llegarán señales a tu vida que te corroboraran tus señales internas y sabiduría interior que ya tienes.

588: Tus desafíos han generado abundancia o la están generando en tu vida a gran escala y/o en muchas vertientes. Es momento de tener un dominio sobre tus dones y talentos y mantener la constancia que te ha hecho llegar al éxito, aprovecha el momento y no lo dejes escapar, sigue vibrando alto con energía positiva. Tus Guías de la más elevada Luz te acompañan.

589: Los cambios y el éxito vienen precedidos de un cambio de ciclo de vida a otro superior, de igual forma, es necesario, cerrar un ciclo para que uno nuevo pueda nacer. Es momento de trascender el plano material y enfocar tu vida a una voluntad mayor que tu mismx, la consciencia en tu vida te hará ascender cada vez más y más rápido y a generar el cambio ayudándote a ti y ayudando a la humanidad desde la materialización. Comparte tu sabiduría y materialízala pues va a generar ese cambio necesario para el avance.

590: El Universo te trae inspiración para darte el poder de guiar tu vida, es momento de cambios y de decidir el rumbo de tu camino espiritual. Estas a punto de pasar a un ciclo superior de existencia, pues se están incrementando tus capacidades sensitivas. Tanto como que podrías saber los cambios que se avecinan. Sabes que puedes cambiar tu destino, el Universo acompaña tus pasos intuitivos. Simplemente fluye desde ti mismx.

591: Es momento de cambios expansivos donde se te de una mayor independencia. El timón eres tu mismx, por lo tanto sigue tus propios pasos, sigue tu llamado desde dentro de ti (desde el: Yo Soy). Esa será tu brújula en estos cambios y movimientos en tu vida actual. Hay mejoras con esos cambios, mantén la flexibilidad, se receptivx y flexible. Mantén tu pensamiento en positivo, en alta vibración.

592: Sé libre en la elección de tu carrera, estudios o cualquier elección sobre tu filosofía de vida. Es momento incluso de crear una propia. No tengas miedo ni dudas, gracias a conectarte con tu sabiduría interna, vas a avanzar. Conéctate con tu interior y haz simplemente lo que mantenga tu felicidad en el alma. Sea Bien-Venidx todo o que eleve tu frecuencia energética y sume en tu vida.

593: Tus Guías de Luz más elevada están acompañándote y guiándote desde tu intuición, señales numéricas con mensajes, plumas que caen en tus pies, palabras o frases de la radio o carteles para ti, etc… No has de preocuparte sino de ocuparte, de que los siguientes pasos a dar sean escogidos desde tu divinidad desde tu sinceridad más profunda. Estás bien guiadx fluye según tu poderosa intuición, que es tu guía interna. Avanza sobre tu propia luz que es tu alma.

594: Toma decisiones y desafíos, ese es el cambio necesario para elevar tu espíritu a algo mayor que la tercera dimensión. No has nacido para quedarte entre cuatro paredes. Es momento de tomar un nuevo rumbo que te permita obtener una nueva vida superior de existencia. Guíate por tu alma y poder interno para ver con más claridad el siguiente paso a dar desde la verdad desde la luz que eres, hacia el nuevo ciclo que se abre ante ti.

595: Es momento para expandir tu sabiduría de vida por doquier, pues es un momento de dinamismo en tu vida, no te pongas límites y expande toda tu alma. Profundiza más y más en tu interior nutriéndote de todo lo nuevo que la vida te está ofreciendo. Comparte tu saber, no te lo guardes. Si el tomar cierta decisión no te hace feliz desde dentro, es momento de volver a decidir.

596: Conecta tu mente con tu corazón, para unir esas dos partes de tu ser en dirección a un nuevo rumbo o decisión en tu camino. Es momento de expandir el amor, cambiar la vida gracias a conectarte con la más profunda vida que hay en ti, vas a realizar un cambio profundo de vida, conforme te abras a ser más consciente y humanitarix. Aporta paz allá donde estés y verás esos cambios que deseas, conecta con tu vida desde tu corazón, pon la mente al servicio del corazón pues vas a materializar muy rápidamente.

597: En este momento has adquirido una trascendencia espiritual suficientemente elevada como para tender un gran poder en la toma de decisiones en tu vida y además que no vas a equivocarte. Sigue ese poder de conexión interno tan profundo y de luz que hay en tu ser, porque no te va a fallar. Estás progresando muy favorablemente en tu senda y camino de alma. ¡¡¡Tus Guías de Luz más elevada están contigo y desean decirte: ¡¡¡FELICIDADES!!!

598: Si realizas un trabajo ya sea altruista o no que tiene que ver con ayudar a otras personas desde dentro, ahora vas a recibir esa abundancia que deseabas, pues está de camino. Ese cambio, que deseabas obtener será gracias a tu sabiduría y experiencia de vida que te va a llegar gracias a tu don con las personas, ayudando desde el sentimiento desde el corazón. Grandes materializaciones se están gestando o realizando ahora.

599: Orienta tu vida o haz una mejora con los cambios necesarios para seguir por tu camino y misión de tu alma. Es momento para solo compartir u ocupar tu tiempo de vida con todo lo que te aporte y sume en tu alma, en tu conexión interna, pues es momento de profundizar de forma casi absoluta en la parte más profunda de ti y que quizás desconocías. Es momento de saber toda la luz que eres. Gracias a brillar y a compartir tu luz con el mundo, podrás avanzar a un nivel superior de existencia.

600: El Universo te está diciendo que es momento para llegar hasta tu corazón. Y encontrar así la paz y la serenidad que tanto estás necesitando. El Universo te está ayudando con situaciones y/o personas que acompañen a que aquietes tu cuerpo para temperar y serenar tu alma. Es momento de descanso, para reponer fuerzas. Realiza salidas a la naturaleza para cargarte de energía, sobre todo con el agua. Pon los pies en el agua del mar y siente la energía de Gaia, sanadora y purificadora.

601: Es necesario que mantengas pensamientos de alta vibración en tu vida, es decir, pensamientos y afirmaciones positivas. Sería idóneo te premiaras sobre todo con palabras y acciones contigo como abrazarte y decirte que lo haces muy bien, sea lo que sea que estés haciendo. El Universo te abraza y te dice que te sientas merecedorx de todo aquello, que ya eres: AMOR.

602: Mantén el equilibrio emocional, el Universo te está abrazando con su amor, para que sientas la paz que llevas dentro, pues naciste con ella. Sigue y haz a lo largo del día todo lo que sientas que te hace feliz y lo que no, no te obligues a hacerlo, pues no es necesario. Siéntete feliz, es momento para notar en ti y desde ti el significado del amor. Del VERDADERO

AMOR, QUE NO OBLIGA SINO QUE RESPETA. Te irás sintiendo cada vez mejor, más en paz y en plenitud con la vida y así en luz y felicidad.

603: Todo el Universo y tus Guías de Luz más elevada están abrazándote desde dentro de tu ser hasta fuera de ti para que sientas que eres merecedorx de toda la vida, y que la vida te ama con toda su alma y esencia. Gaia desea que la sientas, para que contactes más con ella, pues desea ayudarte con su fuerza y energía. Pon tus pies descalzos en ella mientras te conectas con tu niñx interior. ¡¡¡ Tu Gran Despertar Creativo y Avance Evolutivo, han llegado!!!

604: El Universo está llevando a tu vida el verdadero amor, que sientas y vivas lo que significa verdaderamente un SINCERO Y REAL AMOR. Es momento de vivir desde una vida real un amor divino y universal. Para que sientas que es posible amar sin tiempo ni fronteras. Cambia tu vida gracias al amor, y a lo transformadora que es esta energía, cuando la manifiestas en todas las partes de tu vida y día a día.

605: El Universo te está mostrando el camino de la armonía en ti, la paz desde el sentimiento y la vivencia del amor. Los cambios y mejoras en tu vida que van a llegar son necesarias para que experimentes la grandeza del sentimiento del verdadero amor. Mantén tus pensamientos en positivo pues serán manifestaciones muy pronto.

606: La pregunta y la respuesta son el AMOR. El Universo te está abrazando y enviando situaciones, personas y mensajes que te guíen hacia la paz, la armonía en tu espíritu, familia y hogar. Todo lo necesario para que

Las Señales Numéricas. La Guía del Cielo

conectes con la magnificencia y la base del todo de tu vida y creación: EL AMOR. Mantén tu espíritu elevado, con pensamientos positivos, y solo incluye en tu vida todo lo que sume, nada más. Es momento de saborear, disfrutar de ti con la vida, tus guías de la más elevada vibración están contigo.

607: Siente como al conectar con el amor, conectas con la paz que hay en ti, y no solo eso, es momento para conectar con tu alma conocer tu misión en este plano, evolución espiritual gracias a libros reveladores de los siguientes pasos de tu camino. En el silencio, obtendrás las respuestas. El Universo te está ayudando a que contactes con todo el amor que eres y que llevas por dentro, gracias al cual obtendrás cada vez más claridad en todo. Contacta con tu Divinidad, medita en silencio, puedes poner música con frecuencia de 420hrz de fondo para sintonizar con las respuestas que te lleguen, es el momento de realizar una buena estructura en tu vida.

608: La calma y la paz van a llegar de mano del Universo hacia ti y en tu camino. Te va a llegar esa abundancia que deseas. Sigue vibrando en amor y en alta energía, porque solo cuando generas una alta energía desde dentro es que ésta, se manifiesta desde fuera. Al ser amor y abundancia interna es que vas a ver abundancia externa en forma de economía, ayudas y facilitadores para tu camino.

609: Es momento para unir todas tus partes: tu mente con tu corazón, tu parte inconsciente con la consciente. El Universo está contigo ayudándote desde el corazón a que sientas su luz y claridad antes que

175

con lo externo y superficial. La fuerza mayor es el amor, porque solo allí encontraras la luz en tu camino. Cuando dudes pon amor a esa duda y verás como desde dentro de ti te llegarán las respuestas. Es momento para el cambio a un nivel superior de vida gracias a profundizar y avanzar desde tu camino y sabiduría espiritual, conecta con el amor que eres.

610: El amor es el timón o debería de serlo ahora en tu vida. Es vital sigas que elevando tus pensamientos a una alta energía positiva, puedes ayudarte de afirmaciones diarias, el Universo conspira a tu favor. Puedes conseguir todo lo que te propongas si mantienes la magia de la vida en ti. ELEVA LA FRECUENCIA VIBRATORIA Y HAZTE IMPARABLE, tu poder es ilimitado. Sé responsable con tus decisiones. Conecta con la voz de tu alma para el avance real. Puedes comenzar a crear momentos de silencio contigo mismx y meditación.

611: Tu poder de materializar tus ideas es muy elevado, es necesario eleves tu pensamiento al amor pues gracias a la armonía y paz te permitirá crear todo lo bueno para ti y para tu vida. Veras que se materializa todo lo que piensas casi al instante. Hazte responsable de ti y de tu poder para tomar decisiones acertadas en tu vida, hazlo mejor, en los momentos de mayor vibración energética. Donde conectes con el amor que eres.

612: Es momento de llevar a la paz y a la armonía tus pensamientos y sentimientos, tu mente y tu corazón. Mantén una alta energía de pensamiento positivo porque vas a comenzar a materializar. Prepara esas ideas, dándoles el amor y la alta energía positiva, para que se conviertan en buenas realizaciones que se puedan llevar a la práctica de forma amorosa para contigo y lxs demás. Se concluye un ciclo para dar comienzo a otro nuevo.

613: Tus Guías de Luz más elevada están acompañándote en tu camino y no te van a dejar hasta que te ayuden con esas ideas que deseas llevar a cabo. Es el momento de avanzar desde tu YO SOY que es pura Luz y Amor. Desean decirte y hacerte sentir que es el amor lo que permitirá la manifestación y la creación de todo aquello que deseas.vas a sintonizar con la alta energía del Amor, por la cual estas formadx. Tu hogar y familia gozan de una protección extra de la más elevada luz.

614: Vas a llevar a cabo una iniciativa en cuanto a tu salud para elaborar unas nuevas bases de vida para tu cuerpo. Dejar algún mal hábito es la clave crucial en estos momentos para sanar tu cuerpo y elevar en tu vida la energía gracias al amor y la vida desde dentro de ti. Será gracias a la toma de tu firme decisión de gran amor hacia tu alma y persona, que vas a poder avanzar DE VERDAD desde los hechos. Es momento para priorizar y de pensar unas bases de amor, armonía y paz en tu vida, que SUMEN de VERDAD. Tus pensamientos son poderosos sintonízalos en positivo porque se verán fácilmente materializados.

615: En tu casa o familia quizás se puedan dar algún cambio imprevisto, movimiento, con el que no se contaba. Es momento de fluir en los cambios, porque vendrán grandes mejoras. Mantén y ayuda con tu pensamiento positivo de alta energía y vibración a ti y a los que te rodeen simplemente con tu positividad, eres referente, gracias a ello las mejoras serán positivas para todxs. Los guías de la más elevada luz están a tu lado.

616: Si te centras en tu poder y en la fuerza que se genera desde dentro de ti llamada: AMOR, vas a volverte imparable, ya que es la fuerza motriz de todo lo que deseas incluido eso que estás pensando o tienes en mente. Siente como la fuerza de la vida que es el amor te abraza ayudándote a que mantengas elevada tu energía incrementándola con el calor del amor. Nota como cuando vibras en amor te sientes mejor, porque conectas con la luz que eres. Lidera tus pensamientos con amor y da pasos de forma estable y segura. Es momento para que todas las partes que te forman se unan en amor, sobre todo tu pensamiento, realiza afirmaciones diarias para vibrar bien alto.

617: Momento de dar desde tus pensamientos y hasta tu alma, amor y vida. Se hace necesario esos momentos de silencio para reencontrarte con la paz y el amor, la tranquilidad en tu vida. Haz meditación o crea espacios de silencio cada día para seguir conectadx de forma profunda a ti. Sigue tu intuición y fluye en expansión.

618: El amor entregado a tu persona, sobre todo desde tus pensamientos, con afirmaciones en tu día a día que hacen que la abundancia se incremente en tu vida. Nada en la vida existe por suerte o casualidad, sino por CAUSALIDAD es la causa de vibrar BIEN ALTO: EN AMOR, que tus pensamientos, decisiones e ideas en tu vida tomadas han creado la magia. TÚ HAS CREADO LA MAGIA. SÍGUELA CREANDO CON TUS PENSAMIENTOS DE AMOR EN LO QUE TE VISUALICES O ENFOQUES, ADELANTE.

619: El profundo aprendizaje de ti mismx en el amor es lo que te está llevando a obtener unos resultados en ti profundos que quizás nunca te hubieras imaginado. Estas suficientemente preparadx para crear el cambio hacia un siguiente nivel superior de existencia. Sigue en tu camino de sabiduría interna y comparte ayudando al mundo con ella.

620: El Universo te está ayudando a materializar y a equilibrar tu camino desde la paz que hay en ti y amor. Vas a sanar tu parte emocional sintiendo el gran abrazo que te da el Universo desde tu cuerpo hasta tu alma, abarcando todo tu ser. Se te dice que no dudes, que no albergues duda en ti pues…EN EL AMOR, QUE ES LUZ…¡¡¡ NO HAY DUDA !!!. Es momento de cambiar la duda por AMOR. Conecta desde dentro con la abundancia que eres.

621: Sana con la fuerza del amor que hay en ti, tu parte emocional y mental de tu ser. Es necesario el equilibrio desde la fuerza mayor que es el amor. Mantén pensamientos elevados de alta vibración con afirmaciones que llenen tu vida de paz y armonía desde tu corazón hasta tu alma. Hay cierres de ciclo y apertura de lo nuevo.

622: Grandes materializaciones están aconteciendo en tu vida, tu generosidad y amor hacia las personas y seres te está haciendo materializar y crear necesarias grandes obras, que necesita la humanidad y las personas en si para avanzar en sus caminos. Sigue conectando con tu energía femenina. No pares, no te pares y sigue en tu senda y camino de Luz desde el Amor, que eres. ¡¡¡ Con tu mismo respirar llenas de amor el espacio donde te halles, sigue así!!!

623: Tu salud emocional es guiada y respaldada por tus Guías de Luz más elevada. Te asisten, guían y ayudan sobre todo ahora, pídeles su ayuda y te asistirán cuando lo necesites. Recuerda que tienes grandes cosas que no son cosas que hacer, y que tiene que ver con tus ser interno que tiene mucho que dar al mundo, conecta con la calma de tu alma y expande tu luz y arte que llevas por dentro. Tus pensamientos se ven materializados de forma casi inmediata, es necesario conectes con la energía elevada positiva.

624: El amor te dará la calma y estabilidad emocional que necesitas ahora, esa serenidad y estabilidad que te hagan hasta sentirte mejor, mucho más saludable. Conecta con tu parte emocional y pregúntale que necesita y ayúdala, tu vida es tu poder y está en tus manos. Date amor y escúchate desde dentro para crear el orden y una buena base en tu vida. Tus guías de luz más elevada están contigo.

625: El amor debe ser el timón que guie tu corazón en estos tiempos de cambios y desafíos. El principal amor proviene de la fuente interna de ti y gracias a amarte en cualquier circunstancia y momento, vas a conseguir desarrollar y obtener las mejoras en tu vida que tanto deseas y la estabilidad de unas nuevas y mejores bases.

626: Pon amor en tus dudas, pon amor en tus miedos y verás como desaparecen, porque eso que creías separado de ti simplemente era algo que desconocías (no hay miedo solo desconocimiento = falta de luz) y al poner conocimiento sobre ello pones luz, y por lo tanto: pones Amor. Conecta con la abundancia infinita y fuerza mayor que te ofrece el amor, la fuente de vida que eres y portas en tu interior, date tiempo para escucharte desde dentro de ti, para observar y para comprender mejor todo. Haz solo lo que sientas desde tu corazón. Verás los cambios que deseas en tu hogar, familia y vida. Ganarás en salud y en plenitud. Es momento de abrirse a la vida a expandirse y vivir desde la libertad del ser, fluyendo hacia la evolución.

627: La fuente de amor en ti esta ayudándote a conectar más con tu alma, sigue así porque vas por buen camino. Tu sentir te da las intuiciones necesarias para saber cosas que no sabías, y estás en lo cierto, tu intuición está conectada con tu sentir y puede que notes desde dentro las señales que te irán indicando los siguientes pasos. Quizás te puede llegar algún libro que te ayude a equilibrar tu campo emocional y de amor desde tu ser. ADELANTE, LLÉNATE DE LUZ, LLÉNATE DE VIDA, toma la luz del sol de forma más asidua.

628: Sabes que vas por buen camino cuando la vida te premia con la abundancia, ya sea económica o de muchas formas con facilidades y alicientes que te motivan a seguir, porque sabes que lo estás haciendo bien. Ahora es este momento, sigue sintonizándote con tu corazón y tus sentimientos guiándote por todo lo que desde dentro te de esa buena sensación. Solo lo que sume y aporte paz es incluible y armónico, y lo que no, no lo es. Es momento para encontrar las respuestas desde el silencio y la meditación.

629: Las respuestas de sanación las tiene tu alma y ser espiritual. Tu camino es progresivo y avanzas con tu corazón, todo asciende ve tranquilx y segurx porque estas conectadx con tu ser interno, esa sabiduría que hay en tu alma te está dando las claves más importantes ahora, comparte tu sabiduría y ayuda con ella a otros seres. Se producirá un cambio a un nuevo ciclo que va a ser culminante para tu ser. Sigue así, vibrando alto como vibras y la abundancia y el éxito irán de tu mano.

630: Todo el séquito de tus Guías de Luz más elevada junto al Universo te acompañan en tu camino hacia tu paz interior y un sentimiento mayor de vida. Te acompañan a que sientas la vida desde la más alta energía y motivo de ella que es el AMOR. Es momento para comunicarte con tus guías y avanzar en tu camino con serenidad y paz interior. No estás solx y NUNCA lo estarás, despierta en ti el poder que tienes de la creatividad. Re-conecta con tu niñx interior, para conectarte con la alegría en tu vida. Ahora es momento para comunícate con tus guías de luz, es un MUY buen momento para ello si así lo deseas, simplemente…¡¡¡ HÁZLO!!!

631: Hay armonía en tu ser. Eres paz y calma INFINITA. Nota y siente tu conexión con el amor desde dentro de ti hasta tus pensamientos, todx tú eres Amor y todo lo que salga de ti es LUZ. Eleva tus pensamientos y comunícate con tus Guías de Luz más elevada, que te acompañan por si deseas su ayuda, pues no dudarán en hacerlo si se lo pides. Transforma tus pensamientos en creatividad y no dejes de crear. ¡¡¡Estás RODEADX POR LA LUZ!!!

632: Tus Guías de Luz más elevada están haciéndote llegar nuevas relaciones que te aporten luz y vida, que sumen y eleven tu mundo. Agradece tres veces por ello y conéctate con la parte más profunda de tu ser, escúchate y date el tiempo necesario para ir poco a poco. Es momento de disfrutar y de saborear las pequeñas pero grandes cosas que tiene la vida dispuestas para ti. Conecta y agradece desde lo pequeño para poder ver lo grande que tiene para ti, sigue vibrando en alta energía pues tus pensamientos fácilmente pueden materializarse en estos momentos. Te están ayudando a que contactes con el amor desde dentro de ti y eleves tu autoestima, pues: ¡¡¡ERES LUZ!!!.

633: Grandes Fuerzas Celestiales, Guías de la más elevada Luz están rodeándote allá por donde vas. Te acompañan y te abren el camino, haciéndotelo fácil y permitiéndote aprender grandes aportaciones espirituales para tu ser. Es el momento de ser coherente en tu pensamiento palabra y acción, y vibrar desde ahí en calidad elevada y positiva. Mantén la alegría en tu caminar y la sonrisa al mundo. Pues obtendrás multiplicado por tres lo que desde el alma des. Conecta con el gran amor que hay dentro de ti y eleva con tu TRES (Pensamientos, Palabras, Acciones) tu vida a lo más alto y lo más grande ¡¡¡GRACIAS POR EXPANDIR TU LUZ, NUNCA DEJES DE HACERLO!!!

634: Siente, ama y perdona, sana la parte más profunda de ti para lograr una estabilidad en tu vida. Tus Guías de Luz más elevada están contigo ayudándote al avance y creación de unas buenas bases en tu vida. Te dicen que saques la luz que hay en ti y conectes con tu verdadera esencia que es: TU LUZ. Tan solo la verdad te hace libre, sana y ámate no más sino mejor, tomar la decisión de amarte, pues es la decisión más acertada en tu vida. Hazlo para conseguir todas tus metas en la vida, sana tu cuerpo desde tu amor. Conecta con las bases desde ti, lo que es dentro es fuera.

635: Tus guías de de la más elevada vibración están acompañándote para darte luz en los cambios que se avecinan, movimientos que llegan para llenarte de aire fresco tu vida. Te preparan para fluir, para guiarte desde tu interior y según sientas, da esos pasos. Es un momento de expansión de tu alma para que extiendas tus alas. Pide ayuda si la necesitas a tus guías pues no tardarán en hacerlo, ya que te acompañan en tu mejor destino.

636: Un gran amor te envuelve y rodea, cubriendo todo tu ser, tu hogar y familia. El amor más grande está contigo acompañado por tus Guías de Luz más elevada, te están arropando y ayudando en estos momentos a que te conectes con el amor; con el amor que eres y con el amor que siempre has llevado desde dentro de ti. Sana y eleva tu vida a la armonía y paz más alta jamás alcanzada. Sigue comunicándote desde el amor y compartiendo tu luz por doquier. ¡¡¡Es momento para pararse y amarse, de reconectarte con tu niñx interior y amarlx con toda tu alma y corazón!!!

637: Tus Guías de Luz más elevada vienen a despertar todo el amor que hay en ti para que se desarrolle tu espiritualidad y tu gran conexión con tu verdad más absoluta. Tus guías te llaman a conectarte desde el silencio con tu ser de luz y amor que eres. En tu más profundo respeto con la divinidad se conectaran contigo y te darán mensajes, canalizaciones e intuiciones desde tu ser, sentiras las respuestas desde la conexión con tu ser de luz que eres, las cuales están y nacen desde dentro de tu ser. Estás despertando a la ENERGÍA del Amor desde dentro de tu ser, conectando con tu esencia verdadera… ¡¡¡FELICIDADES!!!

638: Ese dinero que esperabas recibir para tu familia o para tu salud lo recibirás. Inviértelo con amor pues tus Guías de Luz más elevada te recompensan por tu camino de amor, por tu bondad y generosidad en el mundo. Sigue vibrando alto como lo estás haciendo y todos tus deseos se realizaran. La plenitud está asegurada para las buenas personas como tú. Comunícate con tus Guías de Luz para agradecerles por esta ayuda y para avanzar desde la mejor guía por tu camino.

639: El amor es la más hermosa comunicación e intercambio que puedas hacer ahora con el mundo. Encuentra desde ti las respuestas en tu camino, conectando con tu luz, tus guías de más elevada vibración están acompañándote en tu vida, pídeles ayuda y agradéceles por su servicio. Tómales como referentes para realizar un camino y misión de vida con profundidad de existencia y esencia. Comparte y ayuda a los demás simplemente con tu sabiduría, tan preciada y que tanta luz vas a crear en las vidas de esas personas con las que interactúes… Comparte con todo tu amor y tu luz, porque vas a plantar semillas que van a florecer ayudando a elevar la energía de luz y amor en nuestra amada Gaia: Madre Tierra. Asciende a un nuevo ciclo de vida gracias a: MOSTRAR TU LUZ AL MUNDO.

640: El Universo te está ayudando para tu estabilidad, para concretar todo eso que deseas en tu vida. Te está aportando realidad con el amor, bases y orden para encontrarte con la paz que eres en tu vida. Te ayuda en el equilibrio. Toma decisiones sin miedo, porque en el amor no hay duda y el amor es luz y ¡¡¡TÚ ERES LUZ PORQUE ERES AMOR Y ERES AMOR PORQUE ERES LUZ!!! Toma las riendas de tu vida con todo tu corazón y en plenitud.

641: La armonía y la paz la encontrarás gracias al orden desde tu interior hasta tu exterior, comenzando por tus pensamientos, luego palabras hasta acabar por tus acciones. Ordena los espacios de tu hogar para que toda la familia vibre en armonía. Sana tu cuerpo con la limpieza y orden tanto por dentro de tu ser como por fuera, orden y bases en tu vida, es hora de tomar decisiones y acciones para ello. Es muy importante en estos momentos mantengas tus pensamientos en positivo, sigue vibrando alto pues desde el amor se puede y consigue todo.

642: Pon orden y establece unas bases reales de amor desde una práctica y rutina diaria, primero contigo y luego con los demás. Es momento de ordenar tu vida gracias a equilibrar tu campo emocional y sentimental. Es necesario el tiempo y la paciencia, ¡¡¡ En el amor no hay duda ni miedo, eso debes saberlo, Y TÚ: ERES AMOR!!! Tus guías de la más elevada luz están contigo para guiarte.

643: Tus Guías de Luz más elevada están ayudándote para crear el orden en tus sentimientos y corazón. Es momento para tomarse el tiempo necesario para el reposo, para reflexionar e ir poco a poco. Estás muy bien asistidx por tus Guías de Luz más elevada puedes pedirles ayuda y comunicarte con ellxs cuando lo necesites para que te puedan ayudar. Desarrolla y comparte tu creatividad para sanar. Ama tu cuerpo pues es el templo de tu alma, dale atención y cuidados con mucha ternura y tus guías te ayudaran a renacer de nuevo.

644: Ten grandes dosis de paciencia, pues todo se hará esperar o no, depende de ti de tu vibración energética de amor que irradies y con la cual sintonices. Es necesaria la paz para poder materializar y la fuerza mayor de creación y materialización siempre es y ha sido el amor, crea paz y luz por tu camino, en cualquier lugar persona o animal… y verás lo rápido que vas a materializar, no has de tener miedo o duda sino AMOR EN TI, ESA ES LA CLAVE. Pues es momento de unas nuevas bases y prioridades en tu vida, la regeneración sanadora del amor, y su fuente… eres TÚ.

645: Los cambios son oportunidades para las mejoras en tu vida, cógelas para crear unas nuevas bases y estructura, la cual posibilite mucho más la paz y el amor en tu vida. Esa es la base fundamental PRIORITARIA, que te haga feliz: SÉ FELIZ. Es momento para fluir y moverse, realiza algún desplazamiento inusual para respirar aires nuevos y que te permitan un mayor enfoque con una mayor claridad. Te llegaran las respuestas.

646: Deshazte de la preocupación conectando con la fuente interna tuya que es AMOR, PUREZA DE VIDA, LUZ Y VERDAD DE TU SER. No hay más barreras que las que tú te pongas en cuanto a sentir amor en cuanto a ser verdad en cuanto a ser luz. DESAZTE DE TUS PROPIAS CADENAS Y RESPIRA EL AMOR Y LA PAZ QUE SIEMPRE HA HABIDO EN TU VIDA ahora lo puedes sentir con más claridad y SIN LIMITES. La estructura es y debe ser el amor, la base y pilar en el cual elabores tu vida, tu nueva vida. A PARTIR DE HOY, AQUÍ Y AHORA. Conecta con el amor del silencio y de la espiritualidad…

647: Conecta con la abundancia infinita desde el fondo de tu ser, con tu alma y desde tu alma hallarás todas las respuestas y se despejará tu camino. Ese por el cual a veces te sientes limitadx por tus pensamientos, cuando tu capacidad es la de adquirir la canalización sin cuestionar sin valorar nada, sino recibiendo luz y amor desde el cosmos. Sana tu cuerpo desde tu alma con el amor de la fuente. El silencio y tu intuición son claves ahora, para las respuestas.

648: Siente el amor infinito desde dentro de ti pues estas materializando gracias a él, tu abundancia y oportunidades se están dando, es momento de dicha. Pero con cautela y equilibrio. Pues es la recompensa al buen trabajo realizado no solo en la profesión sino en tu vida. Te va a llegar ese dinero para invertirlo en una sanación física, hazlo, pero sobre todo sigue elevando tu vibración de amor para la mejora y sanación no solo de ti, sino de toda tu familia, porque la energía se pasa de unxs a otrxs, comienza siendo tú el ejemplo a seguir y mantén la disciplina de amor y mejora en tu vida de forma constante (cuerpo y espíritu) e incrementa y eleva tu vida de forma infinitamente permanente. ¡¡¡QUIEN SIGUE LO CONSIGUE!!! Ahora vas a pasar a un nuevo ciclo en tu vida.

649: Has llegado o estas llegando a tu propósito de vida. El amor ha creado en ti las consolidadas y buenas bases de vida. Ese orden perfecto en toda la energía de tu ser. Felicidades porque estas en el camino de compartir y de poder llenar con tu luz la vida de otros seres por el camino. No dudes en compartir lo que acontezca, pues tu luz y experiencia de vida va a ayudar a otras personas y seres. Estás a punto de pasar a un nivel superior, un cambio de ciclo y de vida. Ascendiendo a una vida de consciencia y despertar más elevada. TU CAMINO ESTA TRASCENDICIENDO MUY ADECUADAMENTE, SIGUE ASÍ MUCHAS FELICIDADES.

650: El Universo está potenciando las trasformaciones y cambios en tu vida y en ti, para renacer el amor que llevas por dentro. Mírate al espejo y ama tu reflejo pues eres un ser totalmente únicx no existe otro ser como tú. Tú eres únicx y eso te hace ser especial, sé TÚ MISMX SIEMPRE. Tu salud está mejorando, puede haber altos y bajos pero no debes preocuparte son reajustes de tu cuerpo con tu alma. Eleva tus pensamientos pues serán materializados rápidamente.

651: Eleva tus pensamientos escogiendo solo los positivos en tu vida para manifestar cambios. Decide escoger el sentimiento mayor que es el amor para atraer la paz que deseas a tu vida. Puede que hayan cambios en relación con tu hogar y/o familia. Vibra alto desde tus pensamientos, en confianza de vida, para seguir avanzando a grandes pasos.

652: Todo se está concretando en tu vida. Estabiliza tus emociones o campo emocional uniéndote al amor que eres, eleva tu autoestima con afirmaciones y dándote tiempo para escucharte desde dentro. Verás que todos esos cambios son mejoras para tu vida, que te van a ayudar con tu autoestima y avance.

653: Se están produciendo esas mejoras y cambios en tu vida gracias a las ayudas de tus guías de luz más elevada, están acompañándote y ayudándote siempre que lo necesites, sobre todo ahora, comunícate con ellxs, cuando les pidas ayuda, lo harán. Es momento de expandirte y de fluir.

654: Guíate por tu corazón a cada paso para estabilizar y ordenar tu vida. Tu vida está mejorando gracias a conectarte con lo que sientes, ese pálpito o eso que notas desde dentro, no te van a fallar a la hora del avance y de los cambios en tu vida. Te ayudará especialmente en la toma de decisiones dentro de los cambios, que puedan acontecerse en el camino.

655: Tu vida está cambiando a grandes pasos, es el momento preciso para concebir la vida desde el corazón y la pureza del amor, de ver el mundo con otros ojos y de tomarse la vida no tan en serio. Es momento de disfrutar y de reír, de fluir porque la vida no es la meta sino el camino. Expande tu amor y sé flexible para sentir amor y amar a todo lo que te rodea, haz que cambie tu vida completamente a una vida más elevada de existencia. La meditación y el silencio te darán.

656: Siente la paz que está en lo más profundo de ti, es amor. Todo va a estar bien, ¿¿¡Puedes sentirlo...??! Vienen mejoras en tu vida, que traerán un nuevo aire ¡y te darán la vida!, es un buen momento para crear y realizar algo artístico que nazca desde dentro de la belleza que eres, de la belleza de tu ser. Fluye y conecta desde el corazón y deja que la abundancia llegue por la puerta grande.

657: Gracias a alguna practica espiritual o dinámica, vas anotar mejoría en tu ser, en especial con la relación contigo mismx. Cambia tu estado físico gracias a elevar y potenciar tus espacios contigo, de reencuentro con la paz que trae el silencio, medita o haz yoga… asciende a un nuevo ciclo y nivel de existencia.

658: Ama los cambios que se están produciendo en tu vida pues son mejoras económicas, ayudas, que llegan para cambiarte la vida. Agradece y sigue brillando con generosidad, esos cambios son producidos por tus acciones. Sigue bien obrando para avanzar, siempre con tu corazón y alma eleva tu abundancia al infinito: YO SOY.

659: Las puertas para conectar y manifestar la creación se han abierto. Conecta con tu misión y propósito del alma desde tu corazón, acude desde allí para guiarte en la vida y en los cambios. La conexión con tu corazón y alma te va a permitir aprovechar, agradecer y adquirir esos cambios como mejoras en tu vida para realizar un avance evolutivo profundo en tu ser.

660: El Universo está llevando la luz a tu vida, conectando con el amor que eres, en este momento puedes experimentar una elevada energía de pureza, vida, armonía y bienestar. Es la energía de la luz la que ilumina en este momento tu camino, el Universo desea hacerte saber y sentir que eres perfecta tal cual eres, necesaria en este momento y que tu nacimiento no es casual sino causal tienes un por qué y una misión: compartir la luz que eres desde dentro con el mundo, desde la alegría y desde tu niñx interior, pues ahí yace la pureza y la magia que realmente eres. Armoniza tu hogar con tu esencia de amor y bondad, tus guías de la más elevada vibración están a tu lado.

661: Tu vibración es elevada, el amor te envuelve y envuelve tu vida, no has de forzar nada, sino fluir. La mente negativa produce parones, impedimentos y bloqueos…la mente ha de estar siempre en alta vibración (positiva), ayúdate con afirmaciones cada día, pues ahora hay una gran energía de amor y luz que nace desde ti y te rodea. Siente y respira la magia de la pureza de la vida, la gran maravilla de estar vivx… ¡¡Llénate de vida!! pues es lo que eres. Es momento de armonizar con el amor conectarte desde dentro a la base y avanzar.

662: Es un momento de colaboración, escucha y unión con energías femeninas (Sagrado Femenino) con motivo de compartir ayuda y amor. Estas en un momento expansivo, mantén equilibradas tus emociones gracias a escucharte con todo tu amor, cariño y respeto desde dentro. Mantén tu conexión contigo y siente el amor que hay dentro de ti, eres la luz para las personas gracias a compartir tu luz y amor con tus pensamientos, palabras y acciones con el mundo. ¡¡El amor es expansivo y te rodea, RESPIRALO y FLUYE!!

663: Tus Guías de Luz más elevada te dicen que te ayudaran a conectarte con el amor y la armonía en tu vida, con los impedimentos y obstáculos que veas y te impidan la facilidad en tu camino. Es necesario que pidas su ayuda con tu amor, para que te ayuden pues respetan tu libre albedrío y si no pides su ayuda no podrán ayudarte. Es un momento de una gran conexión con tu esencia de amor, conéctate a tu sensibilidad, a tu niñx interior, es momento de no forzar y sentir…amor.

664: Armoniza tu cuerpo desde el amor para poder poner mejora y orden. Crea en tu vida y marco de vida una armonía gracias a un orden/equilibrio que te permita estar más llenx de amor y de luz. Desde dentro, no permitas nada que te haga sentir mal, es momento para amar y ser amadx. Respeto y valores. El amor te ayuda a conseguir tus propósitos en estos momentos, mientras vibres alto (en positivo) llegarás a las metas que te propongas con facilidad.

665: Vibra en amor y luz, los cambios que acontecen son para crear mejoras que te liberen de peso y limitaciones para crear el vacio, permitiendo que circule libremente el aire y la energía en tu vida, por dentro y por fuera. Es momento para fluir desde tu corazón y tu sensibilidad que te permitirá notar y sentir lo que tu alma y corazón desea. Fluye y disfruta del viaje, de vida, cuida tu salud gracias al amor que eres.

Sueles ver... 6.66 Yas Athenea 22 ¿ESTE NÚMERO REPETIDO?

666: Siente la luz de todo tu mundo físico y de tu alrededor incluida tu mismx como energía viva que fluye y se mueve gracias a la fuerza del amor. Siente y conecta con la vida y toda esa creación que ves, gracias a esa semilla que está dentro de nuestros corazones, gracias a la magia de esa semilla se creó todo ese mundo físico que ves. Conecta con la luz de tu corazón y haz que solo él sea el motor que unido a tu alma guíen todos y cada uno de los pasos en tu camino. Ese es el motivo de tu existencia y del todo del mundo que conoces y ves. No dejes de caminar por tus bases reales de vida que es tu misión y propósito de tu alma, ese es el motivo de tu encuentro aquí. Avanza gracias a tu sabiduría interior y a esa brújula interna que tiene todas las respuestas de tus preguntas…."Para todas tus preguntas El Amor es la Respuesta"

667: El amor es la vida y tu alma crecerá gracias a abrazarla y a sentirla con esa gran sensibilidad que puedes sentir ahora… Es momento de conectar con tu espíritu desde el silencio que es el respeto contigo y por lo tanto: AMOR. Ama y respétate pues gracias a ello verás como todo tu mundo hará todo aquello que… primero tú, hagas contigo. Estas despertando aptitudes intuitivas que van a ir dándote las respuestas durante tu camino, contacta contigo desde el silencio para ver la luz y claridad que eres, y en todo tu alrededor.

668: La Abundancia que puedas recibir de fuera, tan solo es el reflejo de tu Abundancia Interna. Avanza en el Amor desde ti y en tu vida, ámate cada día un poco más y verás como los ingresos y tu vida avanzan a grandes pasos. Es momento de una mejora económica, siempre que sigas viviendo desde el amor y la positividad en tu vida. Recuerda: la fuerza mayor es el Amor. Y serás increíblemente porsperx si vas cargando esa fuente desde el calor de tu corazón con humildad y verdad.

669: El amor es tu guía, tu más perfecta guía en tu camino en tu hoy y mañana y en tu siempre. No hay duda en el amor. En este momento se te dice que si sigues tu brújula desde el amor que eres y la paz y armonía con tu alma, como estás haciendo, vas a llegar a una sabiduría interna cada vez mayor que te va a permitir elevar tu esencia y vida. Comparte el amor que llevas por dentro con las personas que te rodean pues esa es la mayor sabiduría en todo el Universo. Siéntete muy afortunadx de sentirlo, si lo compartes estarás ayudando con tu amor al mundo, ya que es la mejor fuente para beber toda la humanidad. Equilibra tus energías: masculina y femenina en tu ser, elévate sin dejar de pisar con los pies en la tierra. Mira el vaso siempre medio lleno y aquello que deseas vendrá, de forma cada vez más fácil a tu vida y sin necesidad de esfuerzo.

670: El Universo te está dando la luz necesaria para activar tu misión y proyecto tan conectado a tu alma y misión de vida, ese que siente tu corazón y alma desde siempre bien fuerte en tu interior. Ha llegado el momento y el Universo te da todo su sustento para que brilles y compartas tu intuición y conexión. Vas a avanzar a grandes pasos al conectarte al silencio con tu interior ya que es el amor el que te envuelve en estos momentos siente la vida de la creación desde dentro de ti. Sigue a tu faro interno que siempre te ilumina y ha iluminado tu alma, sigue tu luz.

671: Mantén en positivo tus pensamientos, pues es necesario que todo el poder de tu esencia no quede absorbido por ellos. Tu más grande poder se encuentra en tu alma no en tu mente. Dale poder a tu consciencia, no a tu mente. La mente es efímera y se queda aquí pero tu consciencia es eterna, tu energía tu espíritu. Esa es la verdad tu interior, conectando con tu corazón, conectaras así con tu alma es momento de expandirte gracias a la unión y enfoque hacia tu interior. Fluye y percibe esa sensibilidad tan grande que tienes para conectarte con la verdad que eres: UN SER CONSCIENTE = YO SOY.

672: No dudes de lo que siente tu corazón y tu alma ambos nunca están equivocados y todo lo demás no existe.

Esa es la verdad de quien eres, reconecta con tu ser gracias a escucharte y a darte tu tiempo para ti, para conocerte no más sino mejor. Es momento de profundizar en la sabiduría divina de tu espíritu. Conecta con tu intuición, gracias a la fuerza mayor que es el amor.

673: Tus Guías de Luz más elevada están contigo en estos momentos. Pregunta desde el silencio de tu alma, en esos espacios donde estás a solas con tu esencia… pregunta y te llegarán respuestas desde tu alma, señales o mensajes esclarecedores que vas a notar en tu ser y desde fuera. Es un momento perfecto para poderte comunicar con tus Guías de Luz más elevada. Si deseas su ayuda has de pedírsela para que puedan ayudarte y no dudarán en hacerlo. Conecta con tu amor, esa es tu guía. Estás rodeadx por una luz dorada y blanca asistiéndote en tu despertar y evolución. En Tu Camino, vas Muy Bien, Sigue así.

674: La luz del amor está contigo, desde dentro de ti. Estas y vas avanzando por tu camino, tan bien que vas a materializar muy pronto. Se te dice que, gracias a la espiritualidad y a encontrar el equilibrio en tu alma vas a consolidar unas buenas bases en tu vida, que te van a posibilitar avanzar con estabilidad y abundancia, dándote esa seguridad que deseas.

675: Mejoras y cambios se han dado para ayudarte a que sigas avanzando por tu camino espiritual, interior y crecimiento interno de tu alma. Mientras sigas manteniendo tu vibración armónica y de luz, elevada en amor y en luz verás cómo te encuentras mejor y toda tu vida se mantiene protegida por la luz y la fuerza mayor que es el amor. Los cambios vienen a transformar tu vida y a mejorarla, fluye poniendo tus pensamientos al servicio del corazón. Un nuevo ciclo de vida se abre ante ti.

676: Aunque quizás no lo creas el amor es lo que rodea tu vida para decirte, que la vida no es dar vuelta y vuelta a los pensamientos y pasarte largo tiempo intentando comprenderlo todo, sino que se basa en la consciencia: tu espíritu, y tu poder de recibir informaciones de planos superiores. Es el centro ahora mismo de esta señal, el eje motriz de tu vida en estos momentos. Se te dice por lo tanto, no te enfoques en tu cabeza sino en tu alma, para hallar las grandes intuiciones que serán grandes revelaciones que te van a llevar donde tu mente (que es la eterna duda) no podrá llegar, conecta con tu alma y vive en paz.

677: Muchas felicidades estas en lo cierto, estás en tu camino, estas en la verdad que eres, estas justo donde has de estar. Gracias al amor que llevas por dentro que es la luz has sabido ver la iluminación y cada paso dado te ha llevado a estar donde estas, gracias a seguir tu gran intuición. Es un momento de silencio y de introspección contigo mismx, pues ya has hecho una buena labor con tu alma y ésta tiene una gran profundidad de sabiduría interior, accede a ella y al silencio para hallar esas respuestas que siempre buscas, sobre todo, ahora. No dudes y acude a la inmensa biblioteca de sabiduría y luz que ilumina tu interior.

678: Es momento para la armonía y la paz en tu espíritu, date tus momentos de silencio, con la única compañía de ti para gestar el éxito en tu vida. La abundancia está llegando gracias a basar tu vida en el amor y la sabiduría espiritual. Eleva tu espíritu hacia una nueva conciencia del ser, de la existencia y así elevaras tu vida a una existencia superior. Tus Guías de Luz más elevada están ayudándote.

679: La materialización es inminente, el siguiente peldaño del camino es un cambio de ciclo. Se cierra un ciclo para abrirse uno nuevo. Gracias al amor y la serenidad de tu alma estas consiguiendo tu propósito de vida. Felicidades por avanzar desde le humildad en tu camino. Sigue compartiendo tu sabiduría de vida pues es luz para las vidas de todo tu alrededor tu intuición y sabiduría es muy profunda, vas a ayudar a muchas personas que lo necesitan. Conecta con la fuerza del amor que está latente en tu interior, se abre un nuevo ciclo en tu vida y tus guías de la más elevada luz están acompañándote en tu camino.

680: El Universo está potenciando la economía y facilidad en tu camino. Ésta abundancia y dicha de vida es generada desde el interior de tu corazón. Los pensamientos, palabras y acciones desde el amor que produces durante el día y cada uno de tus días, es por ello que al haber dado, ahora estás recibiendo, simplemente, la abundancia que ya eres. En el Universo nada es por casualidad sino por causalidad, cuando produces buenos actos en forma de energía desde tu interior la vida te recompensa siempre ayudándote y facilitándote el camino. Como ahora te está sucediendo, fluye y expándete, es tu momento.

681: Mantén tus pensamientos positivos pues estas en un momento muy bueno, económicamente se te van a dar o se te están dando facilidades, la abundancia llega a tu vida de múltiples formas, obsérvalas a todas ellas. Tienes facilidades gracias a mantener tu energía positiva. Sigue así, el amor es la fuerza mayor, estas consiguiendo esa plenitud que deseas conectándote a tu alma, a tu esencia: YO SOY.

682: Esta mejora económica y facilidad en tu vida te está aportando una mayor autoestima y confianza en ti. Sigue confiando en ti mismx, porque la facilidad que te va a llevar a todo lo que deseas es el amor. Es el momento de la manifestación de hacer nacer algo. Conecta con tu alma creando espacios de luz y de silencio contigo mismx, desde la meditación te vendrán las respuestas y los pasos a dar.

683: Tus Guías de Luz más elevada están aportando mucho en cuanto a equilibrar lo que es justo para ti en estos momentos, esa economía que deseas te va a llegar. Es necesario sigas vibrando en el amor y en los pensamientos positivos porque solo de esta forma vas a conseguir todo lo que te propongas y desees, emitiendo la energía mayor: el AMOR. Pide ayuda o consejo a tus guías, de esta manera sí te ayudarán: PIDE Y SE TE DARÁ, PERO PIDE.

684: El amor envuelve tu vida realizándote en tu profesión y permitiendo el bienestar laboral, construir una armonía que te permita esa estabilidad y el avance en tu vida. Estás elevándote y en un punto muy bueno, simplemente se te dice que seas comedidx y preventivx a la hora de gastar el dinero. Se debe de saber las prioridades e invertirlo de la mejor forma para que ese bienestar perdure. Sigue conectadx al amor, pues cierra un ciclo y se abre uno nuevo.

685: Vienen mejoras y cambios económicos en tu hogar, es necesario mirar nuevos objetivos y tomar esos cambios, que son oportunidades, para redirigir esa energía de abundancia hacia el destino mejor. Las mejoras que realices te traerán paz y descanso, como hacía tiempo deseabas.

686: Crea abundancia desde ti ya sea económica o de otro tipo, es momento de sintonizar con tu amor y creatividad. Realiza cada mañana (al levantarte) y por la noche (antes de dormirte) visualizaciones en las cuales te veas a ti notando y sintiendo la dicha de la abundancia económica. Puedes ver, como tocas tantos billetes juntos que puedes sentir, que no existen los problemas y que eres absolutamente solvente. Nota y quédate ahí en esa paz, que gracias a realizar estas visualizaciones tu vida va a dar un giro completo. Es un momento de sentir la abundancia desde dentro, porque es ahí donde te vendrá desde fuera, gracias a tu poder creador interno crearás la realidad fuera deseada.

687: Une tu cuerpo, tu mente y tu alma en coherencia y enfoque y atraerás así la abundancia a tu vida. Para nada es algo costoso, simplemente es realizar la alquimia perfecta del pide y se te dará. La salud tiene que ver con eso, de no hacer nada que no sienta tu alma y tu corazón, ser coherente con tu ser, ser honestx contigo mismx siempre, así podrás ver la luz del nuevo día. Encuentra la armonía en tu vida gracias a destinar una pequeña parte de tu tiempo al encuentro de tu alma, desde el silencio y la meditación. La abundancia y la más elevada vibración de luz están ahora, especialmente, contigo.

688: Un alma noble conecta con la abundancia en su vida, desde su interior, haciendo que sea prospera y abundante. Es por ello que estás generando una muy alta calidad de vida y abundancia allá donde estés y en tu vida, pues un alma grande y generosa solo le llega precisamente lo mismo que es y por ley divina "lo que se da se recibe", de igual forma "lo afín atrae lo afín". Al estar viviendo y vibrando en la más elevada fuerza existente que es el amor, tu alma y tu vida se han elevado a niveles muy superiores. Ahora es el momento de materializar a lo grande desde ti en tu vida y en el mundo, se te augura éxito a gran escala. Sigue viviendo/siendo/avanzando desde el Amor que ERES.

689: Tu vida va a pasar a un nivel superior de existencia, conecta tu cuerpo con la misión de vida que es la voluntad de tu alma. Pues recuerda que un cuerpo no nace si no hay un alma. Es por lo tanto necesario recordarte que la calidad de vida existencial y eterna es motivo de una vida vivida desde tu alma. Toda esa abundancia llega a tu vida en unión con tu propósito. Tu intuición y sexto sentido no te fallan, sigue por tu camino guiadx por tu alma y asciende de ciclo a uno más elevado de existencia. Sigue fluyendo en expansión y unión con la vida.

690: El mayor acto de amor es ayudar a los que nos rodean, simplemente compartiendo nuestra propia sabiduría interna de vida. El Universo está ayudando a que eleves y cambies tu vida a un nivel superior de existencia. Pero has de conectarte al amor, al amor verdadero que nace desde tu interior. Sigue conectándote al verdadero amor de compartir, de realizar actos voluntarios de ayuda en tu día a día, y con lo que sienta tu alma que desea compartir y ayudar así al mundo. Reconecta con tu corazón y así con tu misión, tan solo desde el corazón es posible ver con claridad y luz toda la vida, que está desde dentro de ti hasta delante de ti, te rodea. El Universo contribuye a potenciar y a darte señales para que avances en esta auténtica conexión completa contigo mismx.

691: Lo esencial es invisible a los ojos. Toda fragmentación es ilusoria no es real. Equilibra tus dos energías gracias a tu poder mental. Sigue vibrando en positivo y mantén tus pensamientos ahí, con una calidad vibracional elevada y que atraiga todo lo que eres y más. Vive en completitud, ERES UN SER COMPLETO no te falta nada, no te sobra nada, eres tal cual eres PERFECTX Y UNICX. Gracias por elevarte más allá de tu cuerpo, pues gracias a tu consciencia y sabiduría del alma vas a conseguir pasar a un nivel superior de existencia. Sigue con afirmaciones diarias que te permitan seguir siendo y vibrando en unión: tu cuerpo con tu alma, tu mente con tu corazón, tu lado izquierda con tu derecho, tu inconsciente con tu consciente. Somos 1 TODO.

692: Nota y siente tu energía, conecta con la realidad que es la unión. No hay nada que no sea igual a ti, todo lo que ves a tu alrededor forma parte de ti. Eres un ser único completo y perfecto, no lo dudes nunca, pues estarás en lo cierto, cuando vibres en amor, búscalo dentro de ti cierra los ojos date tu tiempo para escuchar dentro de ti. Las respuestas están ahí, siempre que tengas preguntas ve ahí… Conecta con tu interior gracias al amor que eres y la sabiduría florecerá desde dentro de ti como una flor que se abre y te llena de vida. Eres la vida, eres la luz y eres abundancia. Cada mañana al despertar toma la luz del sol y di: "YO SOY LA LUZ, YO SOY LA VIDA, YO SOY TÚ Y TÚ ERES YO, GRACIAS, GRACIAS Y GRACIAS POR TAN GRAN SABIDURÍA INFINITA, QUE ESTÁ DENTRO DE MI".

693: Tus Guías de Luz más elevada están ayudándote al equilibrio de tu cuerpo con tu alma. Ese equilibrio que buscas fuera está en ti. Tus guías te están dando señales numéricas. Mensajes en: anuncios, radio, plumas…etc. Comunícate con ellxs para establecer una ayuda directa y así abrir tu mente a la consciencia real del ser. De que no somos partes sino un todo unido y completo. Tu energía es femenina y masculina y hemos de unir nuestras partes para brillar con luz propia. Y hacer así brillar al mundo con la unión que somos, por individual y en colectivo, pues gracias a esta comprensión de la existencia estas sanando tu ser y generaciones de tus ancestrxs…¡¡¡Y cuando miras atrás…te das cuenta de que todxs vinimos del mismo lugar…de la fuente de luz y eso es lo que somos!!! Comienza un nuevo ciclo en ti.

694: Pon orden en tu vida gracias al amor y a la unión con el todo. Nada es distinto sino igual a ti, construye tu mundo desde el amor y verás cómo éste prospera y se prolonga en el tiempo. Nada es más longevo en el tiempo que la fuerza mayor (el Amor). Éstas son las más sabias creaciones que duran y perduran en la historia. Crea, ordena y construye tu vida y profesión con los más sabios cimientos de la unión del amor que eres con la sabiduría y consciencia que ya tienes, ayuda a otras personas y crea un proyecto que ayude no solo a ti sino a la humanidad.

695: El amor es lo que trasforma a las personas, las eleva y asciende a nuevos planos de conciencia cada vez mayores y superiores, para vivir en comprensión y unión con el todo que somos y formamos. Vienen cambios y mejoras para que te expandas, para que tu alma se expanda en la unión del amor profundo y mayor con el todo. Ama a todas las cosas, personas, plantas, animales, minerales, toda vida, toda no vida…y al todo con total inclusión. Gracias a desarrollar un amor más grande podrás experimentar en tu vida un cambio de paradigma un cambio de vida gracias a tu nueva realidad más real y completa que incluya DE VERDAD, TODO. Empieza a amar tu vida, para poder amar y comprender las otras formas de vida y existencias que, no te olvides, son TÚ.

696: El Amor te está abriendo la consciencia superior de tu verdadero ser. Conecta con la fuente de la sabiduría tuya interna para avanzar a grandes pasos en tu vida, tus guías de la más elevada luz están contigo a cada paso. Es momento de enamorarte de la vida, de ti y de todo lo que te rodea. Cada instante es motivo de una nueva sabiduría y aporte para tu vida, en todo hay luz y amor. Todo es perfecto tal cual es, ámalo y ámate, porque gracias al amor tu vida va a ser transformada. Siente la unión que hay en ti con el todo, con todo lo que puedes ver, sentir, oler... Es momento de conectar con tu corazón y con el verdadero Amor.

697: Todo es perfecto tal cual existe y es, esa es la luz y perfección la misma existencia y tal cual es, sin ser valorada o contrastada sino amada por su esencia tan única y gracias a eso distinguida, y a su vez igual a la magnificencia de la creación y unión del todo. Tu alma se está abriendo a escala mayor, es momento de enfocarse en tu misión de vida, desde tu alma. Conecta con tu espíritu desde el silencio, te vendrán grandes canalizaciones e intuiciones absolutamente acertadas, conforme más alta mantengas tu energía y vibración. Gracias a vibrar en positivo vas a realizar grandes materializaciones. Incluye la meditación diaria para encontrarte en silencio contigo mismx y te permitirá conectar antes con las respuestas que necesites en algún momento dado. Pues no están fuera, sino dentro de ti. Si te llegan libros que intuyes o consideras de provecho para ti ábrelos y léelos, serán grandes aprendizajes de ayuda sobre todo en este momento.

698: Cuando unas tus partes te sentirás tan poderosx que notaras que tu energía se expande en infinito y que tu vida y posibilidades también. No hay escasez, sino vida y productividad en todos los campos, pues esa es la realidad que todo lo que deseas alcanzar eres tú, y que llegaras a ello en cuanto te tengas, en verdad, tú a ti mismx. Sigue aquello que vibre en unión con tu ser: con tu mente y alma unidas, y verás como tu vida va a mejor y en todos los aspectos en infinito. Hay abundancia en tu sabiduría, cuando te enfocas en tu misión y propósito la abundancia siempre está garantizada. Cuando vives en tu luz ya eres prosperidad.

699: Tu amor te hace elevar a grandes pasos tu sabiduría interior haciendo avanzar tu alma, elevándola a grandes pasos. Tu generosidad no tiene límites eres un ser muy humanitario, esa generosidad de compartir con los demás y además disfrutar con ello es lo que te va a permitir avanzar y estar siempre como tocadx por el dedo de Dios, el Universo. Nada te va faltar cuando hay amor en ti, el amor es la abundancia y cuando vibras alto y mantienes esa vibración, y no solo eso sino que la compartes, tu alma se transforma en la mejor versión de ti mismx. No dejes de mostrar tu luz no dejes de expandir tu alma, pues ambas son el motivo de que tú seas quien eres, no dejes de ser tú y ayuda compartiendo tu sabiduría interna de vida. Sigue haciendo tanto bien como haces al mundo. Hay un cambio de nivel existencial hacia un futuro prometedor.

700: El Universo te da un gran apoyo y te dice que tu unión interna con tu ser es muy profunda, desde el silencio podrás conectar mejor contigo mismx. Crea espacios donde la única compañía sea la tuya y conecta con tu energía y base necesaria y absoluta que eres. Nota y comprende desde tu consciencia, pues eres vida y conocimiento, ya que dentro de ti hay como una gran biblioteca llena de libros dorados que hablan de esas grandes verdades sobre ti y sobre el mundo…y de toda la existencia. Eres un gran canal y el Universo te dice que sigas por el camino desde tu alma, porque estarás en el buen camino. Sigue tus grandes intuiciones y canalizaciones, pues también revelaciones sobre profundas preguntas te llegarán. No hay límite en la profundidad de tu alma, crea momentos de silencio para meditar y encuéntrate con las respuestas que toda la vida buscaste, ahora es el momento de las grandes revelaciones, ve al encuentro.

701: Es momento para que entre lo nuevo en tu mente y en tu alma. El Universo te ayuda y te dice que alces tus pensamientos a la más elevada vibración positiva y con afirmaciones diarias, gracias a las cuales vas a llegar a los grandes fundamentos de tu existencia y de tu espíritu. Busca un espacio de silencio que te permita encontrar la paz que eres, el Universo te hará llegar algún libro y personas que te van a transmitir grandes lecciones de vida, maestrxs que no esperas encontrar y que te transmitirán consciencia. Es un momento para separar qué es tu mente (efímera) y qué es tu intuición/canalización/Alma/Esencia (La Verdad que eres) pues ahora estas despertando y desarrollando capacidades para ello.

702: El Universo te está ayudando a que te conectes con tu interior para poder equilibrar así tu vida. Tus emociones sanaran gracias a conocerte mejor desde dentro, verás que todo llega y pasa, sin tomarte la vida tan en serio sino disfrutando de cada momento e instante de vida. Sintoniza una nueva comunicación con el mundo que te rodea desde tu alma, desde tu verdadero ser. Solo la verdad te hace libre, comienza un nuevo ciclo en tu vida.

703: Tus Guías de Luz más elevada y el Universo te están guiando por tu camino para que no te desvíes por otros senderos. Es el momento de seguir a tu alma y desde tu alma, tomar las decisiones. Conecta con el silencio y en él te vendrán las canalizaciones tuyas, de tus guías y Universo, que están ayudando a que te conectes con tu esencia y niñx interior. Cuando lo hagas verás como tu vida da un giro completo a mejor. Es un buen momento para comunicarte con tus guías y captar múltiples señales que se irán manifestando a tu alrededor.

704: Todo se está orquestando como de forma perfecta, se está gestando y realizando. Esta tranquilx pues desde tu alma y tu esencia estas creando y manifestando, generando la creación. Pues tus intuiciones son poderosas, crea desde la visualización que desees que se materialice y así será. Es un momento de mantener en positivo tu energía, sobre todo desde tus pensamientos, pues van a materializarse muy rápidamente. Genera desde dentro de ti la realidad ahí fuera, en este momento el Universo te acompaña a ello, sé responsable de realizar tu misión contribuyendo a un mudo mejor.

705: El Universo te dice que potencies tu espiritualidad y te conectes con la fuente que dispones interna, la conexión con el todo. Hay cambios que llegan mejoras en tu vida pero es importante que adquieras su aprendizaje porque es para/con tu alma y esencia, va a permitirte ver la vida con nuevos ojos, expandirte y ampliar horizontes ser más flexible. Gracias a ello vas a conectarte de verdad con la vida. Primero conecta con tu alma, creando espacios de silencio y meditación, con la música o frecuencia de 420hrz, verás como tu intuición no te falla, estarás conectando conforme mas lo hagas con la parte más profunda de ti, la verdad que eres. Tus guías de la más elevada luz te acompañan.

706: El Universo esta equilibrando tu interior y tu cuerpo. Ayudando para tu bienestar, familia y hogar. Pero potenciando tu alma tus aptitudes latentes y manifiestas espirituales, no dejes de crear espacios de unión entre el silencio y tu alma, de comunicación con la verdad que está dentro de ti. Realiza pequeños momentos de silencio con la única compañía de ti y sintoniza con el amor con el verdadero amor que llevas dentro. Es momento de adquirir unas buenas bases y estructuras en tu vida, desde la base que está dentro, no fuera.

707: Todo está listo y preparado desde el Universo. Simplemente conecta con la parte más profunda de tu ser, porque desde ahí vas a ser guiadx hacia la misión y propósito de tu alma, la luz y camino de vida. Es momento para conectarte desde el silencio contigo, si te llegan libros que te permitan expandir tu esencia adelante, lo más importante ahora tiene que ver con lo que hay en tu interior, la alquimia sagrada de tu vida no se encuentra fuera sino dentro de tu ser: en tu alma. Gracias al silencio te irán llegando las respuestas, fluye sin prisa.

708: Sigue tu intuición, el Universo está ayudando a despertar en ti los dones de conexión con la vida desde tu esencia y alma. Hallaras las respuestas desde dentro de ti, rodéate de silencio y pregunta desde la calma y el respeto en meditación. Gracias a la conexión contigo, verdadera, y a través de los cuales nacerán tus talentos y se desarrollará así la abundancia en tu vida. Sigue a tu alma, lo que te hace feliz, la facilidad y verás como la abundancia también te será fácil. Entonces tú no tendrás que llegar a nada sino que vivirás en ella.

709: El Universo te está ayudando a unir tu alma con tu propósito, pues es el mismo, has de dejar a tu mente y escuchar a tu alma. Una es el ego y la otra es el yo soy. Tu yo, espiritual, la verdad; esa es la verdad y el Universo te está ayudando a que sintonices con el llamado de tu misión de alma. Ayuda a las demás personas con tu sabiduría espiritual, vas a realizar un cambio de ciclo y has de despedir para poder dar la bienvenida a lo nuevo que llega. Comparte y todo lo que te ha servido a otras personas con todo tu amor, pues vas a contribuir con tu luz a la mejora en la vida de otras personas. Gracias por avanzar en tu camino en unión y comunión con el mundo, pues todo lo que estés compartiendo se te devolverá en su momento, no lo dudes nunca. Un nuevo ciclo en tu vida, se abre ante ti.

710: El Universo está expandiendo tu poder del pensamiento elevándolo en positivo para crear un campo energético mayor en tu vida y camino. Vas en la dirección correcta sigue con afirmaciones diarias que permitan que tus pensamientos sintonicen con la alegría y la vida, en positivo, realizando afirmaciones diarias. De esta forma vas a crecer infinitamente a partir de ahora, el Universo acompaña tu poder de dirigir tu vida hacia el mejor destino, sigue y guíate de tu intuición, pues no te fallará. Vas a renacer desde el fondo de tu ser, ADELANTE CON TU MAGNIFICENCIA Y CONEXIÓN.

711: Tu poder de manifestación es elevado, puede que generes manifestaciones casi inmediatas, es el poder de tus pensamientos manifestándose, es por ello necesario que te concentres en lo positivo de la vida y así tus pensamientos se focalizaran ahí. Realiza afirmaciones diarias, pues es momento de empoderar a tu alma y a tu ser espiritual que eres. Tu intuición es tu gran guía, vas por el camino correcto. Toma decisiones importantes desde la voz de tu alma, hay un cambio de ciclo en tu vida.

712: Los pensamientos que te puedan llegar tienen un trasfondo espiritual, es decir que tu alma se manifiesta en lo que puedas estar pensando, esos pensamientos son generados según el estado de tu alma y el llamado interno hacia tu mente. Es por ello necesario que te escuches en estos momentos. Observa con atención en qué calidad son esos pensamientos, y qué los está generando desde tu interior, es momento para tomarte tu tiempo y paciencia de escucha con todo el amor posible para ello. Conecta desde el silencio para obtener las respuestas, medita y crea cada día espacios de calma y re-encuentro con la parte más profunda de tu ser, y equilibra tu mente y tu alma desde la calma.

713: Tu parte de energía femenina y espiritual, muy fuerte y profunda, se ha despertado desde lo más profundo de tu interior, es necesario que no pares la fuerza que ésta tiene. Pues tu parte de empoderamiento femenino está latente en tu ser y tus Guías de Luz más elevada están colaborando para que la sientas y fluya con total libertad desde dentro de ti. No pongas límites a su potencia creadora y de vida conecta únicamente con pensamientos positivo sobre todo ahora pues los veras materializados ¡¡¡ EL PODER QUE ERES Y TIENES, VUELVE A TI !!!

714: Mantén tus pensamientos en positivo, vas a gozar de un gran y buena canalización e intuición en tu vida y te vas a conectar mejor si vas conectando con el silencio y con la conexión con tu alma desde la meditación o cualquier otra vía que te permitan una conexión interna. De esta forma vas a avanzar de forma estable y a grandes pasos en tu vida, conectándote desde dentro. Permítete crecer desde tu interior y materializar tu esencia, que tu mente no te limite, sino que te ayude a la expansión de tu alma y de tu verdadera esencia. Tú tienes el poder de la toma de decisiones, para el FUTURO QUE DESEAS y tus Guías de Luz te están guiando a cada paso.

715: Tu alma está despertando hacia una nueva conciencia de la realidad y del mundo que la rodea. Sigue guiándote por tu intuición y avanza según las canalizaciones que te vayan llegando, la mejor guía es interna desde aquello que sabes y no sabes por qué lo sabes…pero lo sabes. Ahora es el momento de tomar los cambios, de incorporar lo nuevo y las mejoras a tu nueva vida, desde tu verdad y esencia interior. Haz que cada día cuente manteniendo tu energía positiva desde tus pensamientos para poder ir concretando una buena base en tu vida.

716: La energía del amor y de la luz esta y nace desde el momento en que te despiertas cada mañana; nota su iluminación desde el centro de tu corazón pues es ahí donde está tu profundidad más bella. No olvides nunca que gracias a tu esencia y verdad, gracias a conservar y cuidar, como a fiel tesoro, tu pureza, transparencia y esencia de existencia bien viva e intacta es que vas a vivir una vida plena llena desde la completitud del ser. Siente tu alma con amor desde dentro y ama toda expresión suya pues es la verdad que eres, no hay más. La verdad no es tu mente=ego sino tu Alma = Corazón.

717: Gracias a escuchar a tu alma y a seguirla, siendo ésta la guía en cada paso tomado verás cómo cada vez más cerca estarás de consolidar ese amor deseado. Pues estas activando el amor contigo, mediante respetar, cuidar y amar la parte más profunda y más cierta de ti: TU ALMA. Gracias, gracias y gracias por hacer de tu verdad y luz tu motor de vida.

718: Seguir tu camino espiritual y de tu ser y esencia es lo que te va a llevar a la abundancia y al éxito en tu vida. Sigue fielmente tu ser interior, pues nunca te fallará es la gran verdad que tenemos, el tesoro más grande y preciado. Síguelo = Síguete y nunca te abandones, ¡NUNCA! GRACIAS POR RESPETAR TU ESENCIA Y TU VERDAD (TU LUZ), pues estás contribuyendo a un bien mayor en tu vida y en la de otrxs.

719: Que tu mente no impida tu iluminación, vivir desde la verdad y la luz que eres y realizar tu misión de vida y camino espiritual, tu propósito en este plano, para un fin mayor, elevar tu alma y existencia de vida.

Activa únicamente los pensamientos positivos en ti, enfocándote en la maravilla que es tener un nuevo día de vida en tu vida, lleno de sorpresas preciosas para nutrir tu alma y esencia. Llénate de colores, de olores, de esencias y seres a tu alrededor disfruta la vida desde un plano mayor compartiendo de mil formas tu luz y mostrando tu ayuda a tu entorno, verás como tu vida se expande y crece como nunca antes… asciende a un nivel superior, eleva tu vida hacia la plenitud del ser y vive en la abundancia que eres.

720: El Universo te está dando el espacio necesario en tu vida para que gestiones tus emociones desde tu alma, conectando con tu esencia y escuchándola desde el silencio y con respeto. Ella te dirá las respuestas y verdades que necesitas, escúchala con ternura y atención por tu parte, pues viene a poner luz y equilibrio, aquí y ahora. Reconecta con tu corazón y sana la comunicación y las relaciones desde ti. Se ha de despedir un ciclo para poder llegar uno nuevo.

721: Materializa escuchándote desde tu interior, si algo no se materializa es porque debes mantener pensamientos positivos y espacios de silencio cada día contigo mismx. Conéctate contigo mediante la meditación diaria, pues podrás materializar lo que deseas de forma muy rápida gracias a elevar tu energía desde dentro de tu ser. Escúchate y eleva tu frecuencia.

722: Ahora dispones de una gran energía a nivel de tus pensamientos para materializarlos de forma muy rápida, por ello sería interesante que realizaras afirmaciones diarias, las cuales te conecten con una elevada vibración en y desde ti y que esas materializaciones se den desde ese punto energético. Es el momento, así mismo, de realizar grandes manifestaciones propulsadas desde tu alma o interior hacia el exterior. Crea espacios de silencio para definir y enfocar mejor tus proyectos.

723: Tus Guías de Luz más elevada están apoyando tu gestación creativa. Desde dentro de ti se está gestando algo muy profundo que tiene que ver con tu corazón y tu alma, la parte tuya más viva y verdadera que está dentro. Conecta con tu niñx interior y con tus guías para crear la magia desde ti y en tu vida, es el momento de contar con la ayuda de tus Guías de Luz más elevada para hacer nacer tu verdad, escucha a la voz que nace dentro de ti, escucha a tu alma desde el silencio y verás cómo te llegan todas las respuestas. Pide y se te dará.

724: Hay un orden que se está dando más allá de lo que crees ver y crees que es, en estos momentos. Pues existe ese orden en el caos, el cual verás con paciencia y poco a poco. Es un momento de silencio y de introspección para equilibrar tu mundo emocional y espiritual donde poner orden y bases estables, las cuales te permitan adquirir una alquimia sagrada de vida. Ese orden espiritual en tu rutina te hará crecer y desarrollarte, cada vez más, y con unas profundas bases desde dentro.

725: Para generar grandes cambios en tu vida, necesarios, has de comunicarte desde la luz y la verdad de tu alma y esencia. Solo la verdad te hace libre y nace con esa misma condición de libertad y pureza. Es un momento de expansión y de no limitarse. ¡Siente la libertad de expresar tu alma!. Es momento de cambios y de generar un nuevo aire fresco en tu vida, desde un punto de renovación energética.

726: La luz es la claridad en tu camino desde la luz de tu corazón. Guiarás tu vida hacia el destino mejor y mayor si te acercas al amor pues te distanciarás del miedo y de la duda. En cambio te haces eternx cuando vibras y eres amor. Es momento de amarte desde dentro hacia fuera, desde y con toda tu alma. Vive como lo que eres: "un Ángel en la Tierra"

727: Tus relaciones son cada vez mejores gracias a la pureza y coherencia con tu ser interno y con tu corazón. Son relaciones sinceras de alma a alma y en unión. Lo afín atrae lo afín al crear la paz que es la sabiduría espiritual sagrada creas y llegan a ti todas esas relaciones y comunicaciones con personas y esencias afines en igual sintonía y sincronía. Y tu vida se eleva a la verdadera calidad de vida, que es vivir desde la esencia y pureza del ser. Desde la autenticidad que es la verdad que somos (nuestra propia unión) nos llega desde fuera de igual forma con esas personas para compartir lo que ya somos.

728: Al realizar una disciplina y proceso interior profundo, llega en igual proporción la abundancia y la economía desde fuera. El éxito no es más que la manifestación de tu existencia gracias a descubrir la luz que eres, sacar la luz desde dentro de ti, simplemente siendo verdad, siendo tú mismx. El silencio y la meditación van a permitirte conectar con tus grandes potenciales del alma y de esta forma manifestar y sacar a la luz toda esa luz que eres y que llevas por dentro. Avanza desde tu corazón. SOLO LA VERDAD TE HACE LIBRE.

729: Es el momento de realizar tu misión de vida gracias al equilibrio y a la escucha de tu interior, conectando directamente con tu corazón podrás ofrecer esa ayuda para tu ser y así compartir realmente compartir todo lo que te des y practiques primero contigo, compartirlo luego con los demás. Porque solo podemos dar lo que tenemos y es ahora el momento de ser verdad y luz. Ser primero el ejemplo para nosotrxs, para poderlo ser de la humanidad. Adelante con tu luz, confía en ti, llega un nuevo ciclo a tu vida.

730: Tu espíritu está conectado con los Guías de Luz más elevada, estas acompañadx de su presencia y de su luz día a día así como del Universo. Te agradecen que valores y solicites su ayuda en tu vida, para así poderte ayudar. Si no pides no se te dará (Ley del Libre Albedrío). Te abrazan con toda su luz y amor, para que notes su presencia siempre a tu lado, no estas solx, y nunca lo estarás. Sigue conectando y siguiendo los pasos de tu alma, porque son los pasos que el Universo y tus guías de luz más elevada desean que sigas y realices, porque sentirás que así también te realizas a ti mismx. Gracias por hacer nacer la esencia única y perfecta, que eres por naturaleza. Gracias por compartir tu luz desde tu Presencia (Presente+Esencia) emanando simplemente la VERDAD QUE HAY EN TU ALMA Y CORAZÓN. Sigue manteniendo espacios de silencio y meditación contigo, gracias a los cuales te vendrán grandes respuestas a tu vida. ¡¡ESTAS UNIDX AL TODO, SIÉNTELO!!

731: Tu pensamiento fácilmente lo vas a ir materializando, por ello sigue conectadx a tu esencia que es tu alma y corazón, ahí es donde está tu casa, la verdad y la luz. "No hay camino para la paz, la paz es el camino", siente la vida y los mensajes y señales de tus Guías de Luz más elevada, céntrate en elevar tu energía y vibración desde el fluir del corazón y así elevar tus pensamientos a la más alta de la energías pues se materializarán fácilmente. Guíate por tu intuición interna y tu corazón, vas a estar en lo cierto y en donde tienes que estar. Bienvenidx a la vida REAL, eres un Ser Creador y todo tu mundo lo creas desde tu Pensamiento, cada instante de tiempo de tu Presente. Tú decides: CREER ES CREAR. Tus Guías de Luz te guían desde el silencio, conecta con tu interior conecta con TU LUZ.

732: Tu espíritu/alma están íntimamente conectados con tus Guías de Luz más elevada y éstas energías te están reconectando con la vida que llevas por dentro y desde dentro de ti, tu niñx interior. No dudes a cada paso de tu camino que vas bien guiadx, en cambio siente la vida desde tu corazón para conectar con la magia que ésta tiene. Eres un ser desarrollado y con capacidades espirituales, sigue por tu senda de amor y de luz y verás como llegas a dónde has de llegar. "No estás perdidx solo distraidx".

733: Eres un ser lleno de luz desde dentro y hacia afuera, y estas absolutamente rodeadx de seres y guías de la más elevada luz a tu alrededor que están acompañándote y guiándote en tu camino, esas señales siempre son suyas. Síguelas y sigue conectadx a la verdad de la magia de la vida, pues todo tiene un por qué, gracias a seguir la senda de luz llegarás antes a este "por qué" de la vida y del todo. Continua siguiendo tu intuición pues es la verdadera guía de la verdad y de la luz. Es la brújula interna que nos permite avanzar en plenitud y felicidad. Sigue manteniendo ese espacio con el que conectarte contigo y si lo deseas, comunícate con las energías de luz más elevadas, pues están preparadas para ayudarte siempre y cuando se lo pidas, ahí estarán. Velan por ti y te cuidan.

734: Tu alma unida a tus Guías de Luz más elevada estáis uniéndoos para materializar y concretar algo, ya sea un proyecto ya sea unas bases nuevas de vida. Es necesario generar algo nuevo en tu vida y para ello se te aconseja que fluyas, que expandas tu alma a sentir simplemente desde tu intuición y que te guíes por ella. Se te dice que te conectes simplemente contigo y que tengas paciencia porque va a llegar no tú a ello sino, ello a ti. Se te irán dando señales, estate atentx a ellas y llegaras en su momento permitiéndote expandir tu vida desde tu alma.

735: Enfócate en la parte más profunda de ti que es tu alma tus guías te están acompañando y ayudando a redirigir tu vida y a avanzar con estos cambios. Pues son mejoras gracias a una renovación de energías, de aire nuevo en tu vida, agradece por todas las oportunidades que te brinda la vida. Es momento de agradecimiento desde el corazón, de ser bondadosx y generosx con el mundo que te rodea, pues te va a permitir avanzar a una vida mejor. TE HA LLEGADO UNA GRAN OPORTUNIDAD DESDE TUS

GUÍAS. Tus Guías velan por ti y están ahí, por si deseas su ayuda, pídesela y lo harán.

736: Conecta a tu alma con tu niñx interior pues es tu guía de sanación en tu vida de forma constante. Sigue a tu intuición y lo que sientes por dentro, reconecta con la chispa de la vida que nace desde ti esa es la luz tan grande como el sol que nace en el horizonte del nuevo día. Realiza cada día esos espacios de silencio con tu alma con la luz que hay en tu interior, sé verdad en tu vida con pequeñas acciones que te hagan feliz y den paz y armonía dentro de ti para poder dar el mejor regalo de ti al mundo: TU PRESENCIA (TU PRESENTE-ESENCIA)

737: El silencio es lo que te ha conectado con tu ser interno y con los guías de la más elevada luz. Siéntelas siempre te ayudan y guían en tu camino, hacia el destino mejor para ti. Es gracias a tu sabiduría interior, de tu alma, que estás dando pasos grandes en tu vida y además MUY BIEN ACOMPAÑADX, sigue así pues el éxito y la abundancia en tu vida, que es la plenitud del ser, están de camino. GRACIAS POR SEGUIR SIENDO TÚ, COMPARTIENDO TU LUZ. RESPETANDO LOS SILENCIOS, PARA ESCUCHARTE MEJOR.

738: Has sido tú la FUERZA CREADORA de la ABUNDANCIA que ahora vas a vivir. Eres tú y has sido tú, la fuente que buscabas fuera. Date cuenta que eres un ser bien consciente de estas palabras, sigue desde dentro de ti conectadx a tu alma a la fuerza creadora y motora que está justo ahí. Dispones de la sabiduría interna suficiente como para buscar las respuestas dentro de ti, hazlo en el silencio pues te van a llegar todas. Disfruta de la abundancia que siempre le llega a las almas llenas de amor y de humanidad como la tuya, sigue compartiendo tu luz y tu sabiduría interna al mundo, no sabes cuánto bien puedes llegar a hacer con ello.

739: El poder que hay dentro de ti es INFINITO, como INFINITO ES TU SER. Dentro de ti se hayan todas las respuestas, tus Guías de Luz más elevada te guían cada día para que entiendas y comprendas sus señales no desde tu mente sino desde tu alma (intuición). Sigue despiertx y conectando cada día y momento que precises, para crear espacios de silencio en el que puedas estar en silencio contigo mismo, desde tu corazón y alma saldrá toda la luz y respuestas. Es momento de algo grande en tu vida que nacerá desde ti, desde dentro de ti. Eres un ser infinito con infinitas posibilidades que se abrirán ante ti, sigue compartiendo tu luz al mundo porque llega un nuevo ciclo de existencia, renovado y renacido.

740: El Universo te está ayudando a crear la materialización, realiza afirmaciones diarias que te permitan mantener tus pensamientos en una elevada energía, pues vas a materializarlos rápidamente. Un proyecto o decisión en tu vida la cual va a generar cambios en tu marco actual y rutina de forma que se incrementen tus dones y valores internos. Sigue sosteniendo una calidad de pensamiento elevada la cual te permita crear desde tu conciencia todo lo que vibre en sintonía. Sigue tu propósito de vida, desde tu alma.

741: Se te dice que has de estar tranquilx porque te diriges hacia la dirección adecuada en tu misión y propósito de tu alma. Es necesario realices diarias afirmaciones que te permitan elevar la calidad de tus pensamientos hacia una elevada vibración y energía. Sé positivx y verás como todas tus relaciones y comunicaciones son fructíferas. Reconecta con la alegría, que es la chispa de la vida desde tu niñx interior. Tus guías de la más elevada luz van a tu lado.

742: Tu alma ha de obtener el eje de tu vida, pues una disciplina de meditación y silencio de forma rutinaria, es decir cada día, te mantendrían en una quietud, calma y equilibrio necesario para obtener las respuestas y la claridad en tu camino, disuadiendo así toda posible duda. Toma decisiones en las cuales sea tu alma la que tome el mando, quizás lleguen libros que puedan ayudarte a mantener ese orden espiritual en tu vida desde la paciencia y ternura dándote tu tiempo y activando la escucha interna, es momento para hallar las bases del alma de la divinidad que eres.

743: Hay decisiones que has tomado gracias a la guía de tus Guías de Luz más elevada, son sabias decisiones que tienen que ver con el propósito de tu alma y de tu vida. En este momento estás rodeadx por ayudas de tus Guías de Luz más elevada, puedes recurrir a ellxs para preguntar sobre algo o pedirles ayuda, recuerda que según la ley del libre albedrío solo te ayudarán si se lo pides, sino velaran por cuidarte, dándote señales e indicaciones para el proceso actual de tu vida. Vienen cambios y mejoras, se ha de ser flexible para la expansión, ábrete a recibir las opciones que te brinda la vida. Desde tu intuición interna fluye.

744: Es hora de materializar lo que es el latido de tu corazón y tu alma unidos. Es hora de tomar decisiones en tu vida basadas en las bases reales que existen en tu esencia pura y transparencia que es luz, ábrete a crear lo que nazca desde tu corazón, porque es lo que te va a dar vida no solo a ti sino al mundo. No has nacido para ser nadie que en realidad no eres sino a crear la felicidad en tu vida realizando lo que tú más deseas y SÍ ERES. Porque lo que buscas te busca a ti, ahora es el momento del encuentro, de que te enfoques en lo que realmente, siempre has deseado. Lo hagas y realices, con toda la pasión que hay dentro de ti. La fuerza Mayor es el AMOR y esa fuerza es IMPARABLE, no hay fuerza que la supere. Crea tu vida como sienta tu alma y estarás en el camino correcto. ¡¡¡ADELANTE!!!.

745: La vida te está llevando a desprenderte de lo material a desvincularte de la irrealidad creada y a enfocarte en lo que verdaderamente es importante desde los hechos. Unas buenas bases de existencia de vida. Estos cambios son mejoras para tu alma y para tu vida, ya que te llevan al DESPERTAR de tu EXISTENCIA. Sal de la "Matrix" y crea espacios de silencio cada día estando con la única compañía de ti mismx. Medita para saber por intuición las respuestas desde y avanzar desde tu verdadero camino, desde tu verdadera esencia. Conecta con tu Yo Soy (Ser Espiritual que Eres) y tu ser Consciente y Creador de tu día a día. Ve más allá de lo que crees saber y comienza a profundizar en la verdad y realidad que es el motivo "creador del todo". Conecta con la energía e intuición que hay dentro de ti y sigue por el buen camino, no te entretengas en perder tu valioso tiempo de vida y enfoca toda tu vida desde dentro de ti hacia fuera.

746: Activa tu vida desde dentro de ti. Es momento de generar abundancia desde el orden interno de sentir que lo que piensas, dices y haces es coherente con lo que sientes por dentro. Sé la luz y sé ejemplo con tu existir. Crea espacios de silencio cada día para reencontrar el orden y las bases en tu vida, gracias al amor y la armonía que se genera dentro de ti, pues este va a ser el motivo de que te llegue la abundancia a tu vida. Es momento de gestar unas buenas bases de vida gracias a unos valores de respeto y amor contigx mismx y así con el mundo que te rodea.

747: Gracias a seguir tu propósito de vida vas a generar unas bases sólidas en las cuales se asienta tu vida y que te están permitiendo elevarte a un alto nivel de existencia desde la sabiduría interior que posees. Sigue creciendo en dirección a tus sueños, pues creer es crear, y tu disciplina metódica te está llevando a un cambio de nivel existencial. Se abre un nuevo ciclo para ti, sigue como estas avanzando y toma las oportunidades que se abren ante ti, pues son bien merecidas.

748: Estas obteniendo o vas a obtener, los frutos de tu labor y buen trabajo. Es infinito, tu poder ilimitado se está gestando desde dentro de ti y así en tu vida. Desde tu interior has generado la magnífica unión del orden, siendo el orden mismo, desde dentro hacia fuera, es por ello que la abundancia llega porque has sintonizado en los hechos con ella. Desde tu pensamiento, palabra y acción, contigo y en tu vida y así lo has generado fuera. Ese es el poder de la abundancia crear en tu vida lo que deseas que te llegue. TÚ DECIDES.

749: Tu esencia, tu alma tu intuición no te fallan, es más, te llevan a conectarte con todo tu mundo interno y externo. Gracias a crear una dinámica y práctica del silencio irás generando el orden preciso para la armonía en tu vida, gracias a éste podrás escuchar desde dentro y sintonizar con la luz y la verdad de tu corazón. Ayuda con esta guía interna a la humanidad, comparte todo lo bueno que te va a aportar y enriquécete con la clave de vida que haga más feliz y contento al mundo entero, no dejes de compartir y ser la luz que llevas por dentro.

750: Tu alma necesita aires nuevos y estos cambios son para mejor, son propulsados por el Universo y tus Guías de Luz para que incorpores nuevas herramientas y expandas tu vida hacia el camino de la espiritualidad abriendo las alas de tu alma hacia la sabiduría de tu interior. Crea espacios de silencios cada día donde solo estés con tu propia compañía y fluye.

751: Mantén el pensamiento en positivo, la energía elevada atrae siempre todo lo bueno a tu vida, y estos cambios serán favorables para ti, sobre todo, para tu alma. Has de tener fe en ti y en tu interior, pues según tu fe te es dado. Es un momento para una nueva reestructuración después de los cambios. ¡Fluye y libérate!

752: No dudes y fluye con los cambios pues estos se dan siempre para una mejoría tuya y en tu vida. En este caso el motivo es espiritual, sería importante tuvieras espacios cada día donde poder encontrarte contigo en silencio, puedes acompañarte de una suave música. Pues ahora es momento para escuchar y escucharte para poder recibir toda la vida que el Universo te está entregando. Los cambios son mejoras para tu vida. FLUYE, NO PIENSES, MEJOR SIENTE.

753: Tus Guías de Luz más elevada están asistiéndote en tu salud produciendo mejoras en tu vida con cambios, que te permitan una regeneración de energías con aires nuevos en tu vida. Permítete ser desde la verdad que eres, sé verdad para poder ser libre y liberarte de cualquier densidad. Sé consciente que tu mejoría tiene que ver con el amor que te des hacia ti, sé bondadosx con tu alma y tu ser y escucha a la voz que hay dentro de ti. Vas a sanar mediante darte el amor que mereces tus guías te asisten puedes pedirles ayuda, te abrazan y te aman.

754: Un nuevo orden y estructura en el marco de tu vida, sería perfecto para poder fluir desde tu interior y en paz. Sigue siendo y existiendo desde la verdad que eres, conéctate contigo desde el silencio, puede que te llegue algún libro de espiritualidad o de crecimiento interno para poder desarrollar mejor una nueva etapa en tu vida. Sigue fluyendo y ¡¡sonríele a la vida porque ella te devolverá la sonrisa!! Es importante que escuches a tu alma para quitarte miedos y límites que te has creado. ¡¡ Cuando conectes con más profundidad en ti verás cómo tu vida cambia !!

755: Estas en un momento de pasar por grandes cambios sobre todo a nivel espiritual y personal. Es momento de crecer en sabiduría interior y enriquecerte de ello. Cuando te llenas de abundancia interna viene como regalo de forma externa. Porque lo afín atrae lo afín y siempre es así de dentro hacia fuera. Bendiciones llegan a tu vida.

756: Tu espíritu necesita de los cambios para encontrarse con el amor que eres. En ti está la abundancia en todos los aspectos de tu vida, pero es necesario todavía que la vida te cambie perspectivas para que lo veas más claro. La belleza y la armonía es algo que pertenece a tu alma. Te encuentras en un momento importante de cierre de ciclos en el cual esto se hace necesario de saber. En el amor no hay necesidad, ni dependencia, tan solo hay amor, luz y vida. Y eso es lo que eres. Comparte tu sabiduría, ayuda con tu luz.

757: Dispones de un poder ilimitado para enfocarte en los cambios necesarios para tu alma. Gracias a ello vas a potenciar tu sabiduría interna y espiritual. Céntrate en el respeto hacia tu ser y verdad y cada día reencuéntrate en el silencio para conocerte no mas sino mejor y para respetarte con total sinceridad. Sé verdad, sé libre, SÉ TÚ. Asciende a un nuevo ciclo de vida. Los cambios son para que conectes con la voz de tu alma, avanza desde dentro de ti para que todo fluya desde fuera.

758: Tus relaciones son propicias y la abundancia es un hecho. Sigue en el camino de la espiritualidad y del propósito tuyo interno pues tu vida está avanzando a grandes pasos, sigue sin dudas la paz y la luz desde dentro de ti. Tu intuición y sabiduría interna son una buena guía. Puede que llegue a ti algún libro para potenciar tu conexión interna, ADELANTE, NO TE DETENGAS.

759: Se ha cumplido un ciclo de cambios propiciado por tus Guías de Luz más elevada. Sigue en la expansión y desarrollo de tu sabiduría interior. Pues vas correctamente por tu camino y misión espiritual. Es necesario que fluyas de forma interna guiadx por tu intuición. Comparte tu sabiduría y experiencia de vida es momento de ayudar a otras personas con tu luz.

760: El Universo está potenciando tu amor y la armonía en ti y en tu vida gracias a la cual tu alma va a adquirir una conexión más profunda con la verdad que eres. Cuando sintonizas desde el amor que eres, no hay miedos ni limites en tu vida. Conecta con la fuerza inagotable del amor desde dentro de ti, bien dentro de ti. Practica de forma diaria desde el silencio la meditación para conectarte con la paz y el amor en tu vida desde ti. Tú tienes el poder de crear y de ser lo deseado, todo es posible, haz que suceda la magia. Abre tu corazón a la espiritualidad, el Universo está elevando tu amor y tu capacidad de amar, de sentirlo desde dentro de ti.

761: Eleva tus pensamientos a la energía del amor, la positividad y la alegría que están en tu alma. Pues no hay nada más cierto que el amor en tu vida. El aprendizaje a realizar es el de liberarte y ser libre, gracias a amarte y amar todo lo que eres y te rodea. Déjate ser y expande tus hermosas alas rosas, del color del amor, pues eres un ángel en la tierra y ahora es el momento de conectarte con la esencia que eres desde tu corazón y alma.

762: En el amor no hay duda. La duda tiene que ver con la desconexión con el alma y esencia. Conecta de nuevo con tu corazón, es momento para armonizar tu vida elevando tu vibración hacia el amor. Pensamientos positivos y sentimientos en armonía, realiza y siéntete bien en tu pensamiento palabra y acción, que éstos sean desde el amor y la libertad de la luz que ERES. Cuando eres libre comienzas a brillar con Luz propia. Renaz, SÉ TÚ. Es fácil si cierras los ojos y pones la mano en tu corazón, te necesitas a ti en tu vida.

763: Tus guías de la más elevada luz están contigo, guiándote en tu camino y misión. Sigue el camino y guía de tu alma, abriendo tu corazón y compartiendo tu ser tal cual es. Para poder ser quien eres debes dejarte ser quien eres, sin más, liberarte de quien no eres o te dijeron que eras…. Sé en esencia, para compartir tu luz para poder realizarte desde dentro y en plenitud en tu vida. Es momento para pedirle a tus guías ayuda, si la necesitaras en tu camino y senda espiritual. Conecta con las respuestas desde el silencio… Si necesitas señales ellxs te las darán.

764: Siente desde dentro y sin miedo, no límites tu ser interno ni externo, eres mucho más de lo que ves y crees que eres. No te pares pues es el momento de recibir la abundancia que eres. Desde dentro sintoniza con ella y aparecerá en tu vida en el momento preciso. Las bases de tu vida deben de ser la verdad que eres y nace desde tu interior, no te ates a algo que no te hace feliz, sea lo que sea. Eres libre desde que naciste sigue tu expansión para poder concretar aquello que deseas.

765: Es el camino correcto para ti aquel que te de bienestar para tu alma. Los cambios son oportunidades de mejora para ser más amor y belleza de vida. Desde el momento en que compartas la luz y la sabiduría que hay en tu corazón. Es momento de dar paso a lo nuevo y cerrar ciclos. Estas evolucionando a grandes pasos desde dentro de tu ser, y eso se nota también desde fuera.

766: La luz de tu corazón cada vez se expande con mayor facilidad desde dentro de tu ser hasta fuera. Tu alma esta llenándose de sabiduría del YO SOY y reconociendo el poder ilimitado que tiene. Agradece a cada instante de tiempo y de circunstancias pues su enseñanza es el amor, conecta con tu amor. YO SOY AMOR. Sigue siendo LA LUZ QUE ERES desde tu ejemplo de existencia pues una vida plenamente feliz te espera.

767: En el amor no hay duda y tu deseo se está materializando. Lo que ha de ser será, justamente en el momento preciso y adecuado. Se te pide que tengas fe, porque según tu fe te será dado. Sigue conectando con la luz de tu corazón para crear lo nunca visto. La fuerza mayor es el amor. Confianza en ti, en la existencia, en la vida, en la perfección del ser superior, en la fuente.

768: Tus Guías de Luz más elevada están cuidando tu prosperidad y abundancia económica en estos momentos. Pues tu camino espiritual es realizado desde el amor y la luz que eres. Se te agradece tu buen camino y se te anima a seguir como lo estás haciendo. No hay nada que falte si te conectas con la fuente inagotable del amor desde dentro. Señales obtendrás de múltiples formas, son respuestas de tus guías de la más elevada luz, puedes comunicarte con ellxs es buen momento, para realizar esa conexión más cercana.

769: Gran materialización, es un muy buen momento en tu vida donde se te dice que te conectes y sigas por tu camino espiritual y sabiduría interior, pues tu intuición no te fallará. Une todas tus partes internas para generar la gran materialización y producción de tu vida. Cuando te empoderas desde dentro, desde toda tu alma y ser, tu vida se transforma en hermosas y poderosas creaciones de amor desde ti y para/con la humanidad.

770: El Universo te potencia tus capacidades internas, es momento para la conexión con tu ser más profundo (Alma). Tiempo para disponer de momentos de silencios con la única compañía de ti mismx. El Universo está generando y ayudando para incrementar tus potenciales y tu espiritualidad que es la paz de tu alma. Sigue en un camino hacia el encuentro con tu ser, con tu verdadero ser y por completo. Ahora es el momento para ello, fluye sin prisa pero y sin pausa, expándete.

771: Mantén tu pensamiento en positivo. Eleva la vibración de tu vida desde tu alma. Es necesario que te enfoques en tu alma no en tu mente. Nota, siente y percibe las intuiciones. Genera de forma diaria espacios

Las Señales Numéricas. La Guía del Cielo

de silencio contigo mismx, donde solo dispongas de tu única compañía y genera la paz en tu vida desde el amor. Pon la mano sobre tu corazón y sintoniza con tu esencia en presencia y con cada uno de tus latidos.

772: Sigue tu intuición y tu fe, pues según tu fe te es dado. No dudes, no hay motivos para dudar, pues en el amor no hay duda y la energía mayor de la creación es el amor. Sigue por tu camino y misión conectándote siempre desde tu alma. Escucha la parte más profunda de ti, no hay prisa, hay tiempo.

773: Tus Guías de Luz más elevada te ayudan en tu misión de vida. Conéctate con ellxs y pídeles ayuda, te darán múltiples señales si desde tu ser te conectas con ellxs y se lo pides. Pide y se te dará. Tu sabiduría interior es muy profunda, nunca dejes de creer en ti, pues te refuerzan a ello, a que sigas, pues la abundancia está llegando a tu vida gracias a tu fidelidad contigo y en tu camino.

774: Sigue materializando gracias a enfocar y priorizar tus energías. Vas a ascender a un nivel superior de existencia, desde unas bases y enfoque interno. Tu timón de vida es y ha de ser tu alma, el motivo de tu existencia. Pues sin un alma un cuerpo no nace… Sigue avanzando como lo haces, vas por muy buen camino. No te limites, comparte tu luz y avanza a un nivel superior.

775: Tu alma dispone de un poder absolutamente ilimitado para tomar estos cambios como oportunidades de transformación y evolución optimas para tomar las decisiones de verdad en tu vida. Decídete a emprender desde tu misión de alma y esencia (Yo Soy) hacia lo nuevo, no te limites. Finaliza y comienza un nuevo ciclo para ti.

776: Se está produciendo una gran sanación del cuerpo y alma, sobre todo en tu hogar. Sana desde y con tu hogar toda inquietud o dolencia en tu cuerpo pues es espiritual, del alma. Crea la armonía desde tu corazón, sana perdonando y amando para poder elevar tu vida y trascenderla a una mejor. No dudes es momento para escucharse desde dentro y darse el tiempo necesario para entenderse a unx mismx y poderse amar para amar de verdad y desde el alma.

777: Felicidades estas conectadx a tu esencia, a tu camino, a tu alma. Vas por buen camino sigue así. Es momento para realizar meditaciones diarias o momentos en los cuales te reencuentres con la parte más profunda de tu ser. El silencio es necesario. No hay camino para la paz pues la paz es el camino: tu camino. Despide todo lo que no te aporte y da la bien-venida a todo aquello que sume más armonía y plenitud desde dentro de tu ser. Es el momento más propicio para grandes y profundas reflexiones de existencia, para alcanzar cada vez una mayor trascendencia espiritual del YO SOY (La parte más pura de ti. Tu Alma en Consciencia). Déjate llevar por la escritura de tu alma, pueden llegarte grandes canalizaciones e intuiciones.

778: Te encuentras en la alquimia espiritual sagrada de tu alma más fructífera en estos momentos. Tu sabiduría espiritual te está llevando al éxito y a la abundancia gracias a tus dones y talentos. Sigue materializando a escala mayor. Realízate y expande toda la luz que eres. El éxito materializado está asegurado si realizas tu propósito desde tu voz interior (Alma).

779: Vive desde el propósito mayor que es la Misión de tu Alma. Sigue el camino de la verdad que portas dentro de ti, pues es el único camino que te llevará a la plenitud de vida. Es momento de cierre de ciclos y de fluir llenándote de aires nuevos y de expansión. Abre las alas como ángel que eres en la tierra y comparte tu luz y sabiduría de vida y de alma.

780: El Universo está protegiendo tus ingresos así como ayudándote en ellos. Sigue tu llamado desde dentro, tu guía es la intuición. Estas conectadx a la fuente del amor y de la armonía de la vida. Mantén ese espacio de silencio para sintonizar cada día con tu alma desde el silencio y respeto de tu ser, contigo. Es el momento de la recompensa por tu disciplina y tu fe.

781: Mantén tus pensamientos en positivo, en alta vibración, pues es el momento de recibir tus ingresos gracias a estar realizando la misión de tu alma y camino espiritual. Es momento de cosechar tu éxito realizando lo que has venido a nacer y a hacer aquí en este plano, a ejercer eso que llevas por dentro la pasión, que te mueve el alma y la verdad que eres desde tu interior.

782: En el amor no hay duda. Conecta con la abundancia desde el amor que ya eres, pues ésta llega a tu vida y de diferentes formas. Es necesario conectes con tu parte interior para aportar equilibrio en tu vida, son tu emociones uno de los pilares clave ahora. Y es por ello también necesario esos momentos de silencio y de re-encuentro con la parte interna y más profunda de ti. Confía y escúchate desde dentro, escucha a tu intuición para dar los siguientes pasos.

783: Tus Guías de Luz más elevada están contigo ayudándote y guiándote hacia tu abundancia económica, un nuevo ciclo se está abriendo ante ti. Escucha su guía desde tu interior, desde tu corazón y tu alma, conéctate a ti mediante espacios de silencio o señales que claramente verás como: señales numéricas, plumas, frases en anuncios o músicas en la radio… está atentx. Te están ayudando confía en que todo va a ir bien, y así será.

784: Tu poder es ilimitado, no tengas miedo es momento para tener paciencia y fe, el Universo te provendrá de todo lo bueno para ti. La abundancia esta de camino. Pon orden y no disperses tus energías focalízate en aquello que siente tu alma, intuye y avanza.

785: Conecta con tu alma pues ahí se hallan todas esas respuestas que deseas. Los cambios son necesarios para tu proceso evolutivo de expansión y materialización. Comparte y fluye sin límites, es momento de gran expansión y renovada abundancia.

786: Tu intuición y tu alma te están llevando a un camino de plenitud de armonía y de paz. Sigue la luz que nace desde dentro de ti y verás como tu vida se llena de amor y de dicha. Tus guías te están protegiendo y conectando con la alegría de tu niñx interior.

787: La abundancia depende de la conexión con tu alma, cuanta más conexión con tu interior mayor facilidad=felicidad y por lo tanto plenitud de vida. La abundancia es el estado natural del ser conectado. Es momento de vibrar desde la luz de tu alma, desde dentro hacia fuera, conéctate desde dentro de ti y materializa eso grande que está ya a punto de nacer.

788: Conéctate a tu alma y fluye, libérate expándete desde tu interior. Nota la magnificencia del ser, de tu ser, desde dentro y desde la verdad de ti que eres. Siente como la vida se abre según confías en ella. Expande tus alas, es el momento de lo nuevo y de la abundancia desde diferentes formas.

789: Tu vida está ascendiendo y subiendo a un nivel superior gracias a que sigues a tu alma y la respetas. De esta forma estas avanzando por el camino del éxito que te va a llevar a una vida existencial mayor y más elevada. Gracias por el respeto que ejerces contigo y con el mundo y tu autodisciplina desde dentro de tu ser, ese es el aprendizaje.

790: El Universo te acompaña y te hace avanzar hacia tu propósito de vida mayor que es el que tiene que ver con la verdad que eres: tu alma y esencia. Hay un cierre de ciclo para un nuevo despertar desde dentro de ti. Comparte y sigue compartiendo tu luz ayudando a otras personas por el camino. Una gran sabiduría interior que te va a permitir verdaderamente verlo todo más claro en tu vida. Permítete momentos de silencio con la única compañía de ti en los cuales medites, estar en silencio junto a ti. Estos espacios ahora son muy importantes para potenciar tu canal intuitivo y el avance.

791: Sigue elevando tu energía hacia pensamientos positivos pues son los que te están permitiendo avanzar hacia el encuentro de tu ser hacia la verdad que eres interno (alma). Avanza a grandes pasos en tu sabiduría de vida adquiriendo una profunda madurez espiritual. Estás en un momento de éxito y de abundancia, aprovecha el buen camino recorrido pues ya está dando o dará pronto sus frutos. Sigue así.

792: Ahora te encuentras en un momento de cierre de ciclos para abrir de nuevos. La conexión con tu ser interno es propicia, continua haciéndolo, ya sea manteniendo espacios de meditación como encontrándote en silencio contigo mismx. Estas avanzando muy favorablemente hacia el equilibrio desde tu interior. Vas a ir elevando tu vida hacia niveles superiores de existencia. Bendiciones, date tu espacio y date tu tiempo para escucharte bien desde dentro, desde tu propósito.

793: Tus Guías de Luz están contigo ayudándote en tu camino y dándote ese pequeño empujoncito para que sigas avanzando y elevando tu vida más y más desde tu alma. Sigue el camino de tu interior pues tu poder es ilimitado, es un claro fin y comienzo de ciclo, por ello te acompañan tus guías para no solo apoyarte sino para decirte que puedes comunicarte con ellxs. Te están mandando claras señales ya sean numéricas, por frases, plumas, o mensajes con músicas que guardan relación contigo. Para decirte que te aman y que están muy contantxs con tu evolución. Sigue así, cree en ti conecta con tu niñx interior y sigue avanzando. Crea espacios de silencio para conectarte contigo siempre que lo necesites, para encontrar las respuestas.

794: Es momento de construir y materializar un nuevo ciclo en tu vida. Tu espíritu es el motor de tu vida y es necesario que frecuentemente medites y te conectes contigo, cada día por poco tiempo que este sea. Es momento de ordenar y de priorizar con unas bases renovadas tu vida. Escúchate desde dentro, no más sino mejor, ten paciencia y avanza con cariño, amándote.

795: Genera y fluye en los cambios desde la alegría de tu niñx interior pues no hay más profunda conexión con la vida que vivir fluyendo hacia tu propósito mayor. La vida no es la meta sino el viaje. Sigue disfrutando mientras aprendes y aprendiendo mientras disfrutas. Mantén tus espacios de silencio con la única compañía de tu ser para obtener con claridad los siguientes pasos a dar. Es un momento de despedir para dar la bienvenida a lo nuevo. Llénate de vida y de mejoras gracias a estos cambios, que son bendiciones de tus guías y del cielo.

796: Espiritualidad, reflexión, silencio, meditación, sabiduría y trascendencia elevada y superior sigue avanzando por tu camino y misión de alma que es tu propósito. Sigue conectando y abriendo tu consciencia, eres un canal cósmico el cual vas a materializar a gran escala muy pronto. Conecta con el amor de tu alma y de todo tu ser, pues tu fuente interna de luz, de amor y de vida es inagotable. Un nuevo ciclo de vida mayor se va a dar y se hace necesario equilibrar tu ser interno y externo. Recuerda que eres un ser completo, obtén las respuestas meditando cada día, por poco tiempo que éste sea. Sigue tu intuición.

797: Tu alma pide renovaciones y cambios en tu vida. Es necesario cerrar ciclos para poder abrir de nuevos en tu vida. Sigue a tu intuición pues no te va a fallar, estas muy conectadx con tu propósito de alma, y sabes en cada momento desde tu interior si es por aquí o no. No dejes de hacerlo y sigue fluyendo desde ahí, pues esa es la verdad y la conexión con todo lo sutil que te rodea. Vas por muy buen camino toma las mejoras y los cambios para transformar tu vida y elevarla a niveles cada vez más elevados de existencia.

798: Sigue a tu interior, sigue la voz de tu alma estas acercándote cada vez más a tu propósito porque vas avanzando por el camino de tu interior. Es tu propia luz la que te va a guiar y ahora toca que la abundancia que has generado desde dentro de ti te llegue desde fuera. Bendiciones de amor llegan en forma de dinero y de facilidades en tu camino. Sigue compartiendo tu luz, pues no sabes cuánto bien te haces y haces al mundo.

799: Estas ascendiendo a un nivel superior de consciencia. Verdaderamente tu alma esta enriquecida de sabiduría interior, ya sea por circunstancias y/o porque eres un alma vieja. Pues has realizado tu camino y propósito hasta llegar aquí donde estas ahora. Justo, en un avance evolutivo de tu ser muy prospero. Es momento para ayudar a otras personas con tu camino recorrido y tu sabiduría interna, no sabes cuánto bien puedes llegar a hacer con ello. Tu vida se expande y eleva a grandes pasos, adelante, mantén esos espacios de silencio y meditación con la única compañía de tu ser, te vendrán las respuestas e intuiciones cada vez más precisas y directas en tu caminar.

800: Tu economía está completamente bendecida apoyada y protegida por todo el Universo que es luz y amor. Están salvaguardadas en los brazos del Universo y además ayudando a que éstas se vean incrementadas. Da gracias siempre, por todas las bendiciones (Gracias, Gracias, Gracias) por pequeñas que éstas sean y se verán multiplicadas. Sigue avanzando desde la luz y el amor que eres pues tan solo se recibe lo que se da. Si deseas más da más. Sé amor, que es lo que eres. TODO LO DADO ES DEVUELTO Y ASÍ ES.

801: Es necesario elevar tu energía en pensamientos positivos realizando afirmaciones diarias para incrementar en ti la conexión con la vida y la abundancia. Pues el Universo se encuentra apoyándola justamente unido a tu propio pensamiento y voluntad del Yo Soy (Tu voluntad y pensamiento se manifiestan en la realidad). Sigue elevando tu pensamiento en positivo para sintonizar cada vez de una forma más rápida con la abundancia económica. Siente la abundancia desde dentro de tu ser para poderla ver fuera. Pues lo afín atrae lo afín, solo cuando sientes la abundancia desde dentro de ti es que la verás fuera. Tus pensamientos y visualizaciones crearán esa abundancia, vas por buen camino sigue proyectando cómo deseas verte y así será. Recuerda: SI LO CREES LO CREAS- CREER ES CREAR.

802: El Universo está contribuyendo en tu economía protegiéndola y creando una economía mayor. No dudes y escucha los consejos que te da desde tu corazón, percibe lo que siente desde dentro. Es momento para ahorrar, sobre todo, de mantener la calma y conectar con el amor que es la fuente de la abundancia, la fuerza mayor que lo transforma todo a mejor. Reconecta con la dulzura y ternura que hay en ti, date el cariño y amor que necesita tu ser para percibir y notar las bendiciones que van a llegar a tu vida. Retoma el equilibrio desde una comunicación con tu ser interno, sanando y amándolo como nunca antes lo has hecho.

803: Tus Guías de Luz más elevada y el Universo te están ayudando en tu economía, además te dicen que tus pensamientos están materializando casi directamente por lo tanto se te dice que sigas manteniendo pensamientos elevados pues van a materializarse y te van a dar la abundancia deseada. Conéctate con la alegría de vivir desde tu niñx interior, es un buen momento para comunicarte con tus guías desde la pureza y luz que eres desde la parte más inocente y pura de niñx que fuiste y eres. Conecta con la parte más creativa de tu ser y crea la abundancia desde ti.

804: El Universo está cuidando de tu economía te dice que establezcas un orden y bases, desde un proyecto que te permita vivir de tu profesión o labor hasta unas nuevas bases para permitirte que la alegría y la chispa de la vida llegue de nuevo hasta ti. Para seguir avanzando conecta con tu niñx interior, no te limites simplemente focaliza cuál es tu objetivo y síguelo hasta el final. No desde tu mente sino desde tu alma. Tus Guías de Luz más elevada están cuidando de ti y guiando.

805: Es necesario cambiar esa rutina o marco de vida actual. Es un periodo y momento para cambios para tomar cambios y crear esas mejoras que permitan renovar energías. Sobre todo, hacia un proyecto o profesión. La economía llegará pues el Universo te está ayudando a ello pero es necesario que extiendas tus alas y vueles por ti mismx. Fluye con la vida y veras como lo fácil es lo óptimo.

806: Tu hogar y familia van a estar bien, si te preocupa la economía el Universo está ayudando a que ésta vaya incrementándose. Se te dice que vibres en amor, que seas amor, desde tu interior para así generar esos cambios que deseas ver fuera. Verás que todo se transforma más rápido y se crea esa armonía y paz en tu vida que tanto necesitas. Todo es cuestión de sintonizar cada día con la fuente de abundancia inagotable, que hay dentro de ti que es el amor. Siente como sale y entra en tu cuerpo y alma, esa es tu bendición, enfócate en esa paz que sientes para extenderla a lo largo y ancho de tu vida y de todos y cada uno de tus días. Cuando sientes esa abundancia que eres llega desde fuera con mucha más facilidad, porque lo afín atrae lo afín. Sé libre porque esa es tu naturaleza, y extiende tus alas, es hora de volar en la luz del amor.

807: El Universo te está ayudando con la economía pues tu camino es prospero, conectado directamente con tu alma. Tu propósito es el camino de vida que estas llevando que tiene que ver con tu guía interior a cada paso dado, tu intuición es tu brújula. Sigue tus propios pasos, sigue tu propia luz desde dentro de tu ser, cada día toma momentos de silencio donde solo estés tú, contigo mismx. Sintoniza con la fuente de luz y amor desde tu corazón que te hace elevar y vibrar cada vez más alto y de forma más expansiva sintonizándote con la abundancia que eres y se está generando en tu vida.

808: Tus valores hacen que se creen circunstancias en las cuales aprendes con/de personas que así como los ángeles te enseñan sin saberlo sensaciones y sentimientos, atributos muy importantes para tu alma y crecimiento interior. Estas en un momento en el cual el Universo te está ayudando y reforzando la abundancia económica en tu vida. Sigue expandiendo en luz tus dones y el éxito ya es manifiesto. No pierdas de vista el conectarte y agradecer a tu alma y ser la luz siempre en tu caminar. Reconecta con tu luz para dar los pasos acertadamente desde tu intuición y canal.

809: El Universo bendice tus ingresos y salvaguarda tu economía en estos momentos. El éxito es precisamente seguir por tu camino y propósito de tu alma. Compartiendo y siendo luz para expandirte. Todo lo que pueda limitarte despídelo desde el amor es momento de dicha y de cambio a un nuevo ciclo superior de existencia. Agradece y ayuda a todo ser que lo necesite y sientas que puedas hacerlo. La abundancia es dar, es el amor que se siente desde dentro y te llena por dentro de abundancia que es vida. El propósito es mayor, de ayuda desinteresada de igual a igual. Genera de esta forma una abundancia sin límites en tu vida, el amor es la fuerza mayor = la fuerza de la abundancia.

810: No debes preocuparte por la forma de obtención del dinero o por tu economía, ya que el Universo se está encargando de darte todo lo necesario para ello. Te está disponiendo de un enorme poder de reactivación en el momento que te alinees con quien de verdad eres. Conecta con tu propia voluntad, empodérate y coge las riendas de tu vida. Es el momento de saber quién eres; y el dinero, facilidad y la abundancia ya son tuyas. Es el momento de tu RE-NACER. Despide un ciclo para dar la bienvenida a uno nuevo. Completamente nuevo.

811: Tus pensamientos son materializaciones casi inmediatas, focalízate solo en lo positivo elevando siempre tu energía, ayudándote de afirmaciones diarias, las cuales te eleven y te permitan mantener siempre tu pensamiento bien elevado y alto. El poder de la abundancia está en tus manos y su energía es de amor, ya que la abundancia es la energía mayor y esa es el amor. Sintoniza con el amor que llevas dentro saca tus dones y talentos y conecta con tu poder ilimitado e infinito, y así, con la plenitud en tu vida. ¡¡ Adelante !!

812: Conecta con tu autoestima y con tu amor para elevar esos pensamientos a positivo, han de seguir elevándose, mantenlos en esa alta vibración gracias a realizar afirmaciones diarias, es necesario pues la materialización se dará en el momento que cuides tus pensamientos. Ámalos dales todo el amor y cariño, cuídalos y trátalos con ternura hasta que adquieras una energía mental de amor, verás que vas a materializar y a conseguir esa economía casi de inmediato. Es cuestión de sintonizar y enfocarte solo en lo positivo que tiene la vida. Hazlo y verás.

813: Tus Guías de Luz más elevada están contigo ayudándote y equilibrando tus pensamiento, desean ayudarte en tu camino, puedes y es momento de poderte comunicar con ellxs, hazlo. Veras como recibes señales numéricas, plumas que caen, mensajes en la radio o anuncios, música que guarda relación concreta con algo o alguien. Es momento para sintonizar con tu niñx interior y eso es lo que te va a conectar con la economía con la abundancia.

Mantén limpios, claros y elevados tus pensamientos y verás como la magia está servida.

814: Es momento para ordenar tus pensamientos y enfocarlos hacia tu verdadero propósito. Es necesario el orden ahora. Focaliza tu energía sin dispersarla sobre todo. Es momento de establecer ese orden desde hoy mismo, ten paciencia pues si tu enfoque es sincero y honesto la abundancia tan solo es cuestión de tiempo. Sigue y persiste, se necesita de un trabajo personal de empoderamiento y de elevación de tus pensamientos a positivos. Realiza afirmaciones diarias para mantenerte en esa alta frecuencia y vibración.

815: Es momento de cambios y de renovaciones, de expandir tu alma y voluntad hacia nuevos horizontes que te van a proveer de éxito y abundancia en tu vida. Es momento ahora de fluir y de dejarse sorprender, porque la vida es precisamente el viaje no la meta. No te limites, innova y aprende de lo nuevo que está entrando ahora en tu vida. Aires nuevos y renovada energía llega a ti. Disfruta mientras haces que el éxito llegue a tu vida, saca tus talentos y dones a la luz.

816: La energía mayor es el amor y es el quid de la cuestión ahora. Conecta con la abundancia interna y fuente inagotable de amor que eres y posees dentro de ti para sintonizarla desde fuera porque solo lo afín atrae lo afín. La armonía y la paz la vas a conseguir en cuanto sigas elevando la energía con tus pensamientos, realiza cada día afirmaciones que te permitan avanzar por tu camino y cosechar abundancia, gracias a crear pensamientos de amor en tu vida, y así vendrán bendiciones de forma constante hacia ti.

817: Conecta con la parte más profunda de ti gracias a tener esos espacios cada día de silencio y de compañía solamente de ti mismx. Medita para obtener las respuestas desde tu interior. Te encuentras en un momento muy propicio para potenciar tu luz interna y de escuchar a la voz de tu alma. Eleva tu pensamiento en positivo con afirmaciones diarias y sobre todo pon la mente al servicio de tu alma y al de recibir, observar y escuchar desde tu intuición potenciándola gracias a esos espacios contigo mismx en soledad. La abundancia de esta forma llegará en cuanto sintonices con tu verdadera voz, la de tu interior.

818: Las decisiones que estas tomando, la forma en que lideras tu vida está dando sus frutos, vas por buen camino, el camino de tu propio ser y voluntad de tu alma. Sigue tomando acciones e iniciativa porque tus ingresos irán en aumento. Enfoca tus energías y pensamientos en la energía positiva realizando afirmaciones diarias, que te permitan no bajar de esa cima. Sigue con la energía mayor que es el amor en todo tu ser y verás los milagros.

819: El propósito de tu vida no es mental sino que tiene que ver con el propósito y misión de tu alma. Es momento para ascender tu vida a un nivel más elevado de existencia gracia al maravilloso poder de tus pensamientos creadores, realiza afirmaciones diarias que te permitan sintonizar con todo lo positivo de ti y de tu alrededor, y cada día irás avanzando e intuyendo mejor y con mayor claridad el siguiente paso, que te va a llevar al éxito. Se hace necesario sintonizar con el gran canal, potencial, sabiduría interna y compartirla con tu alrededor, ayuda siempre que puedas en cualquier circunstancia, momento y/o lugar, la abundancia y facilidad en tu camino será inminente.

820: El Universo está aumentando tu amor desde dentro de tu ser, con circunstancias que motiven un acercamiento contigo y con la otra persona desde la esencia que somos, la verdad, el amor. Conecta con tus sentimientos y no dudes. Nota y siente a cada instante que avanzas según tu interior y ahí está tu guía. Escúchate y date tu tiempo para avanzar. El Universo te está dando, potenciando y elevando tu autoestima para que sintonices desde tu interior con la abundancia y el amor que eres para que éste venga desde fuera, por ley de afinidad. Lo afín atrae lo afín, sé consciente del amor que eres y nunca dejes de generarlo desde dentro de tu ser y emanarlo hacia fuera.

821: Son tus pensamientos los que generan tus sentimientos. Es por ello que debes de focalizarte en la voluntad de tu pensamiento de tu poder personal para generar en tu vida todo lo positivo que deseas ver y que haya en ella. Desde un sentimiento de amor generas la luz en ti, en tu cuerpo y en tu vida. Realiza afirmaciones diarias para seguir elevando tu energía cada día y verás como tus sentimientos y parte emocional se equilibran sintonizando con el autoestima y así acercarte cada vez más a la abundancia que eres.

822: Conecta con tu interior conecta con la capacidad tan elevada de materialización en estos momentos que tienes porque ahora, y sobre todo ahora, estas recibiendo ayuda de tus guías de luz más elevada. Están asistiéndote reconectando con tu autoestima y recordándote el gran poder de materializar que tienes.

823: Tus Guías de Luz más elevada están ayudándote y guiándote hacia el mejor camino desde la conexión con tu abundancia interna que es el amor. En el amor no hay duda, pues es todo lo que eres y es la energía que está en tu corazón, sintoniza con tu interior y conéctate desde dentro para sentir y notar lo que te hace bien y lo que no para así poner orden, equilibrio y estabilidad en tu vida. No tengas miedo ni duda conecta desde dentro de ti para notar y sentir la luz de todas las respuestas. Equilibra y ordena tu vida para que la abundancia llegue. Tus guías están ayudándote a que no bajes tu conexión más elevada que es el amor.

824: Conecta con tu parte interior, qué dice tu corazón al respecto, y toma las decisiones que sean afines a ese sentimiento. Es momento de guiarte por tu guía interna, escucharte desde dentro y fluir confiando en que todo lo mejor para ti y lo más indicado, te llegará. La abundancia es un estado que se genera en la confianza y en la conexión con la magnificencia del amor. Conecta con el amor desde la confianza de que los cambios son mejoras en tu vida y verás como todo prospera y avanza de forma casi inmediata, ten paciencia, todo se irá dando.

825: Únete al amor que eres desde la conexión con tu corazón, deja que sea éste el que dirija tu vida. En el amor no hay duda sino confianza y equilibrio. Veras como generarás más equilibrio y confianza en ti, conforme mas te abras a sentir el amor desde tu corazón. Es momento para fluir en los cambios pues son mejoras, las cuales vienen a generar humildad, unión con el mundo que te rodea y así llegar a la abundancia que eres. Sé abundante, cuando eres amor, todo lo que deseas desde fuera se genera desde ti. Fluye en el camino porque es más importante el camino que la meta, sé flexible y déjate sentir.

826: En estos momentos la mayor claridad va a llegar desde ti, desde tu interior. Dedica cada día por poco tiempo que sea a tener esos espacios de silencio contigo, para conectar con tu interior desde allí tu intuición y respuestas te vendrán con mayor claridad, para seguir avanzando en tu vida. Es momento para escucharte dándote tu tiempo para poder así equilibrar tu vida y sintonizar con la paz y el amor que eres. Es necesario abrazar tu corazón y darte cariño y ternura, si te dedicas ese tiempo cada día a amarte veras como el dinero y la facilidad en abundancia llegan a tu vida.

827: La abundancia es un hecho en tu camino. Sigue escuchándote y dándote ese espacio por poco que este sea para estar contigo, desde el silencio pues es clara tu intuición. Te llegaran las respuestas conforme más profundices en el ser, verdaderamente, que eres desde dentro de ti. Sigue así porque estás sintonizando con la facilidad y la abundancia en tu camino.

828: La abundancia económica está cerca de ti y te llegará en el momento en que no dudes de ti para que tampoco dudes del dinero y de su posible llegada. Siente la confianza en la vida desde tu corazón, date tu tiempo y espacio para escucharte y ámate mas allá de que te puedas o no comprender. Eres un ser único que merece lo mejor. Conecta con tu misión cerrando los ojos en silencio, siente y nota lo feliz que eres. Y conforme más lo hagas y lo sientas desde tu corazón... Vivirás ese cielo en la tierra, verás que la vida nunca te decepciona porque ésta es precisamente tu creación. Creer es crear, crea tu vida y ésta se manifestará. Es necesario el avance a un nuevo nivel de existencia, pues se cierra un ciclo para abrirse otro.

829: El poder de la abundancia yace en ti. Dispones de un poder ilimitado para alcanzar todo aquello que deseas en tu vida. Simplemente conecta con tu interior con tu corazón y déjate sentir y notar los pasos a hacer y el camino a recorrer, pues dispones de una alta sensibilidad e intuición como para seguir a tu propia guía interna, ahí está la luz y las respuestas. Sigue conectadx a ti desde el amor y la ayuda a las demás personas gracias a compartir tu verdad y tu luz.

830: Tus Guías de Luz más elevada junto al Universo están ayudando y guiándote hacia la abundancia en tu vida. Están colaborando y ayudando para que esta fuerza llegue y sea equilibrada. Es necesario que generes pensamientos positivos cada día porque estos van a ser materializados rápidamente. Genera y realiza afirmaciones diarias las cuales te permitan generar desde tus pensamientos, palabras y acciones, la abundancia en tu vida que eres. Puedes pedir ayuda a tus guías están contigo para ayudarte pídeles nombrándoles que te ayuden y así lo harán. Puedes ir recibiendo señales que te irán guiando por tu camino.

831: Tus Guías de Luz más elevada están intermediando entre tus pensamientos y la energía del dinero y la abundancia. Te dicen que has de elevar tus pensamientos a positivos, ayudarte realizando afirmaciones diarias donde te conectes en pensamiento, palabra y acción con la energía del amor que es la felicidad=facilidad. Gracias a la cual podrán realizar la ayuda para que llegues a tu meta, pero necesitan de tu parte para ello. Si deseas comunicarte con ellxs ahora, es el momento. Están aquí para ayudarte.

832: Tus Guías de Luz más elevada están asistiéndote en tus dudas abriendo tu corazón para que puedas así sintonizar con la energía mayor que es el amor y que no está conectada a la duda sino a la confianza, que es la facilidad en tu camino. Es momento para ordenar tu vida asentando unas bases estables y focalizando hacia donde realmente deseas avanzar y seguir en tu vida. Es momento para conectarte con tu interior escucharte desde dentro y sentir desde el corazón para escuchar las mas sabias respuestas.

833: Tus Guías de Luz más elevada están contigo, han ido de forma rápida y unida para protegerte y ayudarte en estos momentos. Puede que hayas solicitado su ayuda de forma rápida o que de verdad la necesites por la circunstancia actual es por ello que se han dado mucha prisa en tu llamado. Desean realizar las mejoras en tu vida y ayudas que necesitas sobre todo económicas, y así será. Está tranquilx y confía en su ayuda. Es un precioso momento para conectar con tus guías y confiar en ellxs mediante esas señales numéricas, plumas que puedan caer a tus pies, frases en algún anuncio o incluso música…ya sabes que van a hacerte saber que te están ayudando porque en este momento los necesitas, desean decirte que todo irá bien y que te aman, sigue hacia adelante que todo va a ir bien. Siempre que lo necesites, pide su asistencia y así lo harán.

834: Genera la abundancia desde tu interior y verás lo poco que tarda en llegar desde fuera. Tus guías te aman estas rodeadx de sus señales escúchalas, siéntelas y fluye con ellas. No te has de preocupar sino de ocupar, ocuparte de ti, de llenarte de amor y paz para unirte a la energía más poderosa que es el amor, una vez ames tus pensamientos palabras y acciones todo será más fácil en tu vida y por lo tanto facilidad es felicidad, y ese estado sí sintoniza con la abundancia. Fluye y expándete, respira hondo, algo nuevo te llega.

835: Tus guías están contigo para traerte las mejoras en tu vida que te permitan sintonizar con la abundancia. Es necesario y te aconsejan que conectes con tu espíritu y tu interior. Realizando por poco tiempo que sea meditación, buscar espacios de silencio para estar contigo mismx y así fluir con más facilidad y felicidad en tu vida. Extiende así las alas que te permitan verdaderamente conectarte con la luz que llevas por dentro y con esx niñx interior que eres tú, de verdad y expándete.

836: Tus Guías de Luz más elevada están guiándote y protegiéndote con su luz y amor para que no te preocupes de la economía. La abundancia vendrá y llegará. Ocúpate de ti de mantenerte en positivo y así seguir sintonizando con la frecuencia del amor, que es la abundancia, la fuerza mayor. Siente la paz cuando cada día realizas afirmaciones positivas enfocándote en la abundancia en el hoy de tu vida, sigue así. Confía en tus guías que están contigo y pide su ayuda, pues no dudaran en responderte, siente sus señales.

837: Tus Guías de Luz más elevada están ocupándose de la abundancia en tu vida. Es momento para conectarte con tu alma, desde la espiritualidad. Realiza cada día momentos de silencio con la única compañía de ti mismx para sentir que vas por buen camino, las respuestas las hallaras dentro de ti, conforme más espacios tengas contigo mismx. Sigue avanzando hacia la misión y propósito de tu alma, cada vez más vas a sentir que vas ascendiendo a un nivel superior de existencia, un ciclo se concluye y comienza uno nuevo.

838: Tus Guías de Luz más elevada te rodean de abundancia, es necesario que te conectes con ella o aprendas a hacerlo desde tu interior. Pues todo lo creado es precisamente desde ti, tus guías desean decirte que conforme mas sintonices con la luz que eres y con el amor más milagros veras en tu vida. Al sintonizar con tu abundancia interna en seguida conectas con tu abundancia externa y siempre es así de dentro hacia fuera. No dejes de hacerlo, no dejes de sintonizar. Bendiciones infinitas hay en ti.

839: Tus Guías de Luz más elevada te dicen que lograras disponer de ese dinero que deseas o necesitas en cuanto sigas los pasos de tu alma y misión espiritual. Conecta con tu intuición y materializa, pues el Universo va a expandir tu materialización en cuanto conectes con la luz y sabiduría tuya interna. Hay un cambio de ciclo, se concluye uno para comenzar otro.

840: El Universo está potenciando el orden y el enfoque en tu vida, es momento de disponer de unas buenas bases para que la abundancia llegue. No te preocupes sino ocúpate de disponerlo todo para ello empezando a conectarte con tu luz interior, esx niñx interior que está dentro de ti. Créate cada día a ti mismx, cada día es una nueva oportunidad para crear tu día tal y cómo deseas que sea y así será. ¡¡¡Cree es crear, hazlo!!!

841: Mantén el orden y el enfoque de lo que deseas verdaderamente y sobre todo acciona y pon todo de tu parte para que así sea. Es de vital importancia mantener tu pensamiento en positivo para poder permitir que la abundancia económica entre en tu vida. Tus guías te ayudan y lo están haciendo enfocándote a ver el vaso medio lleno en vez de medio vacío. Realiza afirmaciones diarias que te permitan estar en tu momento presente para disfrutar de lo pequeño, y así pueda llegar lo grande a tu vida.

842: No dudes y conecta con tu corazón es necesario el orden y priorizar en tu vida para poder avanzar hacia el camino de la abundancia económica. Hay cambios que permitirán ofrecerte nuevas mejoras que te hagan desplegar tus alas en confianza de tu interior y de lo que sientes que realmente deseas hacer. Es momento para disponer un buen enfoque en tu vida de lo que realmente deseas para materializarlo. Confía y materializa pero enfócate con precisión para poder verlo.

843: Tus Guías de Luz están ayudándote a poner orden en tu vida desde tu profesión hasta el marco de tu vida actual que dispones. Desean conectarte con el amor y la facilidad que es felicidad en tu camino, simplemente enfócate hacia tu objetivo, definiendo claramente lo que deseas. Veras como desde la confianza contigo y el amor contigo todo va a ser más fácil, es necesario sintonices con tu abundancia interna par que la veas de forma externa.

844: Tu guía es tu intuición sobre todo en el ámbito de tu profesión y en general en tu vida. Es necesario que realices cada día momentos en silencio con la única compañía de ti mismx, para poder concretar todos esos proyectos y metas laborales ambiciones que tienes. Además que en este momento es propicio concretar unas buenas bases para permitir que la abundancia y la economía fluyan en tu vida. No dudes, el tiempo es hoy. Establece un buen esquema y prioridades y ves avanzando sin prisa pero sin pausa, siempre conectadx con tu alma en el proceso. Cuida tu cuerpo, que es el templo de tu alma.

845: Los cambios o mejoras actuales son para establecer un nuevo marco de vida, unas nuevas bases y orden desde ti y desde dentro de ti, hasta fuera. Confía en tus guías y el Universo pues todo fluye favorablemente, son cambios que te permitan una expansión y mayor libertad de tu ser. Sé flexible y fluye, verás como la abundancia y la economía llegan.

846: Conecta con tu ser interno y desde el amor para sintonizar con la paz que eres y la paz que es la vida. Gracias a encontrar la paz desde dentro de tu ser llegará la claridad en ti, como en tu cuerpo notando las mejoras y la sanación desde dentro hacia fuera. Sigue ordenando desde las prioridades y el enfoque hacia tu verdadero y claro objetivo y síguelo hasta el final desde el amor que eres, pues esa es la fuerza mayor, tu mayor poder. Llega un nuevo ciclo de abundancia en tu vida.

847: Estas en un momento de expansión tanto en tu profesión como en tu economía. Es necesario el orden y la claridad de enfoque en tus objetivos. Establece prioridades generando así una armonía y fluye dejándote llevar por tu intuición y por tu alma. Veras que elevas en gran medida tu vida desde tu propia voluntad de luz: YO SOY.

848: Estas rodeadx de abundancia y de existo, simplemente es necesario que generes un orden interno en tu vida para materializar de forma externa. El Universo está potenciando y ayudando para que así sea. Eres abundancia. Genera desde un orden y una disciplina responsable la abundancia infinita en tu vida. Sin límites y sin miedos, pues en el amor no hay nada de eso. Conecta con la fuerza mayor que es el amor y hazte imparable.

849: Estas perfectamente guiadx y ayudadx en estos momentos por planos superiores de consciencia de luz. La abundancia llegará de forma económica y de otros tipos, en cuanto generes un orden desde dentro de ti estableciendo claramente tus valores y tus bases en tu vida. Genera desde ti lo que deseas que te llegue y así será. Si deseas amor sé amor, si deseas paz sé paz. Es momento de ascender a un ciclo superior de existencia mediante la conexión con tu luz y compartiéndola con el mundo.

850: El Universo ha propiciado y potenciado esos cambios y mejoras en tu vida para generar la abundancia. De forma que se te faciliten los caminos hacia el éxito desde dentro de ti. Conecta con tus dones y talentos innatos para crear una nueva vida más allá de los límites y del horizonte establecido. Es momento de expansión, de nuevos aires y de fluir hacia lo nuevo, para concretar una nueva base de vida.

851: Sigue manteniendo el pensamiento en positivo realizando afirmaciones diarias. En este momento se te pide mejoras, cambios y expansión. No te limites es momento de volar con tus propias alas para llegar a la abundancia en tu vida y a esa encomia deseada. Ahora es posible si mantienes tus pensamientos elevados y en positivo. AGRADECE TODO lo que tienes y lo que está por llegar.

852: Estas sintonizando con la abundancia en el momento en que sintonizas con la abundancia del alma con la abundancia que eres, eres amor. No dudes de ti y escúchate desde dentro, conecta con tu corazón para saber lo mejor para ti y el siguiente paso a dar. Es momento de hacer cambios que te conecten más con la verdad que eres, con tu interior y esencia. Eleva tu autoestima con el amor y sintoniza con la abundancia, también externa, en tu vida.

853: Tus Guías de Luz más elevada están ayudándote en tu camino, sobre todo en estos momentos, en los cuales hay cambios y conexiones profundas con tu ser. Tu intuición no te falla y tu sabiduría se agudiza cada vez más. Estas sintonizando con la abundancia interna y así de forma externa. Todo es cuestión de conectarte a la misión de vida mediante a seguir la voz de tu alma, en silencio y/o meditación. Nunca dudes de lo que hay dentro de ti, pues ahí yace tu mayor tesoro, habido y por haber. Los cambios son para sacar la luz que hay dentro de ti.

854: Realiza y crea unas nuevas bases de vida, desde el fluir. En estos momentos es necesario conectarte a la vida, que es constante cambio e ir creciendo junto a ella. Déjate llenar por la sabiduría de cada día, siempre hay algo distinto, y que te va a hacer llegar al éxito y a la abundancia en tu vida. Nunca dudes del abanico inmenso de posibilidades que hay cuando despliegas tus alas, mostrando la esencia y verdad que eres y así llegar donde nunca antes pensaste que llegarías. No te limites. Crea unas nuevas bases que te llenen de vida, desde dentro y conecta con la abundancia que ya eres.

855: Hay gran movimiento y cambio en tu economía, expansión y posiblemente llegar a donde antes no habías llegado. Toma las nuevas oportunidades no te cierres ni limites. Es momento de una gran expansión y libertad. Sigue conectando con tu sabiduría interna y sigue por tu propósito y misión de alma porque llegaras lejos. Un nuevo ciclo se abre ante ti, la abundancia está de camino.

856: El poder tuyo es ilimitado para conectarte con un cambio profundo de vida. Conéctate a la belleza de tu ser que es el amor, gracias a la conexión con esta energía, que es la mayor, vas a adquirir desde un cambio de vida absoluto hasta las mejoras que nunca pensaste alcanzar en tu vida. Sigue elevando la energía y consigue en infinidad de posibilidades tus deseos. Conecta con la abundancia desde tu interior, conectando con EL AMOR que hay dentro de ti y eres.

857: La economía y abundancia económica está llegando gracias a conectar con tu parte interna más profunda. Con la voz de tu alma, con tu intuición. Pues gracias a realizar los cambios y mejoras en tu vida, vas a adquirir la expansión que necesita tu alma para sentirse volar. Llega donde nunca antes lo hiciste para descubrirte cada vez más a ti mismx, y profundizar en quién eres y has venido a ser. Conforme más te dejes sentir y escuchar más vas a avanzar en tu vida desde la realidad. ¡¡ Tú puedes, NO HAY MÁS LIMITE QUE TÚ MISMX !!.

858: Estas guiadx por tus Guías de Luz más elevada en tu camino y conoces desde dentro de ti lo que has de realizar para llegar a esa abundancia que deseas. Conecta con tu niñx interior, con tu alma y tus guías te ayudaran a la conexión contigo necesaria para fluir en los cambios actuales que te están permitiendo llegar al triunfo, abraza lo nuevo. Fluye, mientras te llenas de sabiduría y adquieres las herramientas por el camino que te acerquen cada vez más a tu meta.

859: Genera el cambio y el movimiento hacia la materialización del propósito y misión de tu alma. Se cierran ciclos y otros nuevos se abren. Ábrete a recibir la expansión y la vida de las oportunidades y posibilidades infinitas que cada vez más te están acercando a la abundancia en tu camino. Sigue avanzando desde tu propósito interno, pues llegan grandes materializaciones en el mundo físico con un propósito mayor.

860: El Universo esta ayudándote en el plano terrenal a avanzar en las cosas materiales. Es momento para conectar con la energía positiva, realiza afirmaciones constantes para mantener tu energía conectada con la energía mayor, el amor, de esta forma al generar abundancia interna y potenciar lo que eres (amor) veras como llega desde el exterior todo lo deseado a tu vida. Es momento de expandir tus alas para conectar con la fuerza de la creación desde tus pensamientos. Conéctalos al amor y asciende tu vida a un nivel superior.

861: Mantén elevados tus pensamientos y en positivo para seguir elevando tu vida y energía en el amor que eres y la abundancia que mereces. Estas conectadx a la fuente inagotable de amor. Hay muchas opciones y posibilidades que están por llega y te facilitarán el avance. Realiza de forma diaria afirmaciones para que todo lo que siga llegándote sea cada vez más elevado de forma vibracional, sobre todo, desde tus pensamientos. Y así conectes cada vez más con la felicidad, que es la facilidad en tu camino.

862: No dudes y confía en la voz de tu alma, en tu esencia y propósito interior. Tu intuición es muy acertada. Es necesario que te conectes con el amor que eres para elevar la autoestima y no dudar de esas canalizaciones e intuiciones tan magníficas. Estas avanzando hacia la abundancia desde ti y hacia ti. Camina siempre cogidx de tu mano y llega a la misión que vienes a realizar aquí, gracias a conectarte con la voz de tu interior desde el máximo respeto del silencio.

863: Tus Guías de Luz más elevada están contigo. Si deseas pedirles ayuda o deseas conectar con ellxs ahora es el momento pues te darán señales y mensajes respondiéndote a tus preguntas o darte ayuda. Conecta con tu interior, con la luz que eres para avanzar en el amor y llegar a la abundancia que deseas. Es momento de seguir a tu luz interior y a no dejar de estar conectada con el amor que eres. Conecta con tu corazón y lo que sientes para avanzar hacia las puertas de la felicidad, que es la facilidad en tu camino.

864: Es momento de poner sanación en tu vida. Ama tu parte física también, pues es el templo de tu alma, de esta forma ascenderás a un nuevo ciclo existencial superior de abundancia. Conecta con tus talentos y dones para conectar con la abundancia económica. Es momento para encontrar la paz y la armonía dentro de una estabilidad y bases que se encuentran en tu misión y propósito de vida. Hay ciclos que se cierran y otros que se abren. Focaliza las energías según tus prioridades, para aprovechar tu tiempo invertido en que dé su fruto, siempre desde una realidad y practicidad.

865: Tu poder es ilimitado sintoniza con la fuerza mayor que es el amor, esa fuerza magnánima que está dentro de ti para seguir fluyendo en estos momentos en las mejoras y cambios que se den o necesites. Es momento para la expansión sin límites adquiriendo unas nuevas herramientas que te faciliten llegar a la abundancia que eres y así es que la veras materializada desde fuera. El poder está en ti, está dentro de ti.

866: Lo que te conectará a la abundancia es el amor, el incremento de tu autoestima y del amor hacia tu persona. Eleva el amor desde ti y en tu vida. En tu hogar y con todas las personas con las que tienes oportunidad de interactuar para que la fuerza de la abundancia que es la misma que la del amor reine en tu vida de una forma inagotable e infinita.

867: Conecta con tu alma, sigue avanzando desde la luz de tu corazón. Para llegar a la abundancia que deseas en tu vida. Tus Guías de Luz más elevada están ayudándote y agudizando tus intuiciones, haciendo que veas sus señales en tu camino para seguir caminando desde tu misión de alma y propósito esencial. No te despistes, sigue que vas bien. Sintoniza con la abundancia externa siguiendo la voz de tu alma desde dentro.

868: Estas materializando a escala mayor, proyectos de gran envergadura se están dando o son posibles ahora. La economía y la energía elevada te rodea sigue conectadx con el amor desde tu corazón. Veras como la paz y la armonía siguen en tu vida, cuando nunca pierdes el norte de tu vida y misión del camino que es el amor. La conexión real se establece entre lo que realmente eres y lo que te rodea, pues no hay separación, la fuerza mayor es el amor, y cuando sintonizas con la verdad que eres, sintonizas con la fuente de abundancia que eres y siempre has sido.

869: Conecta alma y cuerpo, mente y corazón. Es necesario unir todas las partes de ti para llegar al éxito o a la abundancia en tu vida. Es momento de unirte con tu niñx interior y que desde ahí conectes con la vida y la abundancia que eres, verás como conectando con el motor de tu vida, que es tu corazón y el amor, todo se vuelve posible y adquieres la más elevada sabiduría en tu alma. Despide un ciclo y da la bienvenida a uno nuevo, de nivel superior, y elevación desde el amor.

870: El Universo te está ayudando en la conexión con tu alma desde dentro de ti, para que de esta forma se abran puertas y caminos hacia la abundancia económica y la facilidad. Se hace necesario que sintonices con tu alma y la profundidad de tu esencia. Sintoniza con la paz y armonía desde tu interior realizando afirmaciones diarias y momentos de silencio con la única compañía de ti mismx. Tu intuición está aumentando, el Universo te esta conectando con el todo y no hay que llegar a la abundancia, ya eres abundancia. Tan solo es necesario: Despertar, darse cuenta de que la abundancia radica en el amor. Si deseas más abundancia sé más amor.

871: Mantén el pensamiento en vibración elevada realiza afirmaciones positivas para conectarte con la vida. Gracias a las cuales van a permitirte una mayor facilidad para conectarte con tu alma. La economía llegará a tu vida gracias a conectarte con la misión de tu alma, el propósito que vienes a realizar es interior, se realiza escuchando la voz de tu alma. Tu intuición esta incrementándose conforme más profundizas de forma diaria en ti, ya sea meditando o estando en silencio con la única compañía de ti mismx.

872: No dudes y date tu tiempo, para realizar o llegar a algún punto deseado. Todo es perfecto tal cual es y se dará en su momento. Confía en ti y en la vida, pues lo que crees creas de forma infinita, escucha y guíate desde la voz de tu alma, pues ella sabe y te indicará el camino. Dispones de una gran intuición para profundizar en ti y desde ti adquiriendo una infinita sabiduría interna. AMA TODO LO QUE ERES, te conectarás más rápido a las respuestas.

873: Tus Guías de Luz más elevada están contigo en estos momentos sobre todo, de gran aprendizaje y en ayuda espiritual de todo tu ser: mente, cuerpo y alma. Se te están dando las señales indicadas en cada momento, mostrándote que no estás ni estarás nunca solx, eres bien respaldadx y la ayuda siempre se te está dando. Pide a tus guías y allí estarán. Sigue compartiendo tu luz con todas las personas. Haz el bien sin mirar a quien y veras como la abundancia y tu sabiduría van en aumento al conectarte con la verdad de la vida, la fuerza mayor: EL AMOR.

874: En este momento se te dice que conectes con tu ser interno, con la misión y propósito de tu alma (la voz de tu alma) para poner orden y unas buenas bases ahora, en tu vida. Focaliza, no disperses tus energías hacia otros objetivos que no sea el indicado desde tu ser interno, y pon orden de prioridad. Posees un poder ilimitado de realizar y conseguir tus propósitos pero es el orden (desde dentro de ti) el que has de crear para obtenerlo fuera, la coherencia de saber verdaderamente tu objetivo y poner un orden interno para también hacerlo de forma externa. Veras como el todo se genera solo, desde ahí.

875: Los cambios son mejoras que te están permitiendo poder expandir tu alma y volar con tus propias alas. Conéctate con tu interior y sigue la voz de tu alma para no perderte. Veras como si sigues tu brújula interna, el éxito y la materialización llegaran, porque el Universo activara el código de la manifestación en tu vida. Pero se hace necesario ser flexible y fluir desde tu interior. *Ser verdad te hace libre.*

876: Tus Guías de Luz más elevada están apoyándote en las cuestiones materiales y de índole monetaria te están ayudando a que encuentres la paz que eres y la abundancia desde el interior de ti, desde la fuerza mayor e interna que ya dispones que es la que generará ese dinero físico que deseas en tu vida y la facilidad y apertura en tu vida de caminos. Conecta de nuevo con tu niñx interior y verás los milagros. Comunícate de forma activa con tus guías de la más elevada vibración, pide y se te dará.

877: Sigue conectadx a tu alma pues estas avanzando por el camino indicado. Eres un ser conectado, realiza de forma continuada y cada día momentos de reencuentro con el silencio para escuchar con mayor claridad a tu alma, ella es la que te seguirá indicando el camino. Veras como la abundancia llega conforme continúes una disciplina interior y espiritual en tu vida de forma diaria. Crea momentos de silencio para poderte escuchar mejor y para seguir tu propia luz que es tu camino verdadero. La materialización es elevada, si sigues con la base del respeto hacia tu propio ser, no tardarás mucho.

878: Sigue el llamado de tu alma, la elección es correcta siempre siguiendo la voz de tu alma. Tu intuición es muy buena, sigue y consigue. Te rodea la abundancia, es cuestión de confianza en ti mismx y sobre todo flexibilidad y fluir. No te limites llegan oportunidades nuevas y nuevos aires en tu vida, que te van a facilitar esa abundancia y expansión que deseas.

879: Conecta con la abundancia interna para poder ver la materialización externa. Esa economía o ingresos que deseas son simplemente una conexión con el amor que eres y con la energía mayor de la vida que es interna y que genera toda la abundancia habida y por haber. Sigue la voz de tu alma, no te desvíes. Ayuda y comparte tu experiencia y sabiduría interior pues harás mucho bien, te permitirán llegar con más facilidad a la abundancia que eres. Solo es dando que puedes recibir, de forma inagotable. Es momento para concluir un ciclo y comenzar uno nuevo de gran paz, armonía y amor.

880: El Universo entero está ayudando y potenciando en gran medida tu economía. Sigue teniendo fe en ti y en el todo, que es perfecto como perfecta es tu esencia de amor y luz que eres. Sigue conectando con el silencio donde obtendrás las respuestas y grandes revelaciones para tu camino y guía de vida. Sobre todo ahora, no pierdas la brújula interna, escucha la voz de tu alma desde el silencio, creando momentos de unión únicamente con tu compañía, hallando los siguientes pasos del camino que te llevaran a la abundancia que deseas: CREER ES CREAR.

881: Sigue manteniendo pensamientos de frecuencia elevada pues son los únicos que te permitirán conectarte a la abundancia que deseas. El gran generador de abundancia ahora es tu mente: "tú lo crees, tú lo creas". Realiza de forma diaria afirmaciones que te permitan vibrar en alta energía y vibración. Pues la ENERGÍA MAYOR es el AMOR. Solo cuando sepas de verdad que eres un ser de infinitas posibilidades serás consciente de que no hay que llegar a la abundancia, TÚ ERES la ABUNDANCIA.

882: No dudes, no generes fragmentación desde dentro de ti. Pues en el amor no hay duda y la energía siempre es completa y vibra en unidad. Lo afín atrae lo afín, así que mantén el equilibrio desde dentro de ti, escúchate para amarte no más sino mejor y conecta con la fuente inagotable de infinitas posibilidades para ti y para tu vida: HOY Y SIEMPRE. Tú tienes el poder. Conecta con el gran poder que se dispone en todo tu ser, y conecta así con tu propósito de vida. Comienza en nuevo ciclo, lo viejo o caduco se despide y entra lo nuevo.

883: Tus Guías de más elevada Luz están ayudándote en la abundancia económica y ayudas para tu vida. Las posibilidades que dispones son infinitas y dependen de ti, conecta con la luz y el amor que eres para conectar con la abundancia infinita y posibilidades a tu alcance y que vas a generar porque: Creer es crear. Sigue a tu niñx interior para seguir avanzando. Puedes comunicarte con tus guías de la más elevada vibración en tu día a día, así como pedirles ayuda para que puedan hacerlo (pide y se te dará).

884: Genera orden desde dentro de ti y de forma externa para que la abundancia pueda llegar a tu vida desde y a partir del día de hoy. La materialización es ayudada por el Universo que te indica el equilibrio emocional que has de generar. La autoestima y escucha con ternura y amor hacia ti mismx, te ayudarán a sentir que eres merecedora de la abundancia externa porque eres abundancia (eres Amor). Genera un orden desde dentro de ti cuya base sea el amor real y diario, puedes ayudarte con afirmaciones y muestras de cariño con tu ser, veras como comienzas a priorizar y a establecer el orden y bases sólidas y estables que te permitirán, precisamente, avanzar en tu vida y en tu camino desde los hechos.

885: Hay cambios en tu vida. Movimiento es mejora y evolución: Avance. Genera y sigue conectando con la abundancia del amor, la alegría y positividad que tiene la vida. Enfoca todo tu Ser (Pensamiento, Palabra y Acción) en la Creación, en generar desde dentro de ti lo que deseas ver en el exterior y así será: creer es crear. Expande tu economía y fluye con cada aprendizaje y herramientas nuevas, que te van a aportar independencia y felicidad. Se te bendice con lo nuevo, tus Guías de Luz más elevada te Bendicen, pídeles y te ayudarán.

886: Suelta y confía pues la abundancia que deseas o buscas fuera es generada desde dentro de tu ser. Es momento para materializar esa abundancia a escala mayor en tu vida y para otras personas. Por lo tanto es momento para centrar tu atención en tu corazón, en tus sentimientos y emociones para abrazarlas poniendo paz y armonía. Siente y vibra en amor con afirmaciones diarias en las cuales focalices toda tu atención en lo bello de cada día y agradece, una de las palabras más elevadas es el agradecimiento. La fuerza mayor es el amor y ésta te provendrá de todo lo necesario para alcanzar tu propósito.

887: La abundancia económica o ese dinero que esperas llegarán justamente mientras sigas conectadx a ti desde dentro de ti con tu alma y tu intuición. Sigue en la conexión en tu camino espiritual, guiadx desde dentro de ti para seguir fluyendo en los cambios y oportunidades del camino.

888: La abundancia nace desde dentro y cuando estás conectadx al amor que eres con todo tu ser, aprendes a que nada es inalcanzable y todo es infinitamente posible, precisamente como el número 8 tumbado lo es: EL INFINITO. Estás en un momento de tu vida en el cual la abundancia viene a lo grande para ti. Estás en la dicha y plenitud, disfruta y sé feliz. No dejes de seguir conectadx a la fuerza mayor que eres y está en ti: EL AMOR, y verás como esto no es una fase que llega y se va, sino que perdurará de forma infinita como su forma y esencia infinita es.

889: La abundancia llegara desde un camino interior espiritual. Avanza por dentro de tu ser en sabiduría de vida. La escuela verdadera es la vida. La misma vida en la cual se ayuda y se comparte con las demás personas y es así como una persona crece y se enriquece de verdad compartiendo la luz que es y aprendiendo de otros seres diferentes y complementarios que te aportan abundancia real. Nunca dejes de compartir tu sabiduría y conocimientos, nunca sabes cuánto bien puedes llegar a hacer con ello. Ahora es el momento, cuánto más des más recibirás y así es. Pues lo que se da siempre se recibe de vuelta, pero has de dar tú primero y desde tu corazón y tu alma: en amor. Conecta con la voz de tu alma, conecta con el silencio y te unirás a la esencia que eres y al propósito por el cual estas aquí y ahora, conecta con tu propósito para hacer el cambio de ciclo que necesita tu alma.

890: El Universo está potenciando toda esa sabiduría de esta y de otras vidas que tu alma lleva consigo para que puedas avanzar sin duda y sin miedos, pues en el amor no hay duda sino AMOR. Es el momento de compartir con las demás personas. Comparte la luz que eres y llevas por dentro. Es momento de cambio de ciclo, de despedir un ciclo de vida y ascender a un nivel superior. Sigue por este precioso camino en conexión interna de tu ser y veras como la abundancia llegan a tu vida.

891: Concéntrate en pensamientos positivos en ti y que solo lo positivo sintonice contigo. En este momento se está produciendo un cambio hacia un nivel superior de existencia. Sigue avanzando en tu misión y propósito de tu alma y de vida, ayudando y compartiendo con otros seres tu luz, tu verdad: tu esencia. Es momento de aportar al mundo la verdad que eres y poder ayudar así a que otras personas tomen tu ejemplo: siéndolo. Avanza desde tu alma en conexión completa con tu ser, se cierra un ciclo para poder abrir uno nuevo.

892: Ama y escucha a tu alma, siguiendo tu misión de vida y propósito del alma. Equilibra tus emociones gracias a tu poder intuitivo y conexión con el todo. Es momento de compartir la luz tuya en sanación de amor a otras almas que necesiten que sean escuchadas y sanando sentimientos y emociones, tanto tuyas como de otras almas. Es momento para ocupaciones de carácter altruista y en voluntad de ayuda para que la economía y abundancia fluyan de forma infinita, en el momento en que seas infinito amor desde tus actos.

893: Tus Guías de Luz más elevada están en estos momentos ayudándote a que saques desde dentro de tu ser toda la luz que llevas por dentro, en voluntad de crecimiento personal y espiritual para que pueda avanzar tu alma y tu vida hacia la evolución para la que bajaste. Te mandan tus guías señales escúchalas, obsérvalas y agradécelas…ya sean señales numéricas, plumas que caen a tus pies, frases en carteles publicitarios o músicas. La abundancia que pides o deseas llegará, es cuestión de conectarte con el amor que eres y con saber escuchar más a la vida y al mundo. Es momento de la comunicación y la materialización desde tu corazón, desde el amor que eres.

894: Es momento de focalizar y poner orden en tu vida desde la misión de tu alma y conectando con tu esencia. Tus Guías de Luz más elevada están en este momento ayudándote a ordenar tu interior para poder concretar de forma externa y materializar. Es necesaria la toma de decisiones y prioridades en ti y desde ti, no disperses las energías es momento para ordenar tu vida desde dentro hacia fuera con la coherencia y unión de tu: pensamiento, palabra y acción para poder realizar esa CREACIÓN que tanto deseas. Ordena y Prioriza en tu vida para poder recibir la abundancia que eres y hay. Tus Guías de Luz más elevada están acompañándote y guiándote en tu conexión, pídeles ayuda y lo harán.

895: Los cambios y las mejoras en tu camino son constantes y necesarias para que nuevas energías circulen en voluntad de expansión en tu alma. Abre las alas que portas por dentro pudiendo así materializar y concretar ese gran proyecto y obra que desea tu alma realizar. Es momento ahora para compartir la luz que llevas por dentro para poderte iluminar tú y así poder iluminar, desde tu ejemplo, a más personas. Ahora es el momento, sintoniza con tu abundancia interna para realizar esas grandes materializaciones, ahora es el momento.

896: Sintoniza tu cuerpo con tu alma, es momento para conectarte de forma completa a la materialización de la abundancia en tu vida. Es momento de cambios y mejoras que te permitan la expansión y renovación de la energía desde ti. Sintoniza con la fuerza mayor que está dentro de ti en tu corazón, y que es el amor. Ésta te va a permitir sintonizar con la fluidez y facilidad en tu vida. Recuerda que la verdad de tu ser se proyecta en tus hechos. Ayuda y comparte la luz desde dentro hacia fuera, para poder ayudar así a otras personas a elevarse en consciencia. Fluye compartiendo sabiduría y luz.

897: Dispones de una gran de sabiduría espiritual. Sigue avanzando en tu camino desde el amor, pues sintonizando con esta fuerza divina de la creación que portamos todxs en nuestro interior y, realizando encuentros con la única compañía de ti mismx en silencio con tu alma, veras como recibirás las respuestas desde ti sobre el camino o pasos a seguir, desde ahora. Comparte la luz y la sabiduría desde dentro de ti, pues vas a ayudar a muchas personas. Adelante con la fluidez de la abundancia compartiendo AMOR que es luz.

898: Sigue tu intuición y ten fe. No dejes de conectarte con la voz de tu alma pues estás llegando a conectar con un sendero de facilidad y de abundancia en tu camino. La economía esta fluyendo en tu vida gracias a seguir la sabiduría que hay dentro de ti. Eres un ser lleno de infinitas posibilidades que sabes y notas que son creadas desde tu interior y se ven materializadas en tu exterior. Cuando conectas con la abundancia interna, la ves de forma externa. Sigue compartiendo tu luz y ayuda con el mundo veras como la abundancia se hace infinita

899: Es momento de que tu alma y vida asciendan a un nivel superior, y esto es solo mediante cerrar un ciclo para poder abrir otro nuevo. La conexión con tu alma se incrementa y la vida te está llevando a ser tu mismx, contigo, y con las demás personas que te rodean. Es momento de ser luz y compartirla, así ayudar desde el ejemplo manifiesto mediante compartir amor que es abundancia, la misma se verá materializada en formas diversas, facilitando la evolución en tu camino, aquí y ahora. Es un momento de evolución y ascensión personal, ¡Aprovéchalo!

900: El Universo, todo el Universo está potenciando e incrementando la visión y enfoque que debes de tener en estos momentos, de que el fin superior es el propósito de tu alma. La conexión interior con tu alma y la sabiduría que ya portas no solo de esta vida sino de otras, es el bagaje interno que necesitas en estos momentos en tu vida. Nada externo sino interno, a ti mismx. Avanza según tus propios pasos, conéctate a la luz interior tuya y veras como toda tu vida asciende a un nivel superior de existencia, a un nuevo ciclo. Es momento de cerrar una etapa para poder llegar una nueva y avanzar, seguir avanzando en tu camino y en ti. Enriquécete compartiendo y ayudando, tienes mucho que ofrecer y que aportar al mundo, ¡Adelante!. El nuevo comienzo es: Hoy.

901: Sigue manteniendo el pensamiento positivo pues tu poder de materialización es ilimitado. Un gran poder conlleva una gran responsabilidad y es responsabilidad tuya el poder avanzar de la mano de tu interior del Yo Soy, que es tu esencia verdadera y profunda del ser espiritual que eres. El Universo está potenciando la luz desde dentro de ti para que la veas y seas consciente de quién eres de verdad y sin dudas, pues en la luz y en el amor no hay dudas. Eres amor, sé amor comenzando por crear pensamientos desde y en amor, pues para el nuevo ciclo es necesaria la evolución en consciencia, empezando por la fuerza de tus pensamientos, pues es la base de la manifestación.

902: Tus pensamientos tienen el poder de materializar muy rápidamente, pero es necesario equilibrar tus emociones y parte emocional. Toca escucharse desde dentro, dándote el tiempo necesario para ti, cada día e instante de tiempo. Conecta con tu corazón para avanzar hacia la sabiduría y misión de tu alma: tu propósito de vida y camino. Realiza afirmaciones diarias que te conecten con la vida en cada instante en agradecimiento y alegría.

903: Tus Guías de Luz más elevada están contigo, ayudándote y apoyándote en tu camino y misión de alma. El Universo está potenciando tus capacidades mediumnicas, puede que tus sentidos se agudicen permitiéndote una gran intuición, que en pocas veces te fallará. Sigue avanzando conectando con tu niñx interior y con la alegría de la vida. Veras que si necesitas ayuda o deseas respuestas, es posible la conexión con tus guías. Pide y se te darán esas señales en forma de: señales numéricas, plumas que caen en tus pies o encuentras al caminar, carteles publicitarios con mensajes o canciones/música.

904: El Universo esta ayudándote a elevar y a orientar tu propósito en este plano, no dejes de saber que eres un ángel en la tierra y que tu propósito es evolucionar desde dentro de tu alma, para avanzar en tu vida. Sigue concretando y ordenando en prioridades para poder concretar y materializar como deseas. Es momento de unas bases solidas y un orden desde dentro hacia fuera.

905: El Universo esta ayudándote a elevar tu vida gracias a los cambios y mejoras actuales, que te van a permitir trascenderte y expandirte. Es momento para abrir tus alas y fluir, dejando que sea la vida el viaje que es y no la meta. Conecta siempre desde tu alma con tu entorno, y ayuda siempre que puedas a otros, para realizar un sabio aprendizaje de vida.

906: El Universo esta equilibrando tu mente, tu alma y tu cuerpo para tu propósito mayor en este plano. Avanza en amor y desde este plano para poder dar cada vez más de ti a la vida. La fuerza mayor es el amor y es la fuerza más poderosa que lo puede y abarca todo, al conectar con tu corazón conectas con una fuerza imparable que te va a ayudar a avanzar en tu vida a grandes pasos.

907: El Universo te está ayudando a avanzar por tu propósito divino en este plano existencial, conecta con la intuición tan poderosa que vas a ir adquiriendo, desde el respeto y disciplina contigo mismx. Cada día conéctate en silencio con tu ser y lee algún libro que te pueda llegar. Es momento de grandes aprendizajes en tu alma para adquirir la sabiduría necesaria que te conecten a la verdadera vida, que nace y se hace desde dentro de ti "Lo que es fuera, ha sido primero dentro", y siempre en ese orden.

908: Conecta con tu misión y sigue avanzando al son de la voz de tu alma para elevar tu vida hacia el cambio de la abundancia, en todos los campos, sobre todo el económico. El Universo esta ayudándote a cerrar ciclos para que otros nuevos se abran desde dentro de ti, y la abundancia en infinitas formas se manifieste en tu vida

909: Sigue la voz y voluntad de tu alma, conecta con la paz y el todo que está dentro de ti, el Universo entero bendice tu camino desde el propósito de conexión espiritual en tu vida. Sé tú sé verdad y se libre, porque naciste libre, en paz y completx y así es. Ayuda a otras almas a que encuentren su propia luz desde tu ejemplo: no diciéndolo, sino siéndolo. Es momento para cerrar ciclos y elevar tu vida a uno nuevo…¡¡¡ Completamente NUEVO !!! ADELANTE.

910: La misión y propósito de tu vida es responsabilidad tuya, nada ni nadie desde fuera te lo va a decir ni deberías dejar que decidiera por ti mismx. Conecta con tu voluntad del yo soy, tu yo espiritual (tu alma) y avanza desde la verdad que eres hacia lo que has venido a nacer y a hacer aquí. Es momento de un poder ilimitado gracias a la ayuda del Universo. Estas bien respaldadx para el avance en tu vida se cierra un ciclo y se abre uno nuevo. Es momento de despedir para poder recibir. Tu vida se está elevando.

911: Tus pensamientos se están materializando en estos momentos en tu vida, es muy importante seguir manteniendo una energía elevada y positiva. Realiza afirmaciones diarias que conecten con un enfoque de vida positivo para hacer que cada día cuente y que materialices todo lo bueno que hay para ti en la vida. Es un momento de cierre de ciclo, para que tu vida se eleve a un nivel superior, en el cual su base sea la conexión con tu alma, pues ella, es la única brújula en tu camino.

912: Es momento de equilibrar tu mente con tu alma, tu energía masculina con tu energía femenina, para ello has de sintonizar con tu poder y misión de vida que es la voz de tu interior (la voz de tu alma). Sintoniza con el amor y escucha dándote el tiempo necesario para sentir y sentirte… conocerás en seguida las respuestas, tus capacidades van en aumento, hacia lo extrasensorial, ábrete a recibir respuestas equilibrando tu energía interna. Tus Guías de Luz más elevada están contigo comunícate con ellxs y pide para que se te dé.

913: Tus Guías de Luz más elevada están acompañándote en las acciones y voluntad en estos momentos tuyas y en tu vida, ayudándote a elevar tu pensamiento en positivo para que todo en consonancia con tu interior. Es muy importante no desconectarte de la misión que tienes y de los mensajes que recibes cada día desde dentro hacia fuera. Escúchalos con atención para poner esa estabilidad, bases y orden en tu vida. Tus guías te ayudan en tu profesión sobre todo a dar los pasos necesarios y prioritarios en tu proceso para el progreso y la materialización. Recibirás sus señales ya sean de forma numérica, como con plumas, como con mensajes publicitarios y/o en canciones.

914: Es momento de responsabilidad, de realizar lo correcto desde tu voluntad del alma y esencia. Es momento para realizar acciones que te acerquen cada vez más a tu propósito y misión de vida, que es la de tu esencia: YO SOY. Conecta con tu intuición y lo que tu alma te dice en todo momento. Es momento de mejoras en tu vida y de fluir, para poder expandir tu vida hacia unas nuevas bases y estabilidad desde un proyecto o desde cambiar toda tu vida por una más estable y feliz. Adelante con el cierre de ciclos, para dar la bien-venida a lo nuevo que te está esperando. Llénate de nuevos aires en tu vida, ¡¡¡LLÉNATE DE VIDA Y FELICIDAD!!!

915: Estos cambios son para mejorar tu vida, aprovecha estos tiempos de mejoras para fluir y dejarte llevar desde tu corazón desde lo que sientas desde dentro de ti. Conecta con la fuente inagotable a disposición siempre tuya interna que es el amor. Amor que eres y sientes cuando te abres a la vida, tanto a recibir como a dar. Conecta con la voluntad y misión de tu alma, pues es momento para abrir todo tu ser a la energía positiva que te eleva y te conecta verdaderamente con el propósito a seguir: desde el AMOR de TU ALMA. Fluye en los cambios con amor.

916: Sigue la misión que viene desde ti, desde todo tu ser que es desde dentro, dónde sabrás en cada momento las verdaderas respuestas para tu felicidad y verdadera realización de tu ser y propósito. Conecta con la esencia y el amor que eres y tienes, realizando afirmaciones diarias para elevar tu energía mental a la positiva, gracias a ello seguirás avanzando a grandes pasos respetando tu alma como la única voz que debes en estos momentos escuchar. Ámate no mas sino mejor y realiza los cierres que debas hacer para poder dar la bienvenida a lo nuevo, depende únicamente de ti y de tu voluntad. Ayuda y comparte amor. Amor es lo que eres.

917: Sigue tu intuición y tu guía interna para realizar cualquier tipo de decisión y voluntad en tu vida. Tus posibilidades de éxito y de avance son bendecidas en estos momentos en infinito conforme más sigas a la voz de tu alma. Te ayudará en gran medida el poder respetarte y sentir en silencio la conexión profunda con tu ser, realiza cada día pequeños momentos de reencuentro con la única compañía de tu ser. Veras como avanzas a grandes pasos, gracias a tu fe interna hacia la abundancia en tu camino.

918: Es un momento para recibir tu recompensa y abundancia en tu vida, gracias a seguir tu propósito de alma y voluntad interna de tu esencia. Gracias por tu conexión del Yo Soy, con tú alma y profundidad máxima. Es momento de todo lo bueno en tu vida gracias a compartir la luz que eres y los dones y talentos innatos. Agradece y avanza a grandes pasos ábrete a compartir y el mundo se abrirá en infinitas posibilidades de abundancia para ti. Un nuevo ciclo comienza.

919: Que tu vida sea basada desde la potencialidad de todo tu ser. Eres una esencia profundamente espiritual y de gran sabiduría y conexión con la fuente. Verdaderamente tu alma está capacitada para mostrar lo ilimitada que es, gracias a la voluntad del Yo Soy de tu ser interno. Sigue conectadx con la fuente y tu propósito de vida, desde la gracia de tu alma, desde la compasión, tolerancia, compartir con el mundo la luz que eres. Gracias a compartir y ayudar desde un sentimiento de unión el Universo y la vida te van a llevar a un nuevo nivel de vida absolutamente más elevado que el actual. Conéctate a tu ser, conéctate a la vida y asciende floreciendo desde la verdad que tu eres conectando tu pensamiento con tu palabra y con tu acción en coherencia para crear todo lo deseado desde la luz y el amor que eres.

920: En estos momentos de tu vida puedes materializar tus pensamientos muy rápidamente es por ello que el Universo te está ayudando a potenciar tu capacidad y equilibrio emocional, de esta forma conectando con tu corazón experimentaras las sensaciones necesarias que te irán indicando el mejor horizonte en tu camino y que más te acerquen al propósito de vida y misión de tu alma. Sigue avanzando realizando afirmaciones y elevados pensamientos que te conecten con la energía positiva y del amor, pues gracias a ello seguirás compartiendo la luz que eres atrayendo todo lo bueno para tu vida.

921: Tus Guías de Luz más elevada te están mandando mensajes. Conecta con tu intuición y sensaciones internas para avanzar en tu camino ahora. Ayúdate a ti a ser libre gracias a la luz que portas desde tu interior, comparte lo que eres desde la luz de tu alma y de tu ser. Pues no hay nada más verdad. Sigue manteniendo tu pensamiento elevado y en positivo para poder intuir y sentir mejor la luz y el amor desde dentro de tu ser, las sensaciones internas que te darán esas respuestas que necesitas. Avanza según las señales que recibas, tus guías y tu ser interno se están conectando.

922: Es momento de materializar a gran escala, de poder concretar ese proyecto de forma pragmática y concreta. De hecho vas a ayudar a otras personas con la creación y concreción del proyecto o idea que deseas o tienes. No dudes, conéctate al amor y a tu corazón donde dispones de una fuente inagotable de energía y de vida. En el amor no hay duda sino certeza. Y toda la luz que eres ponla en dar vida a eso que deseas, porque será una gran materialización. Prioriza y concreta con responsabilidad y enfoque.

923: Tus Guías de Luz más elevada están ayudándote y asistiéndote en estos momentos en tu vida, pues es momento de fluir y de expansión desde los cambios que puedan haber o llegarse a producir. Tómalos como una mejora para equilibrar tus emociones y sentimientos hacia el equilibrio sincero desde la autoestima, y el amor real con tu ser. La misión de tu alma se está concretando y es por ello necesario centrarse en todo lo bueno que está por venir, y de concluir y despedir ciclos que deben ser pasados, para que los cambios y mejoras puedan llegar a tu vida.

924: Tu misión y propósito se encuentran acorde con tu ser cuando tus elecciones y acciones van unidas a tus sentimientos, a tu corazón y son escuchadas y sentidas desde dentro de tu ser. Gracias a las cuales te van a permitir concretar y establecer mejores y más estables decisiones de vida. Conéctate a la fuerza mayor que es el amor y es la fuerza que se crea y nace desde dentro de ti, desde tu corazón y desde tu alma. Para seguir con tu preciso propósito de vida que es la voz de tu alma y la luz de tu esencia. Comparte y sé libre porque esa es la verdad y eso es lo que eres: AMOR, PUREZA Y VERDAD.

925: Los cambios son mejoras, no dudes de ellos ya que vienen a ayudarte y a expandir tu vida hacia adelante. Es momento de fluir y de disfrutar mientras se aprende de la vida llenándote por dentro de nuevos aires en tu corazón y alma para poder ascender de nivel vibracional y de vida. Date espacios para reencontrarte en silencio con tu ser interno y alma. Medita y escucha la voz de tu alma para llenarte de todo lo nuevo que te está ofreciendo estos cambios en tu vida.

926: Conecta con la fuente que eres y con la luz que hay en ti para no dudar del poder y fuerzas tuyas internas que posees y que te van a hacer crecer desde dentro hacia fuera. Conforme te conectes a tu abundancia interna e ilimitada de amor que tienes y eres, te va a llegar esa abundancia de forma externa con personas situaciones o circunstancias, en infinitas formas las cuales te van a aportar esa economía que deseas o esas facilidades o ayudas que buscas.

927: Date tus espacios de silencios que te permitan temperar tus sentimientos y despejar tus dudas, justo en los momentos que lo necesites o tu alma te diga desde dentro. Conecta con tu autoestima y con el amor que eres, esa fuerza mayor y motriz de vida, que nace desde dentro de ti también. Siente como tu vida mejor avanza conforme más conectada estés a tu ser interno y a tu alma, sigue a tu intuición, sigue la voz que hay dentro de ti y que te hace vivir tu vida mucho mejor. Es momento de cierre de ciclos para que nuevos se den. Es momento para conectarte más allá de lo que crees ver y ser, no te limites desde lo físico y sé eternx desde lo verdadero: Energía. Comparte y ayuda con otros seres, dar es recibir y recibir es dar. Es momento de pasar a un nuevo ciclo de vida.

928: No dudes de tu poder infinito e ilimitado que posees, pues el Universo esta acompañándote y potenciando precisamente tu voluntad, mostrándote en infinitas posibilidades tus deseos. Sigue conectadx con el amor que eres e inagotable fuente de abundancia interna para poder ver esa fuente ser materializada de forma externa. Así es y así será. Confía en ti y el mundo confiará en ti. No hay que llegar a la abundancia, ni a nada, sino que se ha de sintonizar con ella. ¡¡¡Tú eres abundancia, así es, SIGUE ASÍ!!!.

929: En el amor y en la luz no hay duda sino que hay verdad y por lo tanto paz, amor y tranquilidad de existencia. En estos momentos te encuentras equilibrando tu ser interior con el rumbo de tu alma o propósito de vida. Debes seguir conectadx a la luz y verdad que eres, conectándote al amor y a la autoestima de tu ser, para ver que estas bien guiadx desde ti y que en ti se genera la fuerza mayor que lo puede y consigue todo. Querer es poder, ámate no mas sino mejor y date ese tiempo de escucha, cariño y ternura contigo que tanto necesita tu alma para seguir avanzando en lo que es, sin más. Hay un cierre de ciclo para la apertura de uno nuevo.

930: Tus Guías de Luz más elevada están trabajando junto al Universo en elevar tu vida y cerrar un ciclo para abrir otro completamente nuevo en tu vida y en/desde ti. Es momento para conectarte con tus guías pídeles ayuda y te asistirán, puedes escucharlos gracias a las señales que te envían día a día o interactuando con estas energías de elevada luz pidiéndoles que se conecten o se comuniquen más directamente contigo. Comparte la luz que eres con el mundo, muestra tu predisposición de ayuda, y ayuda desinteresadamente, conecta con tu niñx interior.

931: Es absolutamente importante para crear un orden y estabilidad en ti y en tu vida mantengas elevados pensamientos sintonizados únicamente con la alta energía, puedes ayudarte de afirmaciones diarias sonde te focalices únicamente en lo positivo de la vida que es el amor. Tus guías están ayudándote a ascender y elevar tu propósito a la conexión espiritual y de vida. Limpia y pon orden en tu interior para verlo y ponerlo fuera. Veras que conforme te ocupas de tu interior todo tu mundo se transforma conforme lo hagas tú, primerx.

932: No dudes y confía en ti para que notes la ayuda de tus Guías de Luz más elevada, en estos momentos de cambios es momento de conexión y guía interna para poder escuchar a las energías de luz que te están asistiendo guiándote y manteniéndote en el camino y propósito de tu alma. Es momento de expansión para ti, hace falta confianza y amor de ti hacia ti mismx. Conecta con la fuente de amor que hay en ti gracias a escucharte y tener paciencia y comprensión contigo. Avanza desde tu ser con confianza y comprensión elevando tu autoestima y así conectando mejor con tus guías que te ayudan y asisten siempre que se lo pides.

933: Tu propósito y función en estos momentos va unida a las Energías de Luz más elevadas las cuales asisten en todo momento tu vida así como tu trabajo desde ti y con otros seres. Es muy importante en estos momentos no te desconectes de tu esencia que es el amor y la fuente que nace en ti y desde ti, la cual irradia luz al mundo.

934: Tus Guías de Luz más elevada están asistiendo el orden y las bases en este momento en tu vida. Están supervisando y dando luz a tu labor y profesión, estableciendo desde tu ser las prioridades verdaderas que tienen que ver con tu misión y propósitos internos, para así encontrar la estabilidad desde dentro de tu ser hacia fuera. Es momento para seguir a tu alma y de conectar con tu niñx interior, te están ayudando a que no te desconectes de la fuente de vida que eres. Pregúntales y pide su ayuda y te asistirán siempre enviándote señales en tu día a día, sobre todo desde la meditación y el silencio.

935: Tus Guías de Luz están guiándote en los cambios hacia elevar tu vida siguiendo el propósito de tu alma. Escucha desde la voz de tu alma esas intuiciones y conexiones con tu ser, porque la abundancia que generes desde dentro la veras desde fuera. Sigue en alta vibración de luz y alegría de vida y veras como la facilidad que es felicidad se genera en infinito en tu vida de forma abundante y en infinidad de posibilidades desde ti.

936: Tus Guías de Luz más elevada están conectando con tu amor para elevarlo y expandirlo dejando entrar la paz en tu interior. Es necesario que aprendas a sintonizar con la parte más profunda de tu ser, pues te encuentras en un momento de avance evolutivo y de cierre de ciclo muy grande, el cual te va a hacer conectar con una energía cada vez más elevada de vida que te va a permitir expandir tu conciencia y así sintonizar con el amor que eres, desde la conexión y ayuda de tus Guías de Luz unida a la de tu alma. Une desde tu esencia tu energía femenina y masculina, pues no hay separación: eres un todo.

937: Tus Guías de Luz más elevada están conectando contigo a trasvés de tu intuición y de tu alma con tu esencia para potenciar y elevar tu vida hacia un propósito mayor de existencia. Es momento de cierre de ciclos y que nuevos lleguen a tu vida. Te encuentras en un momento de un poder en/desde tu alma ilimitado. Sigue avanzando en conexión y en meditación diaria con tu interior, cada día realiza encuentros de silencio y de conexión con tu ser para escucharte y recibir la mejor guía para tu día a día y así hallar esas respuestas que vas buscando.

938: Tus Guías te están ayudando a incrementar tus ingresos o fuentes de ingresos. Es momento para seguir sintonizadx con el propósito de tu alma escuchando y recibiendo su voz y luz desde dentro de ti. Avanza sin dudas y en equilibrio, nota el amor desde tu corazón para que toda esa fuente infinita de amor y abundancia llegue a manifestarse de forma externa en tu vida. Vas a ascender a un ciclo superior de vida.

939: Conecta con tu ser interno de forma diaria para puedas recibir los mensajes y/o señales que te mandan constantemente para que sepas que no estas solx y que te están ayudando a tomar decisiones y buenas elecciones, para tu alma y crecimiento real espiritual. Un profundo desarrollo y sabiduría interna, que te permita trascender tu vida hacia otro nivel existencial. Recibe la ayuda de tus guías y pídesela si lo deseas están para cuidarte y ayudarte. Da para recibir y recibe para dar. GRACIAS, GRACIAS Y GRACIAS. Conecta con tu niñx interior, y vive desde ahí.

940: El Universo esta respaldándote en tu propósito de tu alma, te está ayudando a concretar y a establecer esas bases que te den verdadera estabilidad sobre todo desde y en tu alma. Es necesario el tiempo y la paciencia de hacer bien las cosas con responsabilidad. Se han de focalizar las energías para que no se dispersen, sobre todo, para un proyecto o profesión, y en general en este momento para lo que desees.

941: Mantén tus pensamientos en positivo, en energía de alta vibración, pues los cambios que vienen son para hacerte desprender de lo que te habían dicho que eras para encontrar la verdad de ti en tu interior y hacer que ésta surja empoderando de nuevo tu vida. Con unas nuevas bases desde el propósito sincero y verdadero de tu alma y de vida. Reconecta con tu interior y sigue avanzando desde la voluntad sincera y verdadera de tu esencia.

942: Conecta con la energía mayor que es el amor, en estos momentos se necesitan unas bases estables en ti y así en tu vida a través de tu propósito del alma y misión de vida. No dudes pues en el amor no hay duda. Siente la paz que habita en tu alma y corazón, allí se ubican todas las respuestas a escuchar y a seguir que te permitirán escucharte para conocer mejor qué va primero y que va segundo en tu vida y comenzar a establecer el orden necesario para que se pueda dar un equilibrio y estabilidad desde la realidad. Conecta con tu autoestima, eleva tu amor de verdad y desde ti.

943: Tus Guías de Luz más elevada están ayudándote y guiándote para concretar tu profesión y tu labor desde la verdad y luz que eres. Sigue tu luz desde la sinceridad y transparencia. Conecta cada día con el silencio para reencontrarte con tu ser y que desde la voz de tu alma te conectes a esas respuestas que necesitas para emprender el siguiente paso.

944: Estas materializando y además a escala mayor. Es momento de concretar grandes obras, proyectos o ideas. Las cuales van a generar y ayudar en masa. Se hace necesario en estos momentos seguir tu camino y propósito de tu alma para materializar desde tu esencia y consciencia superior. Te va a llegar la abundancia a tu vida bien pronto. Sigue brillando y viviendo desde la esencia y luz que eres.

945: Los cambios son mejoras que llegan para que renueves las bases para que cambies la estructura y empoderar eso viejo que no deja avanzar sobre todo a tu alma y esencia. Es momento para elevar tu vida, se cierra un ciclo para abrir uno nuevo en el cual llega y se hace necesaria una expansión gracias a realizar un nuevo nacimiento, renueva esas bases y siéntete libre y renovadx de nuevo.

946: Está llegando un poder ilimitado y regeneración interna y externa de salud y de tu cuerpo, tanto psíquica como física. Es momento para cerrar un ciclo y abrir uno nuevo. Conecta con la fuente inagotable de amor, paz y armonía que nace desde dentro de ti y conecta con una nueva vida y ritmo de vida que te permita ese equilibrio y bases estables y te de esa seguridad que necesitas.

947: Es momento para seguir avanzando a escala superior tu alma. Es momento para realizar una estructura y un orden donde gestiones una disciplina a seguir con tu cuerpo y alma unidas, ya sea yoga, meditación etc…y cuya base es estar con tu ser en silencio realizando una dinámica ya sea estática o dinámica. Conecta con tu alma e intuición para recibir esas respuestas que buscas y deseas en tu vida. Te permitirá equilibrar y elevar tu autoestima conectando con el amor que eres desde tu corazón y desde el silencio.

948: Tus Guías de Luz más elevada están guiándote hacia una base de vida que te haga realizarte de verdad y desde tu ser interno, de forma completa en esencia, y así poder empoderarte de verdad conectando con la más elevada energía y así sintonizar con la abundancia en infinitas posibilidades, que te permitirán la facilidad conforme mas te conectes a tu alma y te pongas al servicio de tu esencia más profunda. Es momento de materializar gracias a quien eres desde dentro. Felicidades, ya se te es dado, estas bien guiadx y ayudadx, no te desvíes y conecta con las señales a cada paso.

949: Se genera una estabilidad en tu vida gracias a dar un servicio o simplemente ayudar a otras almas y seres. La vida te permite materializar a escala mayor en ayuda a otras personas. Gracias a realizar proyectos o una profesión en la cual ayudes desde tu profunda esencia y sabiduría interna. Hay un cierre de ciclo a otro más elevado en el cual tu alma más unida está a otros niveles no tan terrenales de existencia, que tienen más que ver con la voz de tu alma y voluntad de tu esencia. Síguela, es momento de enfocarte en lo verdaderamente importante.

950: El Universo está potenciando la ayuda con los cambios desde lo más profundo de tu ser y alma para así permitir la expansión desde dentro de tu ser, permitiendo salir a tu ser verdadero y potenciar todas esas capacidades y sabiduría interna que tienes. Es momento para fluir, permitirse ser libre y extender las alas para volar bien alto, no te limites y llega a nuevos horizontes, la felicidad no es la meta sino el camino, ¡¡¡¡Adelante!!! Es momento de incorporar lo nuevo a tu vida y alma para permitirte potenciar la luz que llevas dentro, compártela con el mundo y florece.

951: Conecta y sigue elevando tu pensamiento manteniéndolo en la energía más elevada que es la del amor que es pensar en positivo. La vida es tú creación, es según lo que tú ves en ella y eso, es lo que creas. Así es que nunca te olvides de realizar cada día afirmaciones que te conecten con la energía de la vida que es la del Amor, la mayor. Gracias a esta energía te van a llegar grandes cambios y mejoras a tu vida, nuevos aires y expansión que te permitan ascender a un nivel existencial superior. Expándete desde la conexión con el amor interior que te permita fluir y ser flexible para aprender todo lo nuevo que va a llegarte.

952: Es momento para no dudar y fluir con y en los cambios, ahora tu vida se va a llenar y necesita llenarse de aires nuevos para sanar tu corazón (emociones y sentimientos). Conecta con la voz de tu alma e intuición como guía en la elección de esos cambios o mejoras, de forma que sean producentes, sobre todo para incrementar tu sabiduría interior y avanzar en tu propósito de alma. El fin es superior, adquiere todo el aprendizaje necesario para el mejor equilibrio y avance de tu ser.

953: Tus Guías de Luz más elevada están contigo ayudándote y guiándote en los cambios, haciendo que no te salgas del camino que es la conexión y propósito de vida desde la consciencia de tu ser y esencia. Te están dirigiendo hacia la abundancia económica y éxito, gracias a realizar y seguir realizando tu misión de alma, la conexión desde dentro de tu ser será tu guía; escucha la voz de tu alma y adquiere todo lo nuevo y las mejoras necesarias para poder volar con total libertad. Es momento de expansión infinita en luz y en verdad de tu ser. Estas bien guiadx fluye en los cambios.

954: En estos momentos se te dice que se han de hacer mejoras o cambios, y éstos acontecerán en tu profesión o trabajo. Es momento de seguir avanzando absolutamente enfocadx en la voluntad de tu propósito divino y de vida que es la voz de tu alma, la sabiduría y realización interior de tu ser. Sigue avanzando en ayuda a ti y a otras personas mostrando tu luz al mundo y cerrando ciclos para que nuevos lleguen a ti, nuevos ciclos que te permitan expansión y libertad en tu ser. Cambio de bases a unas nuevas y renovadas, mejora ese enfoque en lo que verdaderamente deseas desde dentro de tu ser, desde tu alma.

955: Grandes cambios y mejoras acontecen son nuevas oportunidades para realizar gracias al poder infinito que se te otorga grandes cambios y mejoras en tu vida, de forma que puedas expandirte, renovar tu vida y sentir la libertad desde dentro de tu ser. No es momento para limitarse y si para tomar los cambios y empoderamiento desde el Yo Soy, para dar un cambio incluso completo a tu vida, si tú quieres, depende de ti. Que tu brújula sea tu propósito divino y conexión sabia con la profundidad y verdad de tu ser, y así avanzar realmente en tu camino, en consciencia y verdad.

956: Cambios en tu hogar o en la familia, es necesaria la expansión y las mejoras, que permitan la renovación de la energía. Es momento para fluir y moverse realizando pequeños viajes cortos en unión de amor, primero con tu ser y luego con otras personas que así te amen de verdad. El Universo esta equilibrando tu parte emocional y de amor propio, haciendo que no dudes primero de ti pues en el amor no hay duda. Sigue avanzando desde el ser divino, infinito y conectadx con tu alma pues el fin es superior y es momento de elevar tu vida en verdad y en amor de existencia. Comparte tu luz, ayuda y amor por doquier y recibirás lo mismo duplicado.

957: Tus Guías de Luz más elevada están asistiéndote los cambios y mejoras de tu vida y de tu alma para avanzar a grandes pasos en tu camino. Es momento para centrarse en la voluntad de tu alma, conecta con tu niñx interior y así decide. Es momento para seguir avanzando según la voz de tu alma y no desde ningún otro lugar. Realiza tu ser, por dentro y por fuera en completitud, ten fe en ti y no dudes en ningún momento. Para recibir las respuestas que necesites conecta con el silencio y con la única compañía de ti mismx. Tu brújula es tu intuición, así mismo tus Guías de Luz te asistirán si les pides su ayuda

958: Es momento de cambios y abundancia, gracias al avance interno de tu alma. Estás avanzando hacia las mejoras, desde dentro de ti. Sigue avanzando desde la luz y la verdad que eres y veras como vas a materializar a gran escala. Conecta con tu interior, fluye con los cambios, expándete y materializa la prosperidad.

959: Es momento de cambios y mejoras en tu marco de vida ya sea en tu profesión como en cualquier ámbito de tu vida. Reconecta con tu sabiduría interior, con la voz de tu alma que te está hablando y desea ser escuchada. La vida te está moviendo para que tomes las riendas de tu vida para que abras tus alas y realices lo que nace desde dentro de tu ser, para lo que has nacido. Conecta de nuevo con tu niñx internx para no perderte en el camino y oriéntate por tu sabiduría interna e intuición no te fallaran. Ten fe y avanza ahora sí, unidx con tu alma para lo que has nacido y eres. ADELANTE, los cambios son para que abras tus alas y alces un gran vuelo de libertad, para ser verdaderamente tú mismx. Hazlo sin dudarlo, es hora de pasar a un nivel superior de existencia.

960: El Universo te esta conectando mediante a personas, situaciones, lugares, circunstancias… ya sean en tu hogar o fuera y en tu familia de sangre o seres queridos. Se te está llevando a conectar con el amor, el amor que se sitúa justamente dentro de tu corazón, dentro de tu esencia. Es lo que eres, gracias a conectar con el amor vas a poder elevar tu vida hacia una existencia de vida superior, el Universo está potenciando la energía mayor desde ti y en ti que es el amor. Conecta con la bendita fuerza mayor, para conectarte con la verdadera luz, vida y felicidad en ti y en tu vida. Haz que cada día cuente avanzando desde tu interior desde el sentimiento de amor y de sentir amor por todo lo que te rodea, y compartir tu sentimiento de amor. Recuerda, el amor solo busca dar y no pide nada a cambio, cuando sintonices con ese sentimiento tu vida va a conectarse con la unión verdadera del ser que eres desde dentro de ti y lo vas a experimentar por fuera. No hay fragmentación sino unión.

961: Es importante en estos momentos mantener los pensamientos en positivo, eleva tu energía desde tu mente gracias al poder de las afirmaciones diarias en tu vida, de esta forma vas a sintonizar en gran manera con la fuente inagotable que eres que es amor y luz, veras y notaras que te unes a todo lo que en algún momento pudiste pensar que era algo fuera o separado de ti, y notarás que no es así. Siente desde dentro que tu alma se eleva y tu vida también, hacia la conciencia del ser y de tu alma, escucha con respeto y en silencio la voz de tu alma y síguela sin demora.

962: No dudes pues en el amor no hay duda, conecta con la voz de tu alma para seguir en tu camino y propósito de abundancia. Has de sintonizar con la fuerza mayor que es el amor y que es lo que te conecta a la verdad que eres desde dentro de tu ser. Realiza y realízate por dentro y por fuera equilibrando tu vida desde realizar lo que dice tu corazón. Date tiempo para sentirte y escucharte y así tomar los pasos certeros.

963: Tus Guías de Luz más elevada están contribuyendo a un mejor estado de tu ser interno y externo, ampliándolo a tu vida. Te están dando señales de forma continua para que no te desvíes de tu misión y camino, del propósito de tu alma y ser interno. Recuerda que el servicio y la ayuda son siempre recompensados hazlo siempre desde tu corazón y tu alma, conecta con esx niñx interior para conectarte con la unión que existe desde ti con el todo de lo que te rodea. Avanza a un nivel superior escuchando la voz de tu alma, escuchando a tu corazón.

964: Ponte manos a la obra. Focaliza y ordena tu vida desde tu sentir interno desde tu corazón, es momento de poner amor en todo lo que haces y sino mejor no lo hagas. Selecciona y ordena tu vida creando unas bases más estables y potenciándolas a una escala mayor. Ahora puedes crear una nueva vida si deseas, el poder está en ti, no te limites y conecta con el máximo poder que yace en ti que es la fuerza mayor: el Amor. Adelante y sigue a tu alma, sigue al propósito de tu vida.

965: No tengas dudas y fluye en los cambios que ahora te presenta la vida, pues son retos para incluir las mejoras necesarias para el verdadero avance desde ti y en ti. Es momento para escucharte no mas sino mejor y conectar con la autoestima, con el amor desde ti. Lo podrás realizar gracias a sentirte desde dentro y a darte el tiempo necesario para todo. Trátate con amor y ternura y veras como tu propósito y avance serán cada vez mayores en tu vida. No hay fragmentación en nada sino unión. Conecta a tu cuerpo con tu alma y avanza de verdad junto al amor que ya eres.

966: Mientras más conectadx estés a tu corazón veras como la paz y la armonía se prolongan en tu vida. Se hace necesario la conexión profunda con tu ser desde el verdadero amor que es: pensamiento, palabra y acción has de unirlos en coherencia y realizar los actos en consciencia diarios de amor con tu ser. Siente que no hay fragmentación en ti sino unión, comprensión, armonía y fuerza; pues la unión hace la fuerza, y esta yace en ti conforme unes las partes. Tu vida se está elevando y tus Guías de Luz más elevada están asistiéndote para que te conectes con tu niñx interior y aprendas a saber la verdad de ti y del todo que te rodea. Sigue las señales conecta con los mensajes que te mandan indicándote en todo momento cuál es tu camino, que está dentro de ti. Estás muy bien acompañadx eleva tu vida conectando con la fuente inagotable y más poderosa que está en ti, que es tu corazón: el Amor; no lo olvides nunca.

967: Tu momento actual es muy prospero, vas a realizar una gran materialización a escala mayor gracias a realizar todo ese trabajo personal de conexión con tu ser y propósito interno, que te esta conectando con la vida y la misión que realmente desea tu ser, y notas que mas paz te da por dentro, desde el alma. El poder está en tu interior, escucha la voz de tu alma y la sensibilidad que notas a cada instante de tu camino para seguir avanzando a grandes y certeros pasos guiados por la fuerza que se genera desde tu interior, que es el don más grande: el motor de la vida. Cuando necesites respuestas conecta con el silencio para escuchar mejor la voz de tu alma.

968: Es momento de fluir con amor y desde conectar con tu sentimiento y emoción internas, abre tu corazón a todo lo que está por llegar que es la abundancia. Es necesario que sintonices con tu abundancia interna y fuerza mayor, que es el amor y sientas el sentimiento y la emoción tan grande que se siente al sintonizarla. De esta forma veras como desde fuera se hace manifiesta gracias al poder de atracción de vibrar y atraer lo afín. Une tu cuerpo con tu alma, tu mente con tu corazón y todas tus partes en unión de amor y sintiendo de verdad esta imparable fuerza mayor, desde dentro de ti veras que tu vida se expande e incorporas grandes mejoras las cuales te van a acercar a la abundancia en posibilidades infinitas de su manifestación.

969: Te has de focalizar en el amor, para notar como la vida se mueve en torno a esta poderosa y gran energía mayor que se encuentra justo en el centro d ti, en tu corazón. Nota como eres fuente inagotable de posibilidades inmensas e ilimitadas que tan solo son posibles en la conexión con la verdad, en la conexión con el Amor. Sigue conectando, sobre todo desde tu hogar y desde tu familia con el Amor, conecta con la paz y armonía perpetuas que hay desde dentro de ti y haz que estas sean tu estado permanente. Que nada ni nade turbe la paz que eres, el amor tan grande que sientes va a manifestar los cambios que deseas hacia la armonía y paz constantes en todas las partes de tu vida. Sigue vibrando en positividad y alta energía. Siente y nota como los cambios se van dando conforme tú, más vayas sintonizando con tu corazón y con la fuente inagotable de vida y abundancia.

970: El Universo esta ayudándote e incrementando tus capacidades de tu alma, cada vez más puedes conectar con más facilidad a tu esencia y a tu alma, para conocer y saber las respuestas que necesitas para los pasos a dar durante tu recorrido a realizar. Sigue compartiendo la luz que eres desde ser verdad, cuando eres verdad eres luz y todo se solventa y se sanea en la vida de las personas. Se te dice y se te aconseja que conectes con la fe desde tu guía y brújula interna, te ayudará mucho el tener una disciplina para conectarte con el silencio pues será el que te conecte a la voz de tu alma y a las respuestas necesarias e importantes para ti. No busques fuera, pues la verdad siempre yace dentro. Y es momento para ascender y elevar tu vida, despide todo lo que obstaculice tu crecimiento, y da la bienvenida a lo nuevo que está por llegar, que sintonice con tu ser real.

971: Se hace muy importante que mantengas tu pensamiento en positivo, sobre todo ahora y en estos momentos. Realiza afirmaciones diarias que permitan que tu atención se centre en todo lo bonito que hay en tu presente y en tu vida, elevando así tu energía y vibración mental y gracias a ello, podrás conectarte verdaderamente con la voz de tu alma algo que te conectará directamente con la abundancia en tu camino que deseas, esa facilidad en tu camino con infinitas posibilidades. Avanza conectadx a la luz de tu interior e incrementa tu vida compartiendo sencillamente la luz y sabiduría que ya eres, que ya tienes.

972: No dudes para el avance real y ascensión a un nivel superior es necesario tan solo que conectes con tu propósito de vida. Es decir, realiza a cada paso y entrega lo mejor de ti mismx así sabrás que haces, y estas en lo correcto de tu sendero. Ámate no mas sino mejor, date esos espacios de escucha y ternura contigo, pues son necesarios especialmente ahora. Solo podemos dar lo que tenemos, así que cuanto más des mas recibirás de vuelta. Despide un ciclo para poder recibir uno nuevo superior.

973: Tus Guías de Luz más elevada están guiándote y asistiéndote en tu camino y sendero de vida, en estos momentos puedes iniciar un dialogo o conversación con las energías guía, para pedirles ayuda o para comunicarte con ellxs para el avance y mejor evolución para ti. Recibirás numerosas señales ya sean como códigos numéricos, en anuncios publicitarios, como música o canciones, plumas que caen a tus pies, mariposas….etc. Haz caso a las señales ya que son ayudas para ti. Es momento de crear y desarrollar tu poder infinito para el mejor avance en tu misión y propósito de vida. Avanza conectadx a tu ser interno, a tu niñx interior, así todo será fácil, feliz y rápido. Tus deseos se pueden hacer realidad, pide desde el amor que eres y vendrá el milagro.

974: Es momento de seguir y de escuchar a la voz de tu alma sobre todo en los proyectos o emprendimientos importantes de tu vida, sea lo que sea que hagas, consulta primero con tu alma, que la brújula de tu vida sea tu propósito que es lo que vienes a realizar aquí en este plano. Avanza desde la conexión contigo, es necesario que mantengas tu equilibrio interno gracias a realizar momentos de silencio con la única compañía de tu alma, en los cuales puedas desarrollarte plenamente y desde la libertad de tu ser para realizar tu camino, un camino sincero y feliz. Sé consciente de tu propósito dándote el espacio para escucharte y el amor y ternura para tener tiempo para ti y paciencia. Veras como todo llega manifestando tu orden interno y equilibrándolo, verás los milagros desde fuera.

975: Los cambios serán mejoras para tu camino que crearán precisamente esas oportunidades para algo no solo mejor sino mayor. Date la oportunidad a tu alma y a tu ser de ascender y de vivir desde la libertad de ser sin más, no te limites y confía en la ayuda de tus guías de elevada luz que están acompañándote y dándote el aliento necesario para que no te olvides de que tu guía siempre es y será tu alma. Sigue tu brújula interna, sigue la voz de tu alma, que es la luz en ti. Es momento para abrir tus alas y no limitar tu vuelo. Adelante.

976: Es momento de conectar con el amor que hay en tu alma. Eres un ser abundante desde dentro y tu poder es infinito cuando conectas con la verdad que eres: el Amor. Sigue tu propósito de luz y de vida pues ahora es el momento de grandes materializaciones a escala mayor, las cuales van a ayudar no solo a ti sino a muchas otras personas. Sigue manteniendo cada día momentos de silencio contigo mismx y con la única compañía de ti, para reconectar con la voz de tu alma, con tu verdadero camino desde ti.

977: En este momento se te dice que te conectes con tu interior, con tu alma. Ella es la que está llamándote a que crees una disciplina de cada día, por poco tiempo que éste sea, y en tu vida realices la conexión en silencio o con música inspiradora, con tu alma. Pues las oportunidades y los cambios que acontecerán, son momentos que has de guiarte precisamente por la capacidad intuitiva de tu alma. Conecta con el llamado de tu ser y sigue en tu propósito, desde el fluir, no te límites, todo se irá dando.

978: Conecta con la fuente desde tu alma para que la abundancia se genere desde fuera. Conforme más te abras a lo bueno que la vida tiene para ofrecerte y conectar con la fuente infinita del amor que eres y que yace en ti, veras que se abren posibilidades infinitas de abundancia en tu camino. Sigue tu sendero y propósito espiritual. Conecta con la voz de tu alma y así con la abundancia.

979: Hay un cierre de ciclo para el inicio de uno nuevo. Es momento para cerrar algo que no es afín a tu propósito y sintonizar directamente con lo que sí lo es. Crea espacios de silencio para conectarte con la única presencia de ti y con la única voz necesaria a escuchar, la tuya, desde tu interior. Ella, será la que te de las respuestas a seguir en tu camino. Dispones de un poder muy elevado de intuición y canalización, por los cuales te llegará la luz en todo momento para ti. Sigue desde tu propósito del alma, pues no hay más. Sigue compartiendo la luz que eres desde tu sinceridad para poder ayudar a otras personas desde tu propia luz. Tu vida se enriquece gracias a la espiritualidad.

980: El Universo te respalda y apoya al máximo en posibilidades infinitas en tu propósito y camino espiritual. Sigue la voz de tu alma y realiza mediante tu luz actos de ayuda de forma activa y pasiva, desde ser ejemplo. Solo la verdad te hace abundante y la luz que llevas dentro es necesaria de ser compartida para poder realizar tu misión, en tu camino se te abren puertas y ventanas de luz y abundancia. Sigue tu propia estela (tus propios pasos) y sé ejemplo con y desde los hechos.

981: Mantén tus pensamientos elevados y en positivo para permitir la abundancia en tu camino. Realiza afirmaciones diarias las cuales te permitan conectarte con la elevada energía de luz de tu ser y de tu alma, gracias a seguir el fluir en tu vida. Desde tu interior conocerás e iras avanzando en tu camino espiritual y de vida. Conecta con tu propósito que es interno pues la voluntad y la elección son tuyas. Conecta con la abundancia infinita que nace en ti.

982: Avanza y sigue sin dudas en tu camino espiritual. Realiza tu ser desde dentro hacia fuera, en la profesión que elijas desde tu alma. La economía y el dinero te llegaran siempre y cuando sigas realizando y realizándote en tu propósito desde tu interior, es decir, que sigas la voz de tu alma. Todo lo que sienta e intuya tu ser interno y por lo tanto superior, es motivo de avance todo lo que no sintonice con esa sincronicidad interna, y notes desarmonía, despídelo desde el amor. Tu poder es infinito siempre y cuando gestiones la balanza y mantengas tu balanza principalmente interna. No dejes de mantener momentos de meditación cada día donde estar en silencio contigo antes de dar el siguiente paso.

983: Tus Guías de Luz más elevada están contigo ayudándote en este momento de tu vida con la economía y las facilidades en infinitas formas en tu camino. Es necesario que te escuches y te tomes el tiempo necesario para ti. Es momento de cerrar un ciclo para abrir uno nuevo en infinitas posibilidades. Es tiempo para sacar la luz que hay en ti y compartir tus talentos. Equilibra tu interior conectando con el amor de tu corazón y materializa tu voluntad, es cuestión de sintonizar con tu fuerza motriz y creadora desde dentro, el amor. Si deseas ayuda pídesela a tus Guías de Luz más elevada, ahora es el momento.

984: Es momento de asentar las bases de tu economía, de poner orden en tus ingresos y estabilizar esa economía desde un propósito real y práctico. Conecta con tu ser interno para seguir el propósito de tu alma que es el propósito verdadero y motivo por el cual tu estas aquí. Sigue avanzando con tu luz pues tus Guías están ayudándote a que no te pierdas por el camino, a priorizar para estabilizar y concretar tu vida, sobre todo, profesional. Sana tu cuerpo gracias a realizar cada día algo de meditación, para seguir conectadx a tu niñx interior

985: Los cambios que llegan o puedas realizar te permitirán incrementar tus ingresos de forma paulatina pues todo lo que sea dar pasos que favorezcan tu conexión con el propósito de vida y sabiduría interior del ser, son facilitadores que te permitirán infinitas posibilidades económicas y facilidades en tu camino. Grandes materializaciones llegan gracias a las oportunidades y mejoras. Nuevos aires te van a hacer abrir tus alas para poder volar desde la libertad del ser real. Una nueva vida está cuando no pones limites a tus capacidades.

986: Conecta con la abundancia externa de forma infinita y en infinitas posibilidades conforme antes te conectes con tu corazón y con la fuente infinita, más grande, generadora de toda abundancia habida y por haber. Al sintonizar con tu fuente de vida, veras como tu economía cambia, mejora y se expande, fluye con muchísima más rapidez en tu vida, porque fluye igual de rápida desde dentro de ti. Más amor igual a más abundancia. Fluye cada día siendo tú y compartiendo tu luz al mundo, ayuda cuando lo sientas desde tu corazón, siguiendo el propósito de tu alma, y veras como todo el movimiento que produzcas en tu vida entrará en forma de mejoras en infinidad de campos incluido la salud.

987: Conecta de forma infinitamente profunda del corazón, escucha a la voz de tu alma e intuición para el avance en tu camino y vida. Verás como todo avanza en la medida en que te dejes sintonizar por la magia de tu propósito de vida, desde dentro de ti. Conforme más te conectes con tu interior más vas a permitir, la entrada de la abundancia en cada campo de tu vida. Realiza cada día de forma disciplinada la conexión con tu ser interno, con espacios de silencio para sintonizar con la voz de tu alma. La cual te indicará cada paso del camino a seguir.

988: Sigue el llamado y propósito de tu alma, comparte tu luz desde la verdad que eres y verás como la abundancia llega multiplicada al infinito, y en numerosas posibilidades. Es momento para escuchar la voz de tu alma e intuición para dar esas decisiones y pasos certeros y que te permitan llegar a esa abundancia que estas preparadx para recibir. Sé consciente de tu ser interno gracias a la realización diaria de espacios de silencio, con la única compañía de ti mismx, así te será muy fácil que te lleguen las revelaciones y respuestas que necesitas verdaderamente escuchar: las de tu interior. Gran momento de dicha y plenitud, es necesario su gestión con sabiduría interior.

989: En tu sabiduría espiritual e interior, en tus dones y talentos del alma es donde hallaras esa fuente de abundancia, sobre todo, económica que te va a permitir ascender y multiplicar tu camino de forma propicia y favorable. Cree en ti y en tu luz que son tus dones y talentos y disfruta de una vida en plenitud. Comparte tu luz, siguiendo la senda espiritual de tu ser, conecta con esa sabiduría interna que te ofrece la intuición y conexión de tu ser con las más importantes y certeras respuestas para y en tu camino. No dejes de seguir tu brújula interna, pues llega un cambio de nivel a otro más elevado existencial. Se hace necesario despedir un ciclo para poder recibir uno completamente nuevo y prospero.

990: El universo está potenciando tu camino y propósito de vida espiritual de tu ser: YO SOY. Es un momento decisivo para ti de conexión absoluta y de forma muy grande en todos los campos desde dentro de ti hasta fuera de ti y en tu día a día. Vas a ir descubriendo que cuanto más compartes más la vida te da y que realmente el camino es eso, ser luz, ser verdad y compartir sin más la sabiduría y experiencia de vida, a veces con tan poco que hagamos o compartamos realmente estamos haciendo mucho por el mundo y por las personas, más allá de lo queramos creer. Es momento para dejarte sentir desde tu sabiduría interna y seguir avanzando pues una muy grande elevación y cambio existencial a un nivel superior se está dando, gracias a elevar a su vez tu nivel de consciencia. Cierra ciclos que ya no te aporten o simplemente ya no sean su momento, concluye y despide para que otros nuevos puedan verdaderamente llegar en este momento muy importante, de renacimiento para ti.

991: Eleva tus pensamientos en alta vibración, sigue manteniendo un pensamiento positivo enfocado en tu momento presente, siempre en agradecimiento de vida. Realiza afirmaciones diarias que te permitan estar más en sintonía elevada y de verdad, que yace dentro de ti y así poder avanzar verdaderamente en tu camino real, que tiene que ver con tu campo inmenso interno: con tu alma y propósito de vida. En este momento dispones de un poder infinito para hacer nacer lo nuevo a escala mayor. Tu sabiduría interna y espiritual está dispuesta para realizar acciones y decisiones desde tu consciencia siempre interior, para que verdaderamente puedas comenzar algo nuevo que te permita la elevación a un nivel superior en tu vida. Ahora es el momento de ello, cierra ciclos para poder abrir nuevos.

992: Es momento de cierre de ciclos para poder abrir de nuevos, especialmente en el campo emocional y sentimental. Gracias a ello te va a permitir conectar con el verdadero amor que no busca poseer, sino que simplemente es, eres amor y la fuente y fuerza mayor está en tu interior. Es momento de concluir conversaciones, solventar o zanjar relaciones y sobre todo el avanzar desde tu alma y propósito de vida, sin duda y desde lo que vas sintiendo a cada paso. Que tu corazón y sentimientos sean tu brújula. Es momento para escucharte por dentro y tomarte ese tiempo necesario para ti, todas las circunstancias van a llevarte a darte tu tiempo y así ha de ser. Aumenta tu autoestima desde tomar consciencia de ti mismx (desde dentro hacia fuera).

993: Estas absolutamente bien rodeadx por todo un coro de Guías y Ángeles de Luz más elevada. Te están asistiendo, guiando y ayudando cuando tú se lo pides, pues ahora es el momento para avanzar desde tu niñx interior, desde la verdad y la luz que eres en tu propósito y camino vital. Conecta con tus guías desde tu luz y desde tu voluntad, pues están esperando que les pidas ayuda para ello, hazlo siempre desde el amor que eres pues van a cada paso junto a ti. También es el momento de estar presente a sus señales en forma de respuestas a tus pensamientos o dudas… Conversa con tus Guías de Luz para seguir avanzando en tu propósito de vida, hay cierres y hay comienzos, es lo que toca y es perfecto para ti. Vas a elevar de nivel existencial tu vida: ADELANTE.

994: Todo lo avanzado en tu propósito es necesario compartir mediante tu labor o profesión. Desde tu día a día comparte la luz que eres y sabiduría interna para seguir realizando tu propósito. Es momento de ayudar compartiendo lo que hay dentro de ti y lo que eres, al mundo. No es momento para retroceder sino para avanzar, se avecina un cambio de nivel existencial y es necesario despedir en amor este ciclo. Es momento para poner orden, estructura y estabilidad en tu vida mediante la realización verdadera de existencia, desde la profundidad de tu ser interno (tu alma). Vas a poder materializar a gran escala, se concreta aquello que deseas desde un propósito y estructura, sentido mayor, más allá de lo meramente físico.

995: Son momentos de cambios que te van a permitir desprenderte de lo que no es verdaderamente necesario o superfluo en ti y en tu vida. Avanza desde la libertad de tus alas y expándete hacia nuevos horizontes, si así sientes. Es momento de gran flexibilidad y amor con tu alma, de una gran receptividad para aprender y adquirir nuevas herramientas que te van a proporcionar mejoras en tu vida y te van a permitir ser más independiente. Es momento de apertura espiritual y creatividad, no pongas límites a tus alas. Concéntrate en tu propósito y en tu luz que es la verdad que eres, el amor que tienes dentro de ti, confía en el amor y confía en ti. Es momento para abrirse a lo nuevo, deja que la vida te sorprende y tú a ti mismx.

996: Conecta tus emociones a tu corazón no a tu cabeza es momento de sentir y dejarte guiar por tu corazón que es tu: Yo Soy, tu alma. Conecta y sigue avanzando en tu propósito de vida que tiene que ver con el amor y la paz que llevas por dentro, no te ames más sino mejor y de verdad. El amor es la fuerza mayor, encauza tu vida en cuanto a una base de amor en todos los campos y sectores de ella, interacciona con el mundo desde una base de energía positiva y de amor y veras como tu vida avanza a grandes pasos. Se te dice que es momento de compartir y ayudar desde el amor, abre el corazón al mundo y veras como todo cambia en tu vida a mejor. Esos milagros dependen de ti y es momento de subir a un nivel existencial superior. Adelante. Ayúdate a ti para poder ayudar, date amor a ti primero, para que puedas compartirlo de verdad (solo se puede dar lo que se tiene).

997: Es momento para una espiritualidad profunda de tu ser, es momento para vivir tu vida desde otro nivel existencial, el cual te permita vivir más libre y conectadx a la esencia verdadera que eres y no, que te han dicho ser o te has ido creando. Escucha desde dentro de ti, date tiempo. Especialmente crea esos espacios de silencio contigo mismx, donde estés únicamente con tu alma. En el silencio te llegaran todas esas respuestas que buscas, es momento de profundizar y ahondar en tu alma para dar un paso decisivo en tu vida y crucial, donde nada será igual que antes, ahora es el momento para avanzar de verdad y desde ti. Conecta, con la voz de tu alma para seguir avanzando en tu propósito de vida.

998: Pon equilibrio en tu vida conectando con tu abundancia interna de amor que tienes y eres para que el Universo te traiga la abundancia afín a la abundancia que eres. Cuanto más amor seas más abundancia generarás desde dentro de ti y por lo tanto ésta se manifestará desde fuera. Es momento para despedir un ciclo y dar la bienvenida a uno nuevo que te permita acceder a una existencia superior. Comparte amor y ayuda desde tu corazón.

999: No es momento para perder tu tiempo, en cosas vánales y materiales, no es momento para seguir por un sendero que no te aporta ni sientas que tiene que ver contigo, desde dentro de ti, no es momento para seguir nada que no sientas desde lo más profundo de tu interior. Es un momento de concluir ciertos ciclos en tu vida y si no se concluirán por sí mismos, pues es momento para comenzar una nueva vida y un nuevo ciclo desde dentro de ti y que se vea manifestado fuera y en tu alrededor cotidiano. Despide lo viejo para poder dar paso a lo nuevo. Has llegado a una gran culminación dónde vas a recoger lo sembrado. Ahora es momento para escoger esa nueva siembra, si no te gusta lo que has recogido es momento de plantar semillas distintas, que te permitan acercarte verdaderamente a eso que deseas desde tu alma y siguiendo tu propósito de vida, tu llamado interior del ser. Ábrete a compartir la luz que eres desde dentro de ti, pues no sabes cuánto bien puedes llegar a hacer con ello, dispones de una profunda sabiduría en tu alma, no lo pienses y hazlo. Ayuda sin pensarlo a todo ser que puedas pues lo que des siempre te volverá. Siembra semillas de amor y paz, y tu vida ascenderá y se verá transformada en una causa mayor del ser. Felicidad, Plenitud y Paz, SÉ TÚ, SÉ VERDAD Y COMIENZA A VIVIR DESDE LA AUTENTICIDAD.

NOTA IMPORTANTE:

Si la Señal Numérica que se te presenta es de más de 3 dígitos, puedes profundizar en el segundo libro llamado: "***Códigos Numéricos, El lenguaje del Universo***" donde se explican las distintas señales que se pueden dar con más de tres dígitos numéricos, el motivo por el cual se dan y la forma de leerlas.

No obstante, con los **999 Significados Numéricos** puedes realizar tu propia lectura, según sientas y según tu intuición.

La "**Guía del Cielo**" te permite conocer las señales de forma que las llegues a hacer tuyas, acercándote cada vez más a la esencia y vibración numérica. Solo así es como este libro puede y cobra verdaderamente su sentido.

Es considerado el **Primer Manual y Guía de la Era de Acuario**, la Era de los Códigos Numéricos y Señales Numéricas. Y así damos comienzo a una nueva forma de lectura (Guía-Manual), donde su fundamento es plenamente el Libre Albedrío del ser y una de las bases y leyes del Universo, que cobra más importancia que nunca.

Las Señales Numéricas se manifiestan desde días, meses o años, dependiendo si la persona a la cual se le ha dado el mensaje lo ha recibido desde su consciencia y lo ha incorporado a su alma (Desarrollo Personal Evolutivo). El Universo/la vida, no te repite cierto número por casualidad sino por causalidad, es decir siempre hay una causa que significa: Luz en Tu Camino, Ayuda o Aportación en tu Proceso Personal y Evolutivo del Ser. Por eso es tan importante, y se recomienda, si realmente se desea, recibir en detalle el mensaje personal, que desde la vida o el Universo te está haciendo llegar en estos momentos, el poder realizar una mentoría personal para más detalle y exactitud del mensaje, pues no hemos de olvidar que el mensaje siempre es personal.

Por otro lado, cabe destacar algunas señales como mensajes de seres queridos difuntos, esas señales son mensajes de los seres queridos que ya han pasado al otro plano y nos acompañan y aman. Así como nuestros Guías de Luz más elevada, como familiares o personas queridas nos están ayudando y ofreciendo señales ya sean numéricas, plumas que caen en los pies, mensajes en anuncios, libros, con música o canciones…etc…

Al ver el **Número 6 o 3** en la Señal Numérica, nos dice que es ese ser querido que nos está hablando; al leer el mensaje se leería sin alteración según las Cifras o Códigos Numéricos que Interactúen entre sí. De la misma forma, también se nos dice que nuestrxs Guías de Luz más elevada nos están enviando señales de forma más constante en nuestras vidas y de muchos tipos: plumas que caen o están en nuestro camino, mariposas que cruzan delante nuestro, palomas que vuelan bajo junto a nosotrxs, monedas en nuestro camino, señales en códigos numéricos, mensajes en la radio, mensajes publicitarios con frases en forma de respuestas, músicas que nos tocan el alma o nos son familiares…etc

Al ver solo, en La Señal Numérica el **Número 3**, indica siempre que si deseas la ayuda de tus Guías más elevados de Luz, ahora puedes contactar y pedir su ayuda ¡¡Hazlo!!

puedes coger hoja y lápiz y comenzar a escribir las preguntas, dejándote sentir sus respuestas…Pues Tus Guías de Luz están contigo, Aquí y Ahora.

Cuando se nombra las energías/Guías de Luz más elevadas se hace alusión a: Maestrxs Ascendidxs, Ángeles, Arcángeles, Divinidades Superiores, Dios, Jesús, María…y cualquier tipo de entidad con la que conectes y te sea más afín. Energías de la más Elevada Luz y Vibración Espiritual. De igual forma cuando pides ayuda al Universo esta respuesta la recibes con el **Número 0**.

Si vemos la **Señal Numérica del 1** nos dice que el mensaje depende de Nosotrxs, de la persona Receptora de esa Señal Numérica en la cual aparece la cifra número 1, es el momento de su voluntad.

LOS MENSAJES Y SEÑALES NUMÉRCIAS SIEMPRE SON AYUDAS Y GUÍAS DE LUZ PARA NUESTRO CAMINO, PROCESO EVOLUTIVO Y MOMENTO ACTUAL EN NUESTRAS VIDAS.

Esta es la aproximación al significado de esos mensajes numéricos, pero evidentemente en la Mentoría Personal se sabría mejor, pues desde la Numerología Personal se puede ver el proceso actual del ser unido a la consecución numérica, y de esta forma se define el mensaje personal a recibir, pues cada persona está en un momento evolutivo diferente y es necesario saberlo para la correcta interpretación. Para las personas interesadas en Recibir una Mentoría Personal pueden Contactar para Reservar su Cita: 0034+637973153. Bendiciones.

P.D: igual que un libro sobre el significado de los sueños, es necesario poder hacer la interpretación de forma personal ya que cierto número puede tratarse de forma subjetiva al significar algo personal para la persona e incluso tener una interpretación distinta para cada persona, pues como en psicología ningún sueño es igual para una persona que para otra, y sucede lo mismo con las Señales Numéricas o Mensajes Numéricos, se sugiere realizar para las personas verdaderamente interesadas en su mensaje realizar la Mentoría Personal.

Agradecimientos

Gracias, gracias y gracias con toda mi alma a todxs mis suscriptorxs de mi espacio en youtube yas athenea 22 (más de 26.500) donde cada semana se suben más y más videos sobre crecimiento y desarrollo personal y espiritual profundo.

¡¡¡Bediciones infinitas por tanta luz, amor y verdad, por ser y estar!!!

Gracias, gracias y gracias con toda mi alma a mi madre por todo su amor y por su respeto con todo este proceso. ha sido mi pilar para poder compartir este bendito libro y luz en el caminar de la humanidad

Gracias, gracias y gracias con toda mi alma a mi perrita luna que siempre nos acompaña con su calor, amor y compañía que solo lxs perrxs y animales, saben dar. ¡¡¡ eres la más bonita causalidad en mi vida !!!

Gracias, gracias y gracias con toda mi alma, a mis guías y compañías de elevada vibracion de luz que me han guiado y acompañado en toda esta preciosa alumbración y proceso muy profundo de canalizacion y conocimiento desde la luz y verdad.

Gracias, gracias y gracias con toda mi alma a mis amigxs que siempre estais ahí, y con los que la vida cobra más sentido al ser compartida.

Gracias, gracias y gracias con toda mi alma al universo y a la vida por tanto que agradecer siempre y cada día, porque me has enseñado de que la vida es amor y no es recibir sino, sobre todo es: dar.

Gracias, gracias y gracias, con toda mi alma te amo, os amo, nos amo.

Bendiciones infinitas para toda gaia y para todos los seres siempre hágase el despertar para la humanidad hágase la luz en ti, en ti la luz y que así reines tanto en la tierra como en el cielo.

Así sea,

Así es.

Hecho está

Gracias, gracias y gracias

Yasmina López Labrador

SÍGUEME EN MIS REDES SOCIALES:

YasAthenea22

Yas Athenea 22

Web:
www.yasminalopezlabrador.com

Email:
yasminalopezlabrador@gmail.com

Más Información de las Mentorías y Sesiones Personales:
yasminalopezlabrador@gmail.com
www.yasminalopezlabrador.com

Made in the USA
Coppell, TX
19 April 2021